서철원 박사 성경 주석 시리즈

갈라디아서

Προς Γαλατας

AD GALATAS

| **서철원** 지음 |

쿰란출판사

머 리 말

갈라디아서는 종교개혁의 책이다. 구원 얻는 유일한 길은 예수 그리스도와 그의 십자가상의 구원사역을 믿는 것뿐이다. 오직 믿음으로만 구원 얻는 것이다. 예수 믿음에 율법 준수를 더하거나 선행을 더해서 완전한 구원을 얻는 것이 아니다. 주 예수를 믿는 믿음으로만 구원에 이른다. 곧 이신칭의이다.

새 관점학파의 주장처럼 예수 믿음에다 선행을 더하거나 율법 준수를 더해야 완전한 구원을 얻는다는 주장을 바울은 철저히 논박한다. 그렇게 하는 것은 그리스도의 십자가를 헛되이 하는 것이어서 구원에 이를 수 없다고 바울이 갈라디아서에서 내내 논박한다. 이신칭의 교리는 신약에 없는 진리를 종교개혁자들이 만들어낸 것이 아니다. 신약의 진리대로 공식화한 것뿐이다.

신약과 종교개혁의 진리에 어긋나게 예수 믿음에 선행이나 율법 준수를 더해야 완전한 구원에 이른다는 주장은 하나님의 구원경륜을 헐어내리고 그리스도의 구원사역을 완전히 허무는 것이다. 왜냐하면 율법 준수에 열중하거나 선행에 전심하면 예수 믿음은 없어져서 십자가상의 그리스도의 구원사역은 없어지기 때문이다. 갈라디아서를 본문의 가르침대로 읽고 이해하여 구원진리를 존중하고 전적으로 그대로 믿어야 한다. 자기의 생각을 성경에 주입하면 안 된다. 철학이나 다른 종교의 관념으로 성경을 읽는 자들이 성경 본문에 자기의 거짓 이해를 넣어서 읽는 일에 이제껏 열심이었다. 그런 관습은 이제 완전히 버려야 한다.

이신칭의 교리에 의심을 가진 사람들은 갈라디아서와 본 주석을 잘 읽고 의심과 불완전한 이해를 바꾸어야 한다. 그리스도교는 은혜의 종교이기 때문에 믿는 자에게 구원과 구원의 보증으로서 성령을 선물로 주신다.

이번 출판은 제2판이다. 본 갈라디아서 주석을 읽을 수 있는 책이 되도록 교정해 준 아내 김정순에게 깊은 감사를 표한다. 또 이 책을 출판해 주신 쿰란출판사의 이형규 사장님과 오완 편집부장 등에게 깊은 감사를 표한다.

2020년 7월 27일

주석자 서 철 원

갈라디아서 개요

갈라디아서의 저작 동인: 복음과 율법의 관계에 대한 그릇된 가르침에 대한 반박

바울이 전도여행 중에 있을 때 예루살렘에서 내려온 유대 그리스도인들이 갈라디아에 와서 '갈라디아 교회도 완전해지고 성령을 충만히 받으려면 율법을 잘 지켜야 한다. 바울은 거짓 사도이므로 복음을 반쪽만 가르쳤다. 예루살렘 교회처럼, 수사도 야고보의 가르침대로 예수 믿음에 율법 준수를 더해야 한다. 그래야 성령을 충만히 받고 완전해진다. 그리고 율법을 지키려면 할례를 받아야 하고, 할례 받음으로 율법을 지킬 정당성을 얻는다'고 하였다.

예루살렘 교회는 주의 동생인 야고보 사도에 의해 지도 받으므로 이렇게 예수 믿음에 율법 준수를 더했다. 예루살렘 불신자들도 의로운 야고보 때문에 예루살렘이 멸망되지 않는다고 믿고 칭송이 대단하였다.

또한 바리새파 그리스도인들이 '바울은 주의 친 제자가 아니고

주의 승천 시에 부활하신 주님을 보지도 못하였으므로 사도가 아니고 거짓 사도이다. 그러므로 복음을 반쪽만 전하여 이렇게 되었으니 예루살렘 교회처럼 율법 준수를 해야 한다'고 권고하였다.

갈라디아 교회가 이 권고를 받아들여 완전해지고 성령 받기 위해서 할례를 받아 율법을 다 지키기로 하였다.

이 소식을 들은 바울은 가슴이 무너져 내렸다. 십자가가 율법의 완성인데 율법 완성 이후에 다시 율법을 지켜 완전해지겠다고 하는 것은 십자가를 허는 것이었다. 더구나 갈라디아 교회는 바울이 복음을 전할 때에 이미 예수 믿음으로 성령을 받았다. 그런데도 성령을 다시 받겠다고 할례를 받아 율법을 지키니 너무도 기막힌 일이었다. 이것을 교정하기 위해서 바울이 갈라디아서를 기록하였다.

이신칭의 교리 확립: 갈라디아서 종교개혁의 책

갈라디아서는 작은 책이지만 그리스도교 신앙의 핵심을 담고 있으므로 종교개혁을 일으키는 책이 되었다. 그러나 그 내용이 전통적인 종교적인 사상과 다르므로 잘 이해되지 못하고 내려왔다.

갈라디아서는 종교개혁을 가능하게 한 하나님의 책이다. 루터가 이 갈라디아서의 내용을 이해하고 깨달음으로 인간의 노력과 공로로 구원 얻는다는 전통적인 로마 교회의 가르침을 버렸다. 오직 믿음으로만 구원에 이른다는 진리를 깨닫고 이 책을 주석함으로 종교개혁이 일어나게 되었다. 종교개혁은 하나님의 은혜로 돌아가는 운동이다. 그러므로 인간의 노력 곧 율법의 행위를 믿음에 더함으로 구원에 이르는 것이 아니고, 오직 믿음으로 구원과 의에 이름을 강조한 것이 이 갈라디아서이다.

더욱이 이신칭의 교리는 바리새파 그리스도인들의 영수로 인정된 야고보 사도의 결정적인 공헌이다. 야고보 사도가 아니었으면 바리새파 그리스도인들의 열화같은 율법준수의 주장을 꺾고 이신칭의 교리를 그리스도교의 근본진리로 확정할 수 없었을 것이다 (행 15:13-21).

유대인들은 오직 율법을 지킴으로 구원에 이른다고 생각했고, 유대 그리스도인들은 예수 믿음에 율법의 행위를 더해야 완전한 구원에 이른다고 굳게 믿었다. 바울은 오직 예수 그리스도의 십자가의 죽음을 믿음으로써 구원에 이른다고 가르쳤다. 이 가르침이 종교개혁을 가능하게 하였다. 그리스도교가 구원종교로서 구원을 이루고 그리스도교로 남는 길은 이 성경이 가르치는 대로 오직 예수 그리스도를 믿음으로만인 것을 가르치고 선포하는 데 있다.

복음과 율법의 관계의 바른 해명

모든 신약의 책들이 예수 그리스도의 구원사역을 믿음으로 구원에 이른다고 가르친다. 그런데 특히 갈라디아서는 구원 얻음에 율법이 어떤 역할을 하는지에 대해 집중한다. 또 왜 믿음이 오기 전에 율법이 개입하였는지를 잘 밝히고 있다. 예수 그리스도의 강생과 십자가의 죽음 이후에는 오직 예수 그리스도를 믿음으로 구원에 이르고, 율법 준수의 요구가 전혀 개입하지 않는 것을 잘 밝힌다. 구원은 예수 믿음만으로 이루어지고, 인간의 율법 준수가 결코 구원을 완전하게 하지 않음을 웅변한다. 율법의 행위는 전적으로 배제되어 있다. 예수 믿음에 율법의 행위를 더해야 구원이 완전해져서 성령을 받는 것이 아니다. 믿음으로 성령 받고 구원 얻는 것이 충족된다. 율법의 행위를 첨가하는 것은 하나님의 구원 섭리를 근본에서 허는 일이다.

그러므로 목숨을 걸고 믿음에 행위 혹은 율법의 수행을 더하는 것을 배격해야 한다. 구원의 길로서 율법은 예수 그리스도의 십자가 후에는 전적으로 배제되었다. 더 이상 율법이 구원에 개입할 수 없다.

율법은 그리스도인들의 생활 규범이다. 구원의 길이 아니라 삶의 지표이다. 구원 얻은 백성이 의지해서 살 지침일 뿐이다. 구원에 이르기 위해서 노력해야 할 목표가 아니고, 구원 얻었기 때문에 삶의 지침으로 역사한다.

구원은 오직 하나님이 마련하셨다. 그러므로 거저 받기만 하면 된다. 거저 받는 것이 바로 믿음이다. 하나님이 마련하신 구원을 무슨 값을 지불하고 받을 것인가? 그 완전한 구원에 사람이 무엇을 더해서 그것을 더 완전하게 할 것인가? 그냥 믿음으로 받기만 하면 구원에 이른다.

믿음과 율법의 관계를 바울이 그리스도교 역사의 초기에 밝히고 해명한다. 만일 바울에 의해서 복음과 율법의 관계가 해명되지 못하고 교부들 때에 교정하려고 했더라면 결코 교정이 이루어지지 못했을 것이다. 사도시대 후에 한 교부가 이것을 교정하였더라면 결코 교정이 이루어지지 못하여 그리스도교가 유대교의 한 분파로 전락하였을 것이다.

복음과 율법의 관계를 사도가 교정하고 그것도 바울 사도가 바로 밝혀 그리스도교를 그리스도교가 되게 하였다.

더 이상 예수 믿음에 행위를 더해야 완전해지는 것이 아니다. 오직 믿음으로만 구원에 이른다. 이 갈라디아서가 없었으면 그리스도교가 유대교의 새로운 형태로 복귀하여 그리스도의 구원사역은 무산되었을 것이다.

할 수 없는 사람들을 살리기 위해 하나님이 구원을 마련하셨다. 하나님이 마련하신 이 구원을 위해 율법을 몽학선생으로 세우셨다. 더 이상 사람이 구원을 이룰 수 없다는 것을 깨닫게 하기 위해서 하나님이 율법의 채찍을 더하셨다. 율법의 목적은 사람이 자신을 구원할 수 없고, 오직 그리스도만이 구원하신다는 것을 깨닫게 하기 위해서 믿음이 오기 전에 율법이 세워졌다.

그러므로 갈라디아서를 바로 이해하면 그리스도교를 바로 알게 되고, 바른 구원에 이른다.

갈라디아서의 주제: 믿음으로 성령 받음

갈라디아서에 제목을 붙이면 '믿음으로 성령 받음'이다.

유대교는 열심히 율법을 지키면 의가 완전해져서 성령을 받는다고 생각했다. 유대교에도 성령이 없는 것이 아니다. 유대교에 의하면 율법을 올바로 지키고 완수하면 율법 준수에서 나온 의에 근거하여 성령을 청구하여 받는다. 내 노력으로 완전해짐으로 성령을 획득한다. 그것이 바로 유대교의 구원의 완성이다.

갈라디아서는 그 정반대이다. 성령은 내 행위가 완전해져서 의를 이루었기 때문에 당당하게 요청해서 받는 것이 아니다. 성령은 내가 노력해서 완전을 이루기 전에 믿음으로 주어진다. 사람은 자기의 구원을 이룰 수 없다. 오직 하나님만이 사람을 구원하신다. 구원은 창조주가 이루셨다. 사람이 여기에다 어떤 것을 더해야 완전한 구원을 이루는 것이 아니다. 사람이 손을 더하면 남는 것은 타락과 부패뿐이다. 구원이 아니라 멸망이다.

그런데 유대주의 그리스도인들이 갈라디아에 와서 '예수 믿음만 지키는 것은 반쪽이고 완전한 구원이 되지 못한다고 주장하였다. 바울이 참 사도가 아니기 때문에 복음을 바로 알지 못해서 예수 믿음만 전하였다. 완전한 믿음과 완전한 구원은 예루살렘 교회처럼 예수 믿음에 율법의 완전 준수를 더해야 한다. 그러면 완전해져서 성령을 받는다. 그것도 충만하게 받는다'고 하였다.

그리하여 성령을 충만히 받기 위해서 갈라디아 교회는 할례를 받고 율법을 다 지키기로 하였다. 그래야 성령을 받는 줄로 알았다. 이미 그들은 바울이 복음을 전할 때 예수 그리스도를 믿음으로 성령을 받았다. 그런데 오랜 신앙생활을 통하여 성령으로 시작함을 망각하였다. 이에 유대주의자들의 가르침에 속아서 율법을 완전히 지키기로 하고 할례를 받아 열심히 노력하였다. 이 일 때문에 바울이 갈라디아서를 써서 그들의 잘못을 교정하고 복음과 율법의 관계를 정립하였다.

그리스도교는 은혜의 종교이므로 곧 하나님이 구원을 이루셨으므로, 내가 그 구원을 믿기만 하면 성령을 받는다. 곧 믿기만 하면 성령을 받는다. 내가 무슨 일을 한다고 해서 성령을 받을 것인가? 성령은 인간의 노력으로 받는 것이 아니다. 그 어떤 종교적인 노력도 나로 하여금 성령을 받게 할 수가 없다. 그것은 천지를 다시 창조하는 것만큼이나 어려운 일이다. 성령을 받는 것은 예수 그리스도를 오직 믿음으로만이다. 그러므로 바울은 갈라디아 그리스도인들이 예수 믿을 때 성령을 받고 믿음 생활을 시작하였는지, 아니면 완전해지기 위해서 율법을 지키기 시작할 때부터였는지를 상기시킨다. 성령은 바울 때나 지금 오순절 운동의 때에나 인간의 종교적인 노력에 의해서 받는 것이 아니다. 믿음으로만 받는다. 그냥 믿음이 아니라 예수 그리스도를 구주로 믿을 때 받는다. 성령은 믿음으로 받고 결코 인간적인 노력과 공로로 받는 것이 아니다. 성령 받는 것이 바로 구원에 이름이고, 구원에 대한 가장 확실한 보장이다. 이 일이 예수 믿음으로만 이루어진다.

그리스도교는 은혜의 종교이다. 은혜는 할 수 없는 자가 하나님의 호의를 입는 것을 뜻한다. 선물은 거저 받는 것이다. 예수 그리스도를 하나님의 아들로 믿고 그의 죽으심을 믿기만 하면 성령을 받는다.

바울의 사도직에 대한 시비: 복음과 더불어 율법의 수행을 요구하지 않았기 때문이라고 함

바리새파 유대인들은 바울이 바른 사도가 아니라 거짓 사도라고 시비했다. 왜냐하면 믿음에 율법 준수를 요구하지 않았기 때문이다.

바울은 이방인들에게 예수 그리스도를 믿기만 하면 구원에 이른다고 가르치고 전하였다. 유대 그리스도인들 곧 예루살렘에 있는 교회에 속한 유대인들처럼 예수 믿음에 율법의 실행을 전혀 가르치지 않았다.

예루살렘의 목회자인 주의 동생 야고보는 기도를 많이 한 기도의 사도였다. 그리고 전통적인 율법을 잘 지켜서 흠이 없었다. 그는 예루살렘의 의인으로 인정되었다. 율법을 온전히 지키며 그대로 살았기 때문이다. 예수 믿음의 생활을 하면서 사도로, 예루살렘 교회의 목회자인 장로로 일했다.

그러므로 예루살렘 교회도 다 야고보를 따라 예수 믿음과 함께 율법을 계속 지켰다. 따라서 믿음에 율법을 더함을 가장 바른 믿음 생활로 알았고, 그 길이 가장 확실한 구원의 길이라고 굳게 믿게 되었다. 믿음은 행함이 없이는 안 되는 것으로 가르치고 믿었다. 이것이 야고보의 편지에도 나타나 있다. 그러므로 야고보의 방식인 예수 믿음에 율법 행함을 결단코 부가해야 한다. 그리하여 행함이 없이는 구원에 이르지 못하는 것으로 확신하게 되었다. 유대 그리스도

인들은 모든 이방교회들도 다 어머니 교회인 예루살렘 교회의 믿음의 길을 걸어야 한다고 굳게 믿었다.

바리새파 그리스도인들은 바울이 본래 디아스포라 유대인이었고 또 헬라의 영향을 입었기 때문이라고 보았다. 더구나 주 예수가 세상에 사실 때 그에게 직접 가르침을 받지 못했다. 따라서 바른 가르침을 받지 못했기 때문에 그런 이단적인 가르침을 베푸는 것으로 여겼다. 더욱이 바울은 주께로부터 사도로 부름 받지 못했으므로 정통적인 가르침이 아니라 이단적인 가르침을 한다고 시비했다.

또한 바울은 정식 사도가 아니고 스스로 사도 된 자이다. 그러므로 예루살렘 정통 교회 방식과 다르게 전도한다고 비난했다. 바울은 가짜 사도로 낙인 찍혀 바른 가르침을 하지 못한 것으로 비난받았다. 열두 사도들 중에 들지 못한 대가를 톡톡히 치르게 되었다. 그리하여 갈라디아서를 쓰면서 바울은 자기의 사도권 변호로 편지를 시작한다.

갈라디아서의 내용

갈 1:1-5 인사와 자기의 사도권 변호

바울은 자기의 사도권이 예루살렘 교회에서 천거해서 사도들의 안수로 된 것이 아니고 예수 그리스도와 하나님 아버지로부터 직접 왔으므로 자기의 사도권이 정당하다고 변호하고 자기의 사도직을 확실하게 세운다. 그러면서 인사한다.

갈 1:6-10 배도자에 대한 저주

복음을 믿는 데서 율법의 준수를 함께 요구한 자들을 정죄하고 그들을 따라간 자들도 정죄한다.

제1주제: 이신칭의 교리와 자기의 사도권 변호

갈 1:11-2:21 이신칭의 교리와 자기의 사도권 변호

바울은 자기의 신앙 역사로 반대자들을 논박한다. 예수 믿은 후에 율법 준수가 아무런 근거가 없음을 밝힌다.

갈 1:11-12 자기의 가르침이 하나님에게서 직접 계시로 받은 것임을 강조하여 자기의 사도직이 하나님과 그리스도에 의해 직접 세워졌음을 강조한다.

갈 1:13-17 바울은 율법과 조상들의 유전에 대한 열심이 지극하였으나 하나님이 이방인의 사도로 부르셨음을 강조한다.

갈 1:18-20 예루살렘을 잠시 방문함.

갈 1:21-24 수리아와 길리기아 지방에서 복음을 전함으로 말미암아 유대 교회가 하나님께 감사함.

갈 2:1-5 예루살렘을 방문하고 거기 사도들에게 자기가 전한 복음의 내용을 제시하였다. 그때 사도들은 바울의 복음의 내용에 대해 아무런 시비가 없었다.

갈 2:6-10 예루살렘 사도들이 자기를 완전한 사도로 인정하고 이방 전도의 책임을 인정하고 가난한 자들을 도와주기를 부탁받음.

갈 2:11-14 베드로의 실수로 인해서 바울이 그를 책망했다. 사도이고 수제자이며 교회의 설립자인 교회의 기둥을 책망했다. 이로써 바울 자신의 권위가 최고 사도들과 동등함을 증명함.

갈 2:15-21 의롭게 됨은 그리스도를 믿음으로이고 결코 율법 준수로 되는 것이 아니다.

그리스도를 믿는 믿음이 전부이고 그리스도의 십자가 이후에는 율법 준수가 아무 효용이 없음을 밝힌다. 율법 준수로 의롭게 되면 그리스도께서 헛되이 죽으신 것이다. 율법 준수로 의롭게 되면 왜 바울 자신이 예수 믿음으로 옮겼겠느냐고 반문하다.

제2주제: 복음과 율법의 관계에 대한 교리적 논의

갈 3:1-5:12 그리스도를 믿음으로 성령 받음과 율법의 기능과 수여 목적을 밝힘

갈 3:1-5 성령은 그리스도를 믿음으로 받고 율법 준수로 결코 되지 않음을 강조한다.

갈 3:6-9 아브라함이 믿음으로 의롭게 되었으니 믿는 자들이 아브라함의 자손임.

갈 3:10-12 율법으로는 저주를 받을 뿐 결코 의롭게 되지 못함.

갈 3:13-14 그리스도만이 율법의 저주에서 구속함.

갈 3:15-18 의는 그리스도를 믿는 믿음으로 얻도록 하나님이 미리 정하셨음.

갈 3:19-22 율법은 범법 때문에 주어진 것이고 그리스도까지만 유효하다.

갈 3:23-25 율법은 몽학선생으로 우리를 그리스도께 인도하기 위해서 주어졌다.

갈 3:26-29 그리스도를 믿음으로 의롭게 되어 상속자들이 되었다.

갈 4:1-5 율법은 사람을 종으로 만들고, 그리스도를 믿는 믿음은 하나님의 자녀로 만든다.

갈 4:6-7 믿음으로 자녀가 되었으니 성령을 받아 상속자가 되었다.

갈 4:8-11 아들이요 상속자는 종의 자리로 돌아갈 수 없다. 그런데 어찌하여 다시 종의 자리로 돌아가려고 하느냐고 묻는다.

갈 4:12-16 바울을 천사처럼 그리스도처럼 여겨 복음을 받아들였는데 어찌하여 원수가 된 것처럼 복음을 떠났느냐고 묻는다.

갈 4:17-20 거짓 복음을 가르치는 자들의 열심이 바른 목적에 있지 않음을 밝히고 믿음에 열심할 것을 강조한다.

갈 4:21-31 율법 아래 있으면 종이 되고 상속자가 되지 못한다. 아브라함의 두 아들의 경우를 율법 아래 있는 자들과 믿음 아래 있는 자들로 비유한다.

갈 5:1-6 그리스도를 믿는 자는 이미 자유자이기 때문에 종의 멍에를 지면 안 된다. 할례 받아 율법을 지키면 그리스도가 아무 소용이 없다.

갈 5:7-12 율법으로 돌아감은 하나님에게서 난 것이 아니므로 그렇게 주장하여 교회를 혼란시킨 자들이 스스로 분리되기를 바람.

제3주제: 윤리적 권면

갈 5:13-6:10 **율법으로 사는 삶과 성령으로 사는 삶을 대조함**

갈 5:13-15 율법은 이웃 사랑의 계명으로 다 성취되었다. 율법으로 돌아가면 다른 사람의 잘잘못만 찾게 된다.

갈 5:16-18 성령의 인도로 살면 율법 아래 살지 않는다.

갈 5:19-21 육체의 일들과 그 귀결

갈 5:22-23 성령의 열매

갈 5:24-26 그리스도의 사람들은 육의 법으로 살지 않음.

갈 6:1-5 그리스도인들은 겸손하고 남을 보살펴줌.

갈 6:6-10 성령으로 사는 사람들은 선을 행함.

제4주제: 결론과 인사

갈 6:11-18 거짓 가르침과 그리스도의 형상으로 변화될 것과 인사

갈 6:11-16 거짓 가르침을 하는 자들의 오류를 지적하고, 그리스도의 형상으로 새로 지어질 것을 권고함.

갈 6:17-18 마지막 권고와 축복

갈라디아서의 수납처

갈라디아 교회는 바울의 1차 전도여행 시에 설립되었다 (행 13:13-14:25). 남쪽 갈라디아는 밤빌리아, 비시디아, 루가오니아, 더베, 루스드라, 이고니온과 비시디아 안디옥을 포함한다고 본다. 2차 전도여행 시에 브루기아와 갈라디아 지방에 교회를 세웠다면 그것은 북쪽 갈라디아를 뜻한다 (행 16:6). 그러나 북쪽 갈라디아 지방의 도시들이 언급되어 있지 않은 것으로 보아 남쪽 갈라디아 지방을 지시하는 것으로 보아야 할 것이다.

갈라디아 교회는 바울의 1차 전도여행 시에 세워진 교회들이다. 그런데 3차 전도여행 시 갈라디아와 브루기아 지방의 교회들을 다니며 가르쳐 믿음의 도리를 굳게 하였다고 되어 있다 (행 18:23).

그러나 이것은 새로 교회를 세운 것이 아니고 1차 여행 시에 세운 교회들을 굳게 한 것이다.

저작 시기

바울은 갈라디아서를 고린도 사역 기간에 썼다고 할 수 있다. 아니면 에베소에 와서 썼다고 할 수 있다. 고린도에서 사역할 때 일이 많아서 갈라디아에 직접 가지 못했다고 할 수 있다. 또 지리적으로도 너무 멀리 떨어져 있어서 갈라디아에 직접 가지 못하고 편지를 보낸 것으로 보인다. 에베소에서 편지를 썼다면 고린도 사역을 마치고 안디옥으로 돌아가는 길에 썼다고 할 수 있다. 그러나 에베소보다는 정황으로 보아 고린도 사역 기간으로 봄이 타당하다.

저술 시기는 갈라디아서의 문맥으로 보아 예루살렘 사도공회의(행 15장)가 열리기 전으로 보인다. 그러면 주후 49년에 쓰였다고 할 수 있다.

차 례

갈라디아서

Προς Γαλατας

제 1 장

갈라디아서

Προς Γαλατας

갈 1:1 사람들에게서 난 것도 아니요 사람으로 말미암은 것도 아니요 오직 예수 그리스도와 및 죽은 자 가운데서 그리스도를 살리신 하나님 아버지로 말미암아 사도 된 바울은(한글개역)

1:1 Παῦλος ἀπόστολος, οὐκ ἀπ' ἀνθρώπων οὐδὲ δι' ἀνθρώπου ἀλλὰ διὰ Ἰησοῦ Χριστοῦ καὶ θεοῦ πατρὸς τοῦ ἐγείραντος αὐτὸν ἐκ νεκρῶν,(GNT)

갈 1:1 사람으로부터도 아니고 사람으로 말미암아서도 아니고 예수 그리스도와 그를 죽은 자들 가운데서 살리신 하나님 아버지로 말미암아 사도 된 바울과(주석자의 역)

1. 바울이 믿음만을 가르친 것은 바른 사도가 아니기 때문이라고 시비하였으므로 사도권 변호로 편지를 시작한다.

바울은 이방인들에게 예수 그리스도를 전하고 그를 믿기만 하면 구원에 이른다고 가르치고 전하였다. 유대 그리스도인들 곧 예루살렘 교회에 속한 유대인들처럼 예수 믿음에다가 율법의 실행을 전혀 가르치지 않았다.

예루살렘의 목회자인 주의 동생 야고보는 기도를 많이 한 기도의 사도였다. 또 율법을 잘 지켜서 흠이 없었다. 그리하여 그는 예루살렘의 의인으로 인정되었다. 율법을 온전히 지키며 율법대로 살았기 때문이다. 예수 믿음의 생활을 하면서 사도로, 예루살렘 교회의 목회자인 장로로 일하였다. 그러므로 예루살렘 교회도 다 그를 따라 예수 믿음과 함께 율법을 계속 지켰다.

따라서 믿음에 율법을 더함이 가장 바른 믿음생활로 알았고, 그 길이 가장 확실한 구원의 길로 굳게 믿게 되었다. 믿음은 행함이 없이는 안 되는 것으로 가르치고 믿었다. 이것이 야고보의 편지에도 나타나 있다. 그러므로 야고보의 방식인 예수 믿음에 율법 행함을 필히 부가해야 했다. 그리하여 행함이 없이는 구원에 이르지 못하는 것으로 확신하게 되었다.

그러므로 모든 이방교회들도 다 어머니 교회인 예루살렘 교회의 믿음의 길을 걸어야 한다고 유대 그리스도인들은 굳게 믿었다.

바울은 본래가 디아스포라 유대인이었고 또 헬라의 영향을 입었기 때문에 믿음만 가르쳤다고 보게 되었다. 더구나 주 예수가 세상에 계실 때 바울은 그에게 직접 가르침을 받지 못했다. 따라서 바른 가르침을 받지 못했기 때문에 그런 이단적인 가르침을 베푸는 것으로 판단하였다. 더욱이 바울은 주께로부터 사도로 부름 받지 못하였다. 그러므로 정통적인 가르침이 아니라 이단적인 가르침을 한다고 시비하였다. 그는 정식 사도가 아니고 스스로 사도 된 자이다. 그러므로 예루살렘 정통교회 방식과 다르게 전도한다고 비난하였다. 그래서 바울은 가짜 사도로 낙인찍혔다. 가짜 사도이기 때문에 바른 가르침을 하지 못하는 것으로 비난하였다. 바울은 열두 사도들 중에 들지 못한 대가를 톡톡히 치르게 되었다. 그리하여 갈라디아서를 쓰면서 바울은 자기의 사도권 변호로 편지를 시작한다.

2. 바울은 자기의 사도권이 그리스도와 하나님 아버지로부터 왔다고 변호한다.

바울은 주 예수의 승천 후에 사도가 되었으므로 주 예수로부터 직접 사도로 부름 받을 기회는 전혀 없었다. 사도로 세워 줄 분이 안 계시므로 사람으로는 사도가 될 가능성이 전혀 없었다.

그러나 주 예수로부터 직접 사도가 되지 못했어도 사도가 된 사람이 있었다. 그는 주의 공생애 기간에 열심히 따르고 가르침을 받은 맛디아였다. 그러므로 그는 예루살렘 교회의 인정을 받고 사도들의 인정을 받음으로 사도가 되었다. 예루살렘 교회가 천거하고 사도들이 안수함으로 사도가 되었다. 그러나 맛디아는 사도로 이름이 오른 것 외에는 아무런 행적이 없다.

바울은 이 점에 착안하여 자기의 사도권을 변호한다. 맛디아처럼 사람에 의해서 사도가 된 것이 아니고 자기는 직접 예수 그리스도와 하나님 아버지로부터 사도로 세워졌다고 변호한다. 그리스도에 의해서 직접 사도로 세워졌으므로 자기의 사도권이 바른 사도권이라고 주장한다. 사도는 예수 그리스도가 세우신다. 그가 비록 승천하셨으나 살아 계신 주이시므로 승천 후에도 자기를 사도로 세우셨다고 분명히 강조한다. 그러므로 자기의 사도직이 베드로와 요한과 같은 동등한 사도라고 강조한다. 사도 설립자가 세웠으므로 가장 확실한 사도이고 법적으로 타당한 사도라는 것이 바울의 자기의 사도권 변호이다.

3. "사람들에게서 난 것도 아니요 사람으로 말미암은 것도 아니요"라고 한 것은 맛디아처럼 사람들 가운데서 천거 받아서 사도로 세워지지 않았고, 사도들이 안수해서 사도로 세워진 것도 아니라는 강한 변호이다.

맛디아만이 주의 승천 후에 사람들에 의해서 사도가 되었다. 예루살렘 교회가 그의 생활경력을 인정하여, 천거하고 투표하여 사도들이 안수함으로 사도들의 수에 들게 되었다. 그러나 그 사도는 사도로 이름이 올라간 것 외에는 아무런 사도적 사역을 한 흔적이 성경에 없다. 그러므로 사람에게서 천거 받아서 나오고 사람들에 의해서 안수 받아 사도 된 것은 사도로서 큰일을 할 수 있는 능력과 권능을 공급해 주는 것이 아니었다.

하나님이 세우셔야 사도로서 권세와 권위를 가지고 큰일을 할 수 있다. 지금도 사람들에 의해서만 세워진 목사들은 아무 일도 못한다. 목사 임직 예식이 아무런 권세와 권위를 주지 못한다. 하나님이 세우셔야 한다. 마찬가지로 사도도 하나님이 세우셔야 권세와 권위를 갖고 큰일을 하고 큰 전도를 할 수 있다.

4. 바울은 그리스도와 그를 죽은 자 가운데서 살리신 하나님 아버지로 말미암아 사도가 되었다.

사도는 예수 그리스도가 세우셨지만 하나님이 예수 그리스도의 복음을 전하기 위해서 그를 미리 택정하셨다. 그러므로 그는 하나님 아버지에 의해 사도가 된 사람이다. 바울은 예수 그리스도의 복음을 위해서 어머니 뱃속에서부터 택정되었다. 그럼에도 불구하고 예수 그리스도를 핍박하고 큰 용맹으로 반대하며 박해하였다. 하나님은 그 모든 것을 참고 기다리셨다. 그 후에 주 예수는 친히 자기의 부활한 몸으로 그에게 나타나사 그를 사도로 세우셨다.

여기 부활을 삽입한 것은 예수 그리스도가 부활자로 나타나 자기를 사도로 삼으신 것을 강조하여 다메섹 경험을 회상하고 있다. 예수 그리스도는 스스로 부활하였지만, 하나님 아버지가 살리셨다. 왜냐하면 그는 속죄의 죽음을 죽었기 때문이다. 그러므로 하나님은 예수 그리스도를 살리셔야 했다. 예수 그리스도의 부활에만 세상의 구원이 있기 때문이다. 부활은 예수 그리스도에게 필수적이다. 부활로 예수는 그리스도가 되셨고 세상의 구주가 되셨다. 부활 없는 예수는 한낱 종교가이고 위대한 선생일 뿐이다.

그러나 예수 그리스도가 부활하심으로 그의 죽음이 속죄의 죽음이 되어서 그는 세상의 구주가 되셨다. 그는 단지 하나의 사람으로서 그런 일을 한 것이 아니고 하나님의 성육신으로서 그런 위업을 이루셨다. 그러므로 하나님 아버지가 예수 그리스도를 부활시키셨다고 편지 처음부터 기록할 수밖에 없었다.

슐라이어마허는 부활은 예수의 인격에 필수적이 아니라고 주장했지만, 부활은 예수 그리스도의 신인격에 필수적이다. 부활 없는 예수 그리스도는 구주일 수 없다. 부활이 없으면 예수 그리스도는 하나님의 성육신일 수 없다. 부활하신 예수 그리스도가 하나님의 성육신이어서 우리의 구주이시다. 그러므로 하나님은 예수 그리스도를 죽은 자들 가운데서 살리셨다.

5. 사도는 예수 그리스도의 죽음과 부활을 증거하는 전도자이다.

핍박자가 예수 그리스도의 사도가 되었다. 바울은 도저히 그리스도의 사도가 될 수 없는 사람이었다. 그는 율법의 최후 전사였기 때문이다.

가말리엘에게서 율법을 배워 율법을 자기의 목숨보다 더 사랑하여 율법의 최후 전사가 되기로 작정하였다. 율법만이 아니라 율법을 잘 지키기 위해서 만든 규례들도 율법 준수를 위해 만들어졌으므로 생명으로 여겼다.

이때 나사렛 이단이 나타나 예수를 메시아로 추대하고 그를 믿으면 구원에 이른다고 가르쳤다. 율법은 아무 상관도 없고 오직 예수를 메시아로 믿으면 구원에 이른다고 주장하였다. 더구나 나사렛 이단자들은 도저히 받아들일 수 없는 주장을 하였다. 이 예수가 하나님의 성육신으로서 메시아라고 거짓 풍설을 널리 퍼뜨렸다.

율법 세계에서는 도저히 불가능하고 상상도 할 수 없는 일을 주장하였다. 메시아는 다윗의 씨이면 충분했고, 하나님의 성육신이어야 한다는 것은 전혀 성경적 근거가 없다고 보았기 때문이다. 메시아가 되려면 나라를 압제에서 독립시켜야 한다. 그런데 거짓 메시아 예수는 그런 것은 전혀 하지 않고 자기를 믿으면 구원에 이른다고 가르쳤다. 그뿐만 아니라 자기를 하나님의 아들로, 하나님의 성육신으로 주장하였다.

그러므로 백성의 지도자들이 그를 정죄하여 메시아가 아니라고 십자가에 못 박아 죽였다. 저주받아 나무에 못 박혀 죽었으면 메시아일 수 없다. 그러므로 이런 이단은 완전히 박멸하여 정통 유대교를 바로 세워야 한다고 확신하였다.

이 이단 박멸에 바울이 선봉장이 되어 열심히 교회를 박해하고 해를 끼쳐 모든 그리스도인들을 다 죽여 없애기로 하였다. 실제로 그렇게 할 권세를 산헤드린 공회의 의장인 대제사장으로부터 받았다. 그 권세로 많은 그리스도인들을 옥에 가두고 박멸하였다. 이제 유대에서 이 일이 거의 완료되자 다메섹으로 피신 간 유대 그리스도인들을 잡아다가 예루살렘으로 끌어와서 고문하여 심문하기로 하였다. 그러면 유대 그리스도인들이 다 예수 믿음을 포기하고 다시 유대교로 돌아올 것으로 사울은 확신하였다.

이런 사람은 도저히 예수 그리스도의 사도가 될 수 없는 사람이었다. 그런데 그가 예수 그리스도의 사도가 되었다. 그가 부활자를 직접 만났기 때문이다. 부활자를 직접 만나기 전에는 예수를 육체로만 알았다. 예수는 나사렛 이단의 시발자이고 그 장본인이다. 그는 메시아가 아니라고 정죄되어 십자가에 못 박혀 죽었으므로 지금 무덤에서 썩고 있다. 그는 나사렛에서 나서 목수로 일하다가 랍비로 나서서 가르쳤다. 그가 율법을 배우지 못했기 때문에 그의 가르침은 바른 해석이 되지 못하였고 엉터리로 가르쳤다. 그런 자는 백번 죽어도 마땅하다고 생각했다.

그런데 부활자를 만나니 전혀 자기의 이해가 잘못되었음을 깨달았다. 땅속에서 썩고 있는 줄 알았던 예수가 부활자로 나타났기 때문이다. 그는 죽어 있는 것이 아니고 부활하여 하늘의 대권을 받은 천지의 주재였다. 그는 하나님의 아들이고, 하나님의 성육신이었다.

율법 세계에 전적으로 불가능한 일이 현실로 이루어졌다. 어떻게 하나님이 사람이 되사 그렇게도 초라해지시고, 더구나 자기를 죄와 죽음에서 구원하기 위하여 십자가에 대신 죽을 수 있단 말인가?

예수는 하나님이신데 성육신하셨고, 창조주이신데 피조물이 되사 바울 자신의 구원을 위해 죽으셨다. 이런 탁월한 그리스도 지식이 있을 수 있는가? 이런 부활자, 하나님의 성육신을 만나고서는 율법 세계에 남아 있을 수 없었다. 더구나 강권적인 부르심이 작용하였으므로 하나님의 부르심을 거역할 길이 없었다.

이렇게 예수 이단을 완전하게 박멸하여 정통 유대교를 굳게 세우기 위해 열심이었던 사울이 예수 그리스도의 사도가 되었다. 예수 그리스도의 큰 대적 사울이 예수 그리스도의 사도가 되어 그의 죽음과 부활을 전하도록 세워졌다. 그후 사울은 작은 자의 뜻인 바울로 이름을 바꾸었다.

바울이 자원해서 사도가 된 것이 아니고, 예수 그리스도께서 그를 사도로 세워 그의 십자가의 죽음과 부활을 전하게 하셨다. 바울은 예수 그리스도의 사도가 되었으므로 주 예수만을 전하였다.

바울이 전할 내용은 예수 그리스도의 죽음과 부활이었다. 그가 하나님이신데 사람이 되어 십자가에 죽으심으로 세상을 구원한다는 복음이었다. 그의 피로 모든 죄가 용서되어 반역한 인류가 하나님께로 돌아가 하나님을 섬기며 영생과 영광에 이르게 된다는 복음이었다. 이 구원은 어떤 인간 존재가 이루어낸 것이 아니고, 바로 창조주께서 마련하신 것이다. 그러므로 모든 백성들이 들어야 할 복음이다. 이 일을 전하고 증거하기 위해서 바울이 사도로 세워졌다.

6. 바울이 사도로 세워졌다.

그토록 핍박하고 반대하며 투쟁했던 바울이 자기가 무너뜨리기 위해서 싸웠던 그 복음을 전하도록 세워졌다. 아무도 낯이 뜨거워서 못할 일을 하도록 바울은 세워졌다. 그렇게 반대하고 대적했던 바로 그 사람을 전하도록 세워졌다. 이런 역설이 또 어디에 성립하겠는가?

율법에 정통한 랍비가 십자가를 전할 수 있는가? 그렇게 해박한 율법학자가 하나님의 성육신을 믿을 수 있고 전할 수 있는가? 많은 지식을 가진 대학자가 미치지 않고서야 그 치욕의 십자가를 세상 구원으로 전할 수 있단 말인가? 그것은 사람의 생각으로는 할 수 없는 일이다. 바울은 그 장본인 곧 구원자로서 부활하신 자를 친히 만났다. 그냥 한 사람을 만나듯이 만난 것이 아니고, 성육신자를 부활자로 만났다.

부활이 어찌 율법 세계에 가능한가? 어떤 제사장들도 부활을 가르치지 않았다. 제사장들의 가르침에 의하면 사람이 죽으면 그만이고, 하나님의 섭리는 이 세상에 사는 동안만 충족될 일이었다. 그런 불가능하고 불합리하여 도저히 사람이 받을 수 없는 내용을 복음으로, 세상의 구원으로 전하도록 바울이 사도로 세워졌다.

지성이 모든 것을 해결한다고 믿는 희랍 세계에 십자가처럼 불합리하고 부당하고 무모한 사건, 그리고 노예들에게나 지우는 십자가에 처형당한 자를 세상의 구원으로 전해야 했다. 십자가 형벌로 죽은 자는 최대의 치욕으로 죽은 자이다. 십자가형을 당한 자는 말하기도 부끄러운 존재이다. 아무도 제정신을 가진 자이면 할 수 없는 일을 바울이 전하도록 세워졌다. 유대인들을 상대해서 전해도 어려울 터인데 로마인들과 헬라인들을 향해서 전해야 했다. 가장 합리적인 방식으로 산다고 하는 헬라 로마의 이방세계에 이런 불합리하고 무모한 내용을 복음으로 전하도록 바울이 세워졌다. 도저히 율법의 이해로는 받을 수 없어서 자기가 친히 박멸하려고 했던 것을 가장 합리적이라고 하는 철학으로 세뇌되고 직조된 헬라인들에게, 가장 문명화되고 합리적인 문화인들에게 이 사건을 복음으로 전해야 했다. 이 일을 위해서 바울이 사도로 세워졌다. 그러나 바울이 주저할 수 없었던 것은 바로 자기의 구주를 부활자로 직접 만났고, 그 부활자에 의해서 사도로 세워졌기 때문이었다.

그러면 누구든지 예수 그리스도를 전하려면 바로 그를 부활자로 만나야 한다. 제자들에 의해서 추앙되어 올라간 한 종교가를 전하는 것이 아니라, 세상 구주를 전하려면 부활자를 만나고 경험해야 한다. 사도가 되는 첫 번째 요건이 바로 부활자를 만나는 것이기 때문이다.

지금은 합리적인 사고, 아니 과학적인 사고로 직조된 사람들로 세상이 구성되어 있다고 여긴다. 그러므로 그리스도를 가르치는 자들도 예수를 하나님의 성육신으로 받지 않고, 그것을 신화로 여긴다. 더구나 십자가에 죽은 자의 부활은 불가능한 일이다. 그런 부활은 현대 과학의 세계에서는 불가능하다. 더구나 모든 것이 사람이 만든 사실들에 의해서 정보화되어 있는 사회에서는 불가능하다.

이런 세상에 예수 그리스도를 전할 수 있으려면 미쳐야 한다. 아니면 그 부활자를 만나고 경험해야 한다. 그 길만이 예수 그리스도를 세상의 구주로 전하고 증거할 수 있다.

바울 당시나 지금이나 하나님의 방식을 어리석은 것으로 보기는 마찬가지이다. 그러나 부활자를 실제로 만나면 예수 그리스도의 사역과 인격을 전할 수 있다.

갈 1:2 함께 있는 모든 형제로 더불어 갈라디아 여러 교회들에게

1:2 καὶ οἱ σὺν ἐμοὶ πάντες ἀδελφοί, ταῖς ἐκκλησίαις τῆς Γαλατίας·

갈 1:2 나와 함께 있는 모든 형제들이 갈라디아의 교회들에게

1. 갈라디아 교회 중 한 교회만이 복음과 율법의 관계에 대해 혼동과 혼란에 빠진 것이 아니었다.

갈라디아의 교회들이 다른 복음에 물들게 되었으므로 바울은 갈라디아의 모든 교회들에게 편지했다.

바울은 갈라디아 지역에 많은 교회들을 세웠다. 갈라디아에 바울이 교회를 세운 것은 1차 전도여행 때이다. 버가에서 시작하여 이고니온까지 전도하였다. 그리하여 많은 교회들이 세워졌다. 버가에서 전도하여 교회를 세운 후 비시디아 안디옥에도 전도하여 교회를 세웠다. 비시디아 안디옥에서 복음을 전파함으로 핍박을 받아 이고니온으로 갔다. 거기서도 핍박을 받자 루스드라와 더베로 가서 복음을 전파하였다. 루스드라에서 앉은뱅이를 일으킨 후 안디옥과 이고니온으로부터 온 유대인들에게 돌에 맞아 죽기에

이르렀다. 그러나 주의 은혜로 일어나서 더베로 갔고, 다시 루스드라와 이고니온과 안디옥으로 돌아가서 교회를 굳게 하고 밤빌리아에 이르고 버가에서 복음을 전하고 앗달리아로 내려갔다 (행 13:13-14:25).

2차 전도여행 때 브루기아와 갈라디아 땅을 다녀갔다고 되어 있다. 그러나 전도하여 교회를 세웠다는 기록이 없으므로 전도할 곳을 찾기 위해 지나갔을 것으로만 보는 것이 타당하다 (행 16:6-8). 여기서 갈라디아는 남부 갈라디아이고, 1차 전도여행 때 세워진 갈라디아 지역 교회들을 뜻한다.

첫 선교여행 때 바울에 의해 세워진 처음 교회들이 모두 유대인들의 그릇된 가르침에 현혹되어 할례를 받고 율법의 여러 조항들을 지켜 안식일과 월삭과 유대교의 경절들을 다 지키게 되었다. 즉 갈라디아 그리스도인들이 유대교로 돌아간 셈이 되었다. 그러므로 바울이 갈라디아의 교회들에게 편지를 하게 되었다.

2. 바울이 편지를 쓰는 사람이지만 바울과 함께 있는 형제들도 갈라디아 교회들에게 권고하는 일에 동참하였다.

바울은 전도하러 다닐 때 혼자 다니지 않고 항상 동역자들과 함께 다녔다. 갈라디아서를 쓸 때에도 선교여행 중이었으므로 바울은 혼자가 아니고 동역자들과 함께 있었다. 그래서 같이 염려하고 걱정하며 편지의 인사를 함께 하게 되었다. 본문에 의하면 편지와 인사를 하는 사람들은 바울, 그리고 그와 함께 있던 그리스도인 형제들이었다 (καὶ οἱ σὺν ἐμοὶ πάντες αδελφοί: 갈 1:2).

바울과 함께 있는 모든 형제들이 바울의 인사에 동참한다. 그래서 발신자가 바울과 그와 함께 있는 모든 형제들로 되어 있다.

갈라디아 교회의 혼란에 대해 염려한 사람은 바울만이 아니라 그와 함께 있는 모든 형제들이었다. 그러므로 혼자만 바른 신앙을 지키는 것이 아니고 많은 사람들이 함께하게 되었다. 이것은 참으로 복된 일이다. 엘리야 때에는 엘리야 혼자 여호와 종교를 지키려 했으나 할 수 없었다. 그러나 바울 때에는 많은 동역자가 있었으므로 바른 신앙을 지켜낼 수 있었다.

갈 1:3 우리 하나님 아버지와 주 예수 그리스도로 좇아 은혜와 평강이 있기를 원하노라

1:3 ὑμῖν χάρις καὶ εἰρήνη ἀπὸ θεοῦ πατρὸς καὶ κυρίου ἡμῶν Ἰησοῦ Χριστοῦ,

갈 1:3 은혜와 평강이 하나님 우리 아버지와 주 예수 그리스도로부터 여러분에게 있을지어다.

1. 은혜가 와야 평강이 있고, 그 은혜와 평강은 하나님 아버지와 주 예수 그리스도로부터 온다.

은혜는 언제든지 하나님과 구원을 이루신 주 예수로부터 오고 다른 길은 없다. 은혜는 본래 구원주로부터 오기 때문이다. 은혜는

할 수 없는 자들에게 베푸시는 하나님의 호의이다.

하나님이 구원을 계획하시고 주 예수 그리스도가 그 구원을 이루셨기 때문에 그들에게서 은혜가 온다. 여기 은혜는 할 수 없는 자들, 곧 합당하지 못한 사람들에게 베푸시는 하나님의 사랑이다.

호의를 입으면 평강이 온다. 죄인들에게 베푸시는 은혜는 죄 용서이고 불쌍히 여김이어서 본래 백성의 자리로 돌아가는 것이다. 주의 백성이 되면 평안을 얻게 된다. 하나님께로 돌아갔기 때문이다. 그러므로 주의 호의를 입으면 마음에 평안을 누리게 된다. 은혜 없이는 평강이 없고, 평강은 언제나 은혜에 뒤따른다. 그러므로 사도들의 편지들에서 언제나 은혜가 먼저 오고 그다음 평강이 뒤따라 온다. 평화는 하나님과 화해되어 하나님의 자녀로서 누리는 마음과 영혼의 안식이다. 평화는 죄가 제거된 상태에서만 가능하다. 하나님을 모셨기 때문에 평화가 있고 평화가 가능하다.

그러나 그 평화는 예수 그리스도의 복음으로 조성된 평화이다. 그냥 평화가 아니라 그리스도의 피로 조성된 평화이다. 그의 피가 죄를 제거하고 마음의 불안을 해소했기 때문에 가능한 평화이다. 그러므로 은혜와 평강이 구원의 시발자인 아버지와 구원을 성취하신 예수 그리스도에게서 온다.

그러므로 은혜와 평강은 그리스도인들에게만 가능하다. 주 예수 그리스도의 은혜만 입으면 그리스도인들은 모든 환난에서도 평안할 수 있다.

2. 단번에 은혜를 입어 구원에 이르렀지만 하나님의 호의는 계속적으로 입어야 한다.

사람이 사는 양식은 하나님의 은혜이므로 계속적으로 하나님의 은혜를 입어야 평안하며 생명을 지속할 수 있다. 그러므로 은혜는 계속적으로 공급받아야 한다.

3. 은혜는 그리스도가 통로가 되지 않으면 올 수 없다.

은혜는 예수 그리스도가 통로가 되지 않으면 올 수도 없고, 또 주어지지도 못한다. 왜냐하면 그가 피 흘려 죄를 제거하여 하나님의 백성이 되게 하셨기 때문이다. 그리스도의 피 흘림이 바로 하나님의 은혜이다. 그리스도의 피 흘리심이 바로 은혜와 평강의 근본이다. 피 흘림이 없이는 죄 용서도 없고, 하나님의 나라에 이르러 그 영광과 평화에 이를 수가 없기 때문이다. 그러므로 은혜는 죄인들에게 허락된 하나님의 호의이다.

갈 1:4 그리스도께서 하나님 곧 우리 아버지의 뜻을 따라 이 악한 세대에서 우리를 건지시려고 우리 죄를 위하여 자기 몸을 드리셨으니

1:4 τοῦ δόντος ἑαυτὸν ὑπὲρ τῶν ἁμαρτιῶν ἡμῶν ὅπως ἐξέληται ἡμᾶς ἐκ τοῦ αἰῶνος τοῦ ἐνεστῶτος πονηροῦ κατὰ τὸ θέλημα τοῦ θεοῦ καὶ πατρὸς ἡμῶν,

갈 1:4 그리스도께서 하나님 곧 우리 아버지의 뜻을 따라 이 악한 세대에서 우리를 건지시려고 우리 죄를 위해 자기 자신을 주셨으니

1. 그리스도께서 우리를 죄에서 구원하시기 위하여 자신 곧 자기 몸을 제물로 드리셨다.

하나님의 구원 섭리는 기이하여 그리스도의 몸을 제물로 바침으로 세상을 구원하기로 하셨다. 그 제물은 속죄 제물이다. 그냥 바쳐지는 제물이 아니라 죄에서 구속하기 위한 속죄 제물로 그리스도의 몸을 바치게 함으로 죄를 제거하기로 하신 것이다. 자기 몸을 드려 현재의 악한 세대에서 우리를 구원해 내시려고 작정하신 이는 그리스도이시다.

그가 사람 몸을 입으시고 사람들의 죄를 위해 죽기로 하셨다. 그러므로 그가 성육신하시고 속죄를 이루시어 사람을 이 악한 세상에서 구출해 내셨다. 즉 죄와 사망의 권세 아래에서 사람들을 건져 내셨다. 자기 몸을 바쳐 희생 제물로 드림으로 사람을 속량해 내는 것은 그리스도교밖에 없다.

다른 모든 종교들은 자력구원을 가르치므로 구원을 이루어 내지 못한다. 석가모니는 이 세상이 고생의 바다인데 이런 고생은 자기의 존재를 지키려는 집착 때문이므로 그 집착에서 벗어나 무로 돌아가야 한다고 가르쳤다. 그 집착에서 벗어나는 것은, 이 세상이 진짜가 아니고 허상임을 깨닫는 일이다. 그러면 해탈하여 생의 순환에서 벗어나 무로 돌아간다. 그것이 바로 극락이다. 다른 모든 종교들도 다 구원에 이르는 길이 이러하다고 가르치지만 실제로 구원은 성취해 내지 못한다.

예수 그리스도만이 자기 몸을 속죄 제물로 바침으로 우리를 이 악한 세상에서, 곧 죄와 사망과 고통에서 구출해 내셨다. 그러므로 그가 세상의 구주가 되시고, 그리스도가 되셨다. 그리스도는 예수뿐이고, 종교다원주의자들의 주장처럼 모든 교주들이 그리스도라는 주장은 신성모독이다.

2. 속죄 제사로 세상을 구원하심이 하나님의 작정이다.

하나님 아버지께서 세상을 구원해 내시되 속죄 제사의 방식으로 구출하시기로 작정하셨다. 모든 인류의 부르짖음에 하나님은 예수 그리스도의 속죄 제사로 응답하셨다. 아무리 발버둥 쳐도 소용없는 인류의 부르짖음에 하나님은 예수 그리스도를 보내심으로 해답을 내셨다. 아무리 발버둥 쳐도 죽음을 이겨낼 용사도 없고, 죽음을 능가할 항우장사도 없다. 죄를 해결할 길이 없기 때문에 죽음이 해결되지 않은 것이다.

그러나 하나님은 죄를 해결하기로 하셨다. 죄를 해결함으로 죽음을 처리하기로 하신 것이다. 죄를 제거하면 죽음이 물러가기 때문이다. 죽음을 해결하기 위해 죄의 값을 지불하여 죄에서 사람들을 속량해 내기로 하셨다. 죄가 속량되면 죽음이 해결되기 때문이다.

죄의 해결은 사람 몸으로 제사함으로만 가능하게 하나님이 정하셨다. 그것은 죄인을 위해서 한 의인을 죽게 함으로 이루셨다. 죄인들을 위해 그냥 한 의인이 죽는 것이 아니라 하나님의 아들이 죽도록 작정하셨다. 하나님의 작정대로 그리스도께서 사람이 되어 죽으셨다.

하나님의 아들 곧 하나님이 자기의 작정대로 죄인들을 위해 죽기로 하시고 실제로 죽으심으로 사람들을 죄와 죽음에서 구출해 내셨다. 창조주가 이 방식으로 세상을 구원하실 것을 정하셨기 때문이다. 그러므로 예수 그리스도가 유일한 구주이시다.

3. 악한 세대는 사람들의 마음이 부패했기 때문이요, 죄가 모든 사람들의 생활양식이 되었기 때문이고, 또 악령들의 권세 아래 놓여 있는 세상 곧 인류를 말한다.

인류의 처음 범죄 이래 모든 인류는 마음이 부패하였으므로 악한 생각으로 살았고, 죄악의 방식으로만 살았다. 악령들에 매여 하나님을 대적하는 일들만 하고 살았다.

그러므로 사람이 사는 세상이 더 악하고 더럽게 된 것이다. 여기 '악하다'는 말은 '포네로스'(πονηρός)를 사용했으니 음란하고 더러워진 세상을 말한다. 즉 멸망을 종착역으로 하고 사는 세상을 말한다. 이 세상에서 구출되지 않으면 죽음밖에 없는 상황을 말한다. 따라서 구원이라고 하지 않고 구출해 냄, 우리말 옮김대로 '건진다'는 단어 '엑셀레타이'(ἐξέληται) 곧 '엑사이레오'(ἐξαιρέω)의 단순과거 가정법 중간태를 사용하였다. 단번에 구출해 냄을 말하기 위해서 그렇게 하였다.

4. '건지시려고'라는 단어는 단번에 멸망의 낭떠러지에서 구해 냄을 표한다.

여기 사용된 희랍어 단어, '엑셀레타이'(ἐξέληται)는 위에서 밝힌 대로 '엑사이레오'(ἐξαιρέω)의 단순과거 가정법 중간태이다. 멸망의 낭떠러지로 행진하는 데서 급히 구출해 내고 단번에 구출해 내었음을 나타낸다.

그리스도의 구원사역은 단번에 완전하게 이루어진 사건이다. 구원 얻을 자들을 단번에 구함이고, 또 급히 구해 냄이다. 그리스도의 구원 사건은 한 번으로 완전히 이룬 구원이다. 반복적으로 이루어질 일이 아니어서 그의 죽음으로 단번에 모든 구원의 일을 이루신 것이다. 그러므로 단순과거를 사용하였다.

갈 1:5 영광이 저에게 세세토록 있을지어다 아멘

1:5 ᾧ ἡ δόξα εἰς τοὺς αἰῶνας τῶν αἰώνων· ἀμήν.

갈 1:5 그에게 영광이 세세토록 있을지어다. 아멘.

1. 영광은 하나님께만 타당한 찬양이다.

여기서 바울은 구원을 이루신 주 예수 그리스도께 영광을 돌리고 있다. 그 영광은 그러나 세세토록 (εἰς τοὺς αἰῶνας τῶν αἰώνων) 돌려질 영광이다. 이 세세토록은 영원까지와 같다. 그러므로 영광은 하나님의 것이고 만세에 타당하다.

2. 영원토록 영광이 그리스도에게 적용되므로 그리스도가 하나님의 성육신으로 구원을 이루셨음을 밝힌다.

영원토록 영광은 인간에게 적용될 수 없다. 세세토록 영광은 오직 하나님에게만 타당하다. 그러므로 바울은 이 인사에서 예수 그리스도를 하나님으로 고백하고 하나님의 성육신으로 인정하고 편지를 시작하고 있다. 예수는 어떤 천상적인 존재가 아니라 하나님의 성육신이고 하나님의 아들이며 하나님이신 것을 말한다. 그러므로 하나님에게만 타당한 영광이 그리스도에게 돌려졌다. 그리스도가 하나님으로 구원사역을 이루셨음을 인정한 것이다. 바울은 예수 그리스도를 부활자로 만남으로 그리스도인이 되었고, 사도로 부름 받았다. 그러므로 그는 처음부터 예수 그리스도가 하나님이심을 확실하게 알고 신앙생활 하였는데 여기 갈라디아 교회들에게 영광 찬송으로 자기의 신앙고백을 하고 있다. "영광이 세세토록 예수 그리스도에게 있을지어다. 아멘."

갈 1:6 그리스도의 은혜로 너희를 부르신 이를 이같이 속히 떠나 다른 복음 좇는 것을 내가 이상히 여기노라

1:6 Θαυμάζω ὅτι οὕτως ταχέως μετατίθεσθε ἀπὸ τοῦ καλέσαντος ὑμᾶς ἐν χάριτι Χριστοῦ εἰς ἕτερον εὐαγγέλιον,

갈 1:6 그리스도의 은혜로 여러분들을 부르신 이를 이같이 속히 떠나 다른 복음으로 넘어가는 것에 내가 놀랐습니다.

1. 바울이 놀라고 이해할 수 없는 것은 갈라디아 교회가 처음 복

음을 버리고 혼합 복음 곧 다른 복음, 복음의 변질로 넘어간 사실 이다.

갈라디아 교회는 처음 복음을 들을 때 크게 기뻐하고 즐거워하였다. 그들의 기쁨과 즐거움과 감사가 컸다.

갈라디아 교회가 열심히 믿고 기뻐하고 좋아하였는데, 다른 복음을 소개받자 처음 믿음을 버린 것을 바울은 도저히 이해할 수 없었다. 그냥 미지근하게 복음을 받았으면 모르는데, 믿음고백을 한 시작부터 성령으로 시작하므로 기쁨과 즐거움이 넘쳐나고 감사가 넘쳐났다.

그런데 이제 다른 복음으로 돌아가서 처음 믿음을 버리니 도저히 이해할 수 없고 놀랄 뿐이었다. 처음 확실하게 예수 믿고, 믿음으로 성령을 받아 기쁨과 즐거움이 많았으며, 많은 하나님의 능력들을 맛보았다. 그런데 유대 그리스도인들이 가져온 복음은 바른 것이 아니었다. 그것은 믿음에다 율법 준수를 더해야 완전해진다고 하는 주장이었다. 이 말을 듣고 거기로 쉽게 넘어간 것을 바울은 도저히 이해할 수 없었다.

오순절파의 주장이 왔을 때도 비슷했다. 세계 복음주의 교회들과 한국교회도 처음 예수 믿을 때는 예수 믿음으로 중생에 이르렀지만, 아직 성령은 받지 못하였다고 여겼다. 그러므로 성령을 받으려면 몇 가지 조건들을 이행해야 한다고 하는 주장이 옳은 줄로 알고 따라갔다. 많은 그리스도인들이 예수 믿을 때 성령 받은 것을 전혀 의식하지 못하였다.

마찬가지로 갈라디아 교회는 성령으로 시작한 것을 잊어버리고 성령 받기 위해서 열심히 율법을 지키기로 하였다.

2. 다른 복음은 예수 믿음에 율법 준수를 더해야 완전해진다는 주장이다.

다른 복음은 주 예수만 믿는 믿음에 율법 준수를 더해야 완전해진다는 유대주의자들의 주장이었다. 율법은 지킬 수 없는데도, 율법을 지켜야 완전해진다는 주장에 갈라디아 교회가 쉽사리 동조하였다.

율법을 실천하기 시작하여 유대교로 돌아간 것이다. 율법을 지킴으로 완전해지기 위해 그들은 율법을 지킬 의무가 부여되는 할례를 받았다. 할례를 받았으므로 율법을 지키는 데 전력을 다하였다.

율법을 지켜야 완전한 믿음이고 완전한 구원에 이르러 성령을 충만하게 받을 줄로 믿었다. 율법을 완전히 지킴으로써 획득한 의에 근거해서 성령을 청구할 수 있다고 믿었다. 이것이 바로 유대교의 근본 가르침이다.

3. 이런 다른 복음은 예루살렘 교회에서 온 유대주의 그리스도인들에 의해서 주장되었다.

유대인들로서 예수 믿게 된 사람들은 예수 믿음에 전통적인 율법 준수를 계속하였다. 이것을 정당한 믿음의 길로 인정하고 이방인들에게도 동일한 방식으로 신앙생활 할 것을 요구하였다. 그리하여 갈라디아 교회의 문제가 발생하였고, 율법과 복음의 관계가 문제시되었다.

그러나 바울은 이방인들에게 율법 준수를 전혀 요구하지 않았고 단지 예수 믿음만으로 구원에 이름을 강조하였다. 바울이 분명히 안 것은, 율법은 예수 그리스도의 강생과 죽음으로 그 기능을 다하여, 더 이상 구원에 아무런 역할과 자리가 없다는 것이다. 그러므로 이방인들에게는 복음만 전하고 율법 준수를 전혀 요구할 필요가 없었다. 유대인들은 전통적으로 지켜오던 율법을 지키는 것을 금할 수 없었지만 이방인들에게는 율법 준수를 요구할 아무런 근거가 없었다. 예수 그리스도의 십자가가 율법의 저주를 지고 죽은 죽음이었기 때문이다. 그의 죽음은 모든 율법의 요구 곧 법대로 살지 않고 법을 범하면 죽음이라고 정한 것에 대해 그 값을 치름이기 때문이다.

한 사람이 모든 율법의 요구대로 죽음으로 그 요구를 다 이루었다. 그리스도의 십자가의 죽음은 모든 율법의 요구를 다 이룬 것이므로 모든 율법을 다 지킨 것이다. 십자가의 죽음은 율법의 요구대로 율법을 범한 값 곧 범죄함에 대한 값을 지불함이어서 율법의 요구가 다 성취되었다.

그러므로 그리스도의 죽음 이후에 다시 율법을 지킨다는 것은 십자가의 죽음을 무효화시키는 일이었다. 다시 율법을 지키는 것은 율법의 요구가 아직 충족되지 않았다고 판정하는 것이고, 준수를 이루지 못하였으니 마땅히 치러야 할 죗값을 치르지 않았으므로 그대로 그 빚이 남아 있다는 것을 뜻한다. 율법이 성취되었는데 아직 성취되지 않은 것으로 확정한 것이기 때문이다.

그러므로 갈 3:1에 십자가가 눈에 밝히 보인다고 바울이 강조한 것이다. 그리스도의 십자가 이후에는 더 이상 율법을 지켜 구원에 이르는 것은 불가능하게 되었다. 본래가 율법을 지켜 구원에 이를 사람이 아무도 없거니와, 그것을 지키는 것부터가 불가능하다. 이스라엘의 역사가 이것을 웅변한다.

그러므로 예수 그리스도께서 죽으시어 죗값을 다 갚으셨으므로, 하나님은 그리스도의 구원사역을 믿는 것을 구원의 방식으로 정하셨다. 따라서 십자가의 죽음 이후에 율법 준수를 요구한다는 것은 전적으로 십자가를 부정하는 일이다. 그러므로 다른 복음은 저주를 받을 일이었다. 왜냐하면 십자가를 헐어 헛된 것으로 만들고, 율법을 아직도 지킬 수 있고 지켜야 할 것으로 세우는 것이기 때문이다.

율법을 지킴으로 구원 얻음이 가능하다면 왜 십자가를 세울 필요가 있었는가? 그것은 바로 하나님의 구원섭리를 근본에서 허는 일이다. 그러므로 율법 준수의 요구는 저주받을 사항이다.

십자가 이후에 율법을 다시 세우는 일은 실은 바울이 부활주를 만나기 전에 열심히 했던 일이다. 바울이 그때는 하나님을 대적하였다. 지금 유대주의 그리스도인들도 동일한 일을 하고 있다. 즉 그들이 율법을 다시 세우려고 하는 것은 그리스도의 십자가를 헐어내리는 것이다. 때문에, 그것은 하나님 자신을 대적하는 것이므로 저주를 받을 수밖에 없다.

갈 1:7 다른 복음은 없나니 다만 어떤 사람들이 너희를 요란케 하여 그리스도의 복음을 변하려 함이라

1:7 ὃ οὐκ ἔστιν ἄλλο· εἰ μή τινές εἰσιν οἱ ταράσσοντες ὑμᾶς καὶ θέλοντες μεταστρέψαι τὸ εὐαγγέλιον τοῦ Χριστοῦ.

갈 1:7 그것은 또 다른 복음이 아닙니다. 다만 어떤 사람들이 여러분들을 혼란시켜 그리스도의 복음을 변조하려고 하는 자들일 뿐입니다.

1. 다른 복음은 없다, 또 다른 복음이 아니라고 하는 것은 다른 복음은 성립할 수 없다는 뜻이다.

바울이 전한 복음 외에 다른 복음이 있어서 대립할 수 있고, 또 서로 진위를 주장할 수 있다는 말이 아니다. 다른 복음은 복음이 아니다. 오직 한 복음만 있는데 그것은 바울이 전한 예수 그리스도와 그의 죽음이다. 그 외에는 다 복음의 변형뿐이고, 다른 복음이 또 있는 것이 아니다.

구원에 이르는 길이 복음인데, 이 구원에 이르는 길은 오직 예수 그리스도의 죽음과 부활뿐이다. 사람이 율법 준수를 해서 의를 이룸으로 되는 것이 전혀 아니다. 예수 그리스도의 이 복음만 복음이고, 다른 것은 복음의 변형일 뿐이다.

그러므로 다른 복음은 없다고 말하였다. 즉 그 다른 복음은 복음이 아니다 (ὃ οὐκ ἔστιν ἄλλο, Gal. 1:7).

2. 다른 복음은 본래의 참 복음을 변형시킨 것이다.

여기 갈라디아 교회에 나타난 다른 복음은 예수 믿음에 율법의 준수를 더해야 완전해지고 성령을 충만히 받는다는 주장이었다. 이 주장이 다른 복음이고, 복음을 변형시킨 것이다.

유대 그리스도인들은 예수만 믿는 믿음은 초보단계의 믿음에 불과하다고 주장하였다. 그들의 주장대로라면 율법 준수가 구원을 이루게 되므로, 결국에는 믿음이 제거되고 율법 지킴이 모든 것을 결정한다. 얼마만큼 율법을 잘 지켰는지가 구원을 결정하게 되기 때문이다.

일단 사람이 자기의 노력으로 구원을 이루기 위해서 노력하면 인간이 얼마나 큰 열심과 노력을 하느냐가 구원 여부를 결정하게 된다. 그것은 불가능을 시도하고 바라는 것이다.

예수 믿어도 율법을 지켜야 완전한 구원이 된다면 예수 믿음은 아무런 자리가 없게 된다. 율법 지킴만이 모든 것을 결정한다. 결국 성령 받는 것도 율법 준수가 결정한다.

그러면 그것은 믿음을 완전히 제거하는 것이어서 십자가를 제거하는 것과 같다. 십자가가 제거되면 이방인들의 구원은 없고, 다시 유대인의 율법 준수만 있게 된다. 그러므로 다른 복음은 복음의 변조이고, 복음의 제거이다. 믿음의 문으로 들어간 다음 율법으로 완전히 들어가는 것이므로, 복음으로 시작하여 율법으로 마치는 것이다. 믿을 때 성령을 이미 받았는데 충만한 성령을 받기 위해 인간적인 노력과 열심을 다하는 것이므로 그것은 육체로 마치는 것이다.

갈 1:8 그러나 우리나 혹 하늘로부터 온 천사라도 우리가 너희에게 전한 복음 외에 다른 복음을 전하면 저주를 받을지어다

1:8 ἀλλὰ καὶ ἐὰν ἡμεῖς ἢ ἄγγελος ἐξ οὐρανοῦ εὐαγγελίζηται ὑμῖν παρ' ὃ εὐηγγελισάμεθα ὑμῖν, ἀνάθεμα ἔστω.

갈 1:8 그러나 우리나 혹 하늘로부터 온 천사라도 우리가 여러분들에게 전한 복음 외에 다른 복음을 전파하면 저주를 받을지어다.

1. 다른 복음은 그리스도가 이룩한 복음에 율법을 혼합하여 복음을 변질시킨 것이다.

결국 구원이 되지 못하고 인간의 노력으로 돌아가는 일이므로 그리스도의 십자가의 죽음을 망치는 것이다. 그러므로 저주를 받을 일이다.

이미 전해진 복음은 예수 그리스도께서 우리의 죄를 지고 십자가에 죽으심으로 우리의 죄과를 완전히 제거하고 하나님과 화해시킴이어서 완전한 복음이다. 그러므로 인간의 모든 노력을 다 제거하고 믿음으로 받기만 하면 구원에 이른다.

그런데 이런 큰 구원에다 인간의 노력으로 자기의 구원을 이루고 완성하라고 하는 것은 십자가의 구원을 완전히 허는 것이다. 그것은 하나님의 모든 구원경륜을 허는 것이어서 구원이 오기 전처럼 만들므로 저주를 받아야 마땅하다.

그리스도의 구원이 오기 전에는 율법을 지킬 수 없었으므로 저주와 정죄 아래 있었다. 율법을 지키려고 노력하지 않아서가 아니다. 아무리 노력해도 율법을 지킬 수 없어서 저주와 정죄만이 언제나 선포되었다.

이제 율법을 다시 지키려고 하면 그 율법은 본래 지킬 수 없으므로 율법의 정죄와 저주밖에는 받을 것이 없다. 그러므로 이렇게 율법의 정죄와 저주로 사람들을 몰아넣으니 그런 자들은 저주를 받아 마땅하다.

2. 다른 복음을 전하는 자는 사도들 중에서 누가 전하든지, 심지어 하늘에서 내려온 천사라도 다 하나님을 대적하는 자이므로 저주를 받을 수밖에 없다.

이 말로 바울은 예루살렘에서 온 유대 그리스도인들뿐 아니라 '우리'라고 하여 모든 사도들을 포함시킨다. 따라서 예루살렘에서 장로로서 목회하는 야고보까지도 겨냥하였다. 만일 야고보가 그렇게 가르쳤으므로 유대 그리스도인들도 주 예수를 믿는 믿음에 율법 준수를 더해야 한다고 가르치면 그도 저주를 받을 수밖에 없다는 것을 분명히 한다. 하나님이 내신 구원의 길은 오직 주 예수와 그의 구원사역을 믿는 믿음뿐이기 때문이다.

하늘에서 내려온 천사가 직접 복음을 전하는 경우는 이제까지 없었다. 만일 천사가 하나님의 보좌로부터 왔다면, 그는 하나님의 경륜을 잘 알 것이므로 복음을 확실하게 알고 분명하게 알 것이다. 그런데도 예수 그리스도의 복음을 바울이 전한 것과 다르게 전한다면, 그는 하나님으로부터 온 천사가 아니고, 또 복음을 달리 전하였으니 저주를 받을 것이 확실하다. 비록 하늘의 천사라도 저주를 받는 길 외에는 다른 길이 없음을 분명히 한다. 즉 그 천사도 악마가 된다는 것을 뜻하였다. 예수 그리스도의 복음을 변조하여 달리 전하기 때문이다.

천사가 하나님을 대적하여 사탄이 되었다. 예수 그리스도의 복음을 변조하는 것은 하나님의 구원경륜을 허는 것이다. 곧 하나님 자신을 대적하는 것이다. 다른 복음을 천사가 전하면 더 이상 천사가 아니고 이미 사탄이 된 것이다.

갈 1:9 우리가 전에 말하였거니와 내가 지금 다시 말하노니 만일 누구든지 너희의 받은 것 외에 다른 복음을 전하면 저주를 받을지어다

1:9 ὡς προειρήκαμεν, καὶ ἄρτι πάλιν λέγω, εἴ τις ὑμᾶς εὐαγγελίζεται παρ᾽ ὃ παρελάβετε, ἀνάθεμα ἔστω.

갈 1:9 우리가 전에 말하였거니와 이제 다시 내가 말하노니 만일 누구든지 여러분이 받은 것과 달리 여러분에게 복음을 전하면 그는 저주를 받을지어다.

1. 그때나 지금이나 또 역사의 끝까지 처음 사도적 선포 외에 다른 복음을 전하는 자는 하나님의 구원경륜을 허는 것이므로 저주를 받아야 함이 마땅하다.

하나님은 처음부터 예수 그리스도와 그의 십자가의 죽음의 방식으로 인류를 구원하기로 작정하셨다. 이제 때가 차매 그 경륜대로 하나님이 그 아들을 보내사 십자가에서 세상 죄를 지고 죽게 하심

으로 모든 죄과를 도말하시고 인류를 구원하셨다. 또 인류 역사의 끝까지 이 복음으로 세상을 구원하실 것이다.

그런데 지금 유대주의자들은 이 하나님의 구원경륜을 헐고 세상으로 구원받지 못하게 하여 하나님의 구원섭리를 막고 있다. 그러므로 예수 그리스도의 십자가의 죽음과 부활 외에 다른 방식, 곧 율법 준수나 인간적인 행함 등을 구원의 길로 세우면 그것은 하나님의 구원경륜을 허는 것이다. 그것은 하나님 자신을 대적하는 것이므로, 저주를 받는 것뿐이다.

2. 바울은 갈라디아에 복음을 전한 후에 유대인들의 율법주의가 야고보의 가르침과 행함의 방식으로 전파될 것을 예견하였다.

이것이 "전에 말하였거니와 지금 다시 말하노니"에 나타난 제시이다. 복음을 변질시키려는 시도는 처음부터 있었다. 또 그런 시도는 바울이 유대교에 있을 때 이미 행해졌던 일이다. 또 그리스도 자신을 배척할 때부터 예견된 일이다.

그러므로 복음을 전할 때에 바울은 이단들이 들어올 것을 미리 내다보고 경고하였다. 그런데 갈라디아 교회에 이런 이단이 들어와서 교회를 혼란시키고 어렵게 하여 믿음생활을 하지 못하게 하고 있다. 그것은 예수 믿음에 율법 준수를 더해야 완전해지고 성령을 넘치게 받는다는 주장이었다. 예수 믿음에다 율법 준수를 더했으니 처음 복음보다 완전한 복음 같아 보이지만, 그것은 전혀 다른 복음이고 복음의 변질이다.

갈 1:10 이제 내가 사람들에게 좋게 하랴 하나님께 좋게 하랴 사람들에게 기쁨을 구하랴 내가 지금까지 사람의 기쁨을 구하는 것이었더면 그리스도의 종이 아니니라

1:10 γὰρ Ἄρτι πείθω ἀνθρώπους ἢ τὸν θεόν; ἢ ζητῶ ἀνθρώποις ἀρέσκειν; εἰ ἔτι ἀνθρώποις ἤρεσκον, ἂν Χριστοῦ δοῦλος οὐκ ἤμην.

갈 1:10 이제 내가 사람들에게 좋게 하랴 하나님께 좋게 하랴, 내가 만일 지금까지 사람들을 기쁘게 하려고 했다면, 나는 그리스도의 종이 아니었을 것입니다.

1. 초대교회 때는 유대 그리스도인들이 다수여서 할례를 행하고 율법을 지키도록 하면 반대와 불평이 없었고, 그렇지 않으면 정통적인 신앙의 방식이 아니라고 비난하였다.

그래도 바울은 다수의 신앙 방식에 동의하지도 동참하지도 않았다. 할례를 행하고 그대로 했더라면 다른 유대 그리스도인들이 바울을 자기들의 동료로 생각하고 매우 좋게 여겼을 것이다. 그것이 바울이 "사람들에게 좋게 하랴 하나님께 좋게 하랴"라고 말한 뜻이다. 다수를 따르면 대중으로부터 유리되거나 분리되지도 않으므로 소외될 필요가 없어서 좋을 것이었다.

할례와 율법의 길은 하나님이 정하신 구원의 방식이 아니다. 그러므로 바울은 많은 유대 그리스도인들의 반대에도 불구하고 복음을 율법과 합치는 일을 하지 않았다. 오히려 유대인들이 싫어하는

것을 하였다. 모든 사람들은 다 사람들이 칭찬해 주고 옳다고 인정하는 것을 좋아한다. 그리고 그럴 때 만족하고 평안을 누린다. 하지만 바울은 결코 이 법을 따르지 않았다. 이 법을 따를 바에야 그는 예수 믿음으로 개종하지 않았을 것이다.

2. 바울은 예수 그리스도의 십자가가 하나님이 정하신 유일한 구원의 길임을 알았으므로 하나님의 작정대로 전파하여 하나님의 구원경륜을 이루어 드리기로 하였다.

바울이 로마세계에 다니면서 예수 그리스도의 복음을 전할 때 많은 유대인들이 할례를 구원에 필수적인 것으로 여겼다. 할례를 받는다는 것은 예수 믿음도 좋지만 전통적인 방식인 율법을 지킴으로도 구원이 가능하다는 타협의 방식이었다. 바울은 하나님의 구원경륜을 잘 알았으므로 결코 타협하지 않았다. 그리하여 하나님만을 기쁘게 해드렸다. 지금까지도 그랬거니와 앞으로도 그럴 것이다. 그러므로 바울은 예수 그리스도와 그의 십자가에 못 박히신 것 외에는 아무것도 알지 않기로 작정하였다.

예수 그리스도와 그의 십자가에 못 박히신 것만 안다는 것은 그만을 전하기로 한 것이다. 그것이 하나님이 정하시고 실제로 이루신 하나님의 구원이기 때문이다. 그런데도 십자가 이후에 예수 믿음에 할례와 율법 준수를 더할 것인가?

3. 바울은 타협하지 않았으므로 그는 그리스도의 종이다.

바울은 그리스도의 종으로 세워졌다. 예수 그리스도를 믿고 섬길 뿐 아니라 그의 복음만을 전하는 사도로 세워졌다. 그는 사도이므로 그리스도의 종이다. 그는 그리스도의 종 됨으로 만족하였다. 그 전에는 비록 알지 못하여 핍박했어도, 그 큰 구원을 알고부터는 그의 종 됨으로 만족하였고 영광으로 삼았다.

종은 자유가 없다. 종은 주인이 시키는 대로 해야만 한다. 다른 선택이 그에게는 없다. 주인이 시키는 대로 하지 않으면, 종은 저주를 받고 내쫓기게 된다.

바울도 그리스도의 종이므로 자기를 종으로 세우신 이의 명령대로 행해야 한다. 다른 선택이 없다. 그는 자기의 주이신 예수 그리스도의 복음을 명령받은 대로 전하는 길밖에 없었다. 그렇지 않고 자기 임의대로 행하여 복음을 다른 것과 섞었으면 그는 그리스도의 종이 아니고, 또 그리스도로부터 파문되었을 것이다.

우리는 사도가 될 수 없지만 주 예수를 믿음으로 그의 종이 되었다. 그러므로 복음만 믿어야 하고, 다른 것을 더하면 안 된다. 그것은 저주받을 일이므로 구원에서 제외된다.

우리는 복음을 원형대로 전할 뿐 아니라 복음 그대로 믿어야 한다. 복음만이 구원의 길이기 때문이다.

갈 1:11 형제들아 내가 너희에게 알게 하노니 내가 전한 복음이 사람의 뜻을 따라 된 것이 아니라

1:11 γὰρ ἀδελφοί, Γνωρίζω ὑμῖν, τὸ εὐαγγέλιον τὸ εὐαγγελισθὲν ὑπ' ἐμοῦ ὅτι οὐκ ἔστιν κατὰ ἄνθρωπον·

갈 1:11 형제들이여 내가 여러분에게 알게 하노니, 나로 말미암아 전파된 복음은 사람을 따른 것이 아닙니다.

1. 하나님이 십자가로 세상을 구원하기로 작정하셨으므로 이 복음을 전하는 것도 하나님이 정하신 것이다.

복음은 하나님이 이루시고 사람들이 전파하나, 자기 마음에 좋도록 전파하면 안 된다. 그것이 바로 자기가 전한 복음이 사람을 따른 것이 아니라고 한 이유이다. 복음의 전파방식도 하나님이 정하셨음을 말한다.

바울은 그리스도의 십자가와 그의 피 흘림만을 전하였다. 이 방식으로 곧 그리스도의 피 흘리심으로 죄가 제거되어 구원에 이른다는 것을 강조하였다.

2. 복음은 하나님의 복음이므로 사람에 의해서 결정될 수 없다는 것이 사람에 의해서 된 것이 아니라는 말의 뜻이다.

복음은 하나님의 복음이다. 하나님이 마련하시고 하나님이 성취하신 복음이다. 그것은 사람이 계획할 수 없는 일이었고, 이루어낼 수 없는 방식이었다. 하나님이 계획하시고 하나님 자신이 친히 이루신 일이다.

하나님이 사람이 되시고 고난 받아 십자가에 죽고, 피 흘리심으로 사람들의 죄과를 제거하고 세상과 자신을 화해하셨다. 이것이 복음인데 사람에 의해서 될 수 있는 것이 전혀 아니다. 또 사람에 맞추어 된 것도 전혀 아니다.

성육신하신 하나님이 십자가에 죽어 사람을 구원하는 것이 어찌 합당한 구원의 방식이라고 생각이나 하고 받아들일 수 있겠는가? 전혀 불가능한 일이다. 그러므로 이것은 하나님의 복음이고 사람의 복음이 아니다.

복음의 전파도 하나님이 정하셨다. 그러므로 이 하나님의 작정을 지금 갈라디아 교회에게 알리는 것이다. 복음의 전파방식도 하나님이 정하셨다.

십자가는 성령으로만 전파할 수 있다. 성령의 나타남과 능력으로 아니고는 십자가를 전파할 수 없다 (고전 2:4). 그냥 사람의 입으로만 전해서는 아무도 그 복음을 받아들이지 않는다.

성령은 예수 그리스도를 전파하고 증거하기 위해서 오셨으므로 성령의 능력으로만 복음을 전할 수 있다. 그냥 좋은 소식이라면 사람의 입으로 전할 수 있겠지만, 십자가의 복음은 성령의 능력 외에 다른 길로는 전파하여 효력을 거둘 수 없다.

3. 사람을 따른 것이 아니라고 하는 것은 바울이 복음을 전파했어도 하나님이 정하신 대로 전파하였고 할례를 덧붙이지 않았다는 것을 말한다.

바울은 복음 전파에 할례를 추가하지 않았다. 유대인들이 그렇게도 원하는 것을 하지 않았다. 율법 준수도 추가하지 않았다. 그것은 사람들이 정한 복음의 전파방식이었다. 바울은 결코 그것을 하지 않았다.

4. 십자가는 성령으로만 전파할 수 있음을 말한다.

사람은 십자가를 부끄러워한다. 그 부끄러움을 감하기 위해 할례와 율법 준수를 복음에 덧붙였다.

십자가의 도는 성령으로만 전파할 수 있고 사람의 힘과 용기로는 전혀 될 일이 아니다. 십자가의 도는 성령으로만 전파한다.

갈 1:12 이는 내가 사람에게서 받은 것도 아니요 배운 것도 아니요 오직 예수 그리스도의 계시로 말미암은 것이라

1:12 γὰρ οὐδὲ ἐγὼ παρὰ ἀνθρώπου παρέλαβον αὐτό, οὔτε ἐδιδάχθην, ἀλλὰ δι᾽ ἀποκαλύψεως Ἰησοῦ Χριστοῦ.

갈 1:12 이것은 내가 사람으로부터 받은 것도 아니고 배운 것도 아니며 예수 그리스도의 계시로 말미암아 받은 것입니다.

1. 원 사도들보다 후에 예수를 믿어 전도자가 되었으면 먼저 된 사도들에게서 복음을 배웠어야 하는데도 그렇지 않고 기도하여 계시로 알게 되었다는 것을 강조한다.

바울은 사도들과 다른 전도자들보다 후에 주 예수를 믿었다. 그러면

앞선 사도들에게서 배워야 했을 것이다. 그러나 바울은 그렇지 않아서 사도권 시비를 받는 것에 대해 자기가 받은 계시를 변호하고 있다.

2. 바울이 복음에 대해서 사람들에게서 전달받았거나 가르침을 받았더라면 그들처럼 할례와 율법 준수를 병행했을 것이다.

바울은 선배 사도들에게서 복음을 전달받은 자가 아니다. 아볼로가 다른 그리스도인들에게서 복음을 들은 것처럼 들은 것이 아니고, 주 예수 그리스도에게서 가르침을 직접 받았다. 주 예수로부터 계시로 복음 전체를 가르침 받았다.

바울은 처음 예수 믿고 아라비아로 가서 기도하는 중에 복음에 대한 것을 직접 주 예수로부터 계시 받았다. 또 그전에 이미 다메섹 길에서 부활주이신 주 예수를 직접 만났으므로 모든 것을 깨닫기도 하였다. 복음의 주이신 그리스도 예수를 직접 만났으니 다른 사람들에게서 간접적으로 전달받을 필요가 없었다.

부활주를 직접 만났으므로 그가 하나님의 성육신이고 또 세상을 구원하기 위해서 십자가에 죽고 피 흘리고 부활하셨음을 확실하고 명확하게 깨달았다. 바울은 부활주를 만나지 않았으면 결코 믿을 사람이 아니며, 사도가 될 사람도 전혀 아니었다.

직접 부활주를 만났으므로 모든 신비를 깨달을 수 있었다. 나아가 그는 아라비아로 가서 기도하는 중에 모든 것을 계시 받아 확실하게 알 수 있었다.

그 후 바울이 예루살렘을 방문하여 베드로와 요한과 야고보를 만났을 때에는 그가 알고 있는 복음을 베드로에게서 확인받은 것에 불과하였다.

바울이 예루살렘에 15일을 유하였으니 C. H. 다드 (C. H. Dodd)가 주장하듯이 두 주간 동안 두 사도가 만나 날씨 이야기만 한 것이 아니었다. 바울은 실제 3년을 따라다니며 십자가 처형과 부활과 승천을 목격한 베드로와 요한으로부터 확인받았다. 또 그들에게서 주 예수께서 가르치신 내용도 확인받았다.

야고보에게서는 그리스도의 소년 시절로부터 그의 모든 활동을 알게 되었다. 그러나 모든 중요한 내용은 이미 계시로 다 알고 있었다. 단지 그것을 확인받았을 뿐이다. 복음에 관한 모든 것은 예수 그리스도의 계시로 받았고 깨달았다.

그러므로 하나님의 복음에 다른 것을 혼합할 수가 없었다. 조상들의 율법과 전통이 아무리 좋아도 그것을 복음에 부가해서 좋다고 말할 수 없었다. 바울은 예수 믿은 후 예루살렘으로 가서 선배들에게 복음을 받은 것이 아니다.

그가 부활자를 만났으므로 모든 것을 그로부터 직접 받은 것이요, 또 아라비아 광야에서 기도하며 모든 것을 계시 받았다.

3. 복음 자체이신 예수 그리스도가 직접 계시로 자기의 복음을 바울에게 알리셨다.

주 예수가 다메섹 도상에서 바울에게 부활자로 나타날 때 계시하셨다. 부활자는 사람으로서 높이 올린 존재가 아니다. 그 자신이 창조주요, 천지의 대주재이시다.

천지의 대주재가 성육신하시고 십자가에 죽음으로 사람들을 죄에서 속량하였음을 바르고 분명하게 밝히셨다. 주 예수가 친히 알리신 것이니 이것이 바른 계시이다.

예수는 나사렛 무식한 사람들에 의해서 추앙되어 메시아가 되고 주님이 된 것이 아니었다. 그런 자는 결코 메시아일 수 없고, 구원자일 수 없다. 그러므로 그런 자는 저주받아 십자가에 못 박혀 죽으므로 썩어 없어져야 한다. 그런 자는 가짜 메시아이기 때문이다.

주 예수는 메시아로 추앙된 자가 아니다. 그는 하나님 자신인데 성육신하사 예수 그리스도가 되셨다. 그리고 십자가에 죽고 부활하사 사람들을 구원하심으로 구주가 되셨다.

사람이 구주가 되는 법이 있는가? 그런 존재는 모세처럼 애굽에서 구출해 내는 일은 할 수 있다. 그러나 영원한 상실과 멸망에서 구원하는 것은 하나님만이 하신다. 이 모든 구원사역을 주 예수께서 직접적 계시로 바울에게 알리셨다. 다른 사도들은 목격자가 되므로 알게 된 일을 바울은 주 예수의 계시로 알고 깨닫게 된 것이다.

4. 바울은 아라비아에서 기도하며 주의 가르침과 계시를 받아 모든 비밀을 더 잘 알게 되었다.

바울은 계시로 받은 것을 먼저 된 사도들에게 확인받을 필요는 있었다. 이것이 바울의 예루살렘 방문의 목적이었다.

갈 1:13 내가 이전에 유대교에 있을 때에 행한 일을 너희가 들었거니와 하나님의 교회를 심히 핍박하여 잔해하고

1:13 γὰρ Ἠκούσατε τὴν ἐμὴν ἀναστροφήν ποτε ἐν τῷ Ἰουδαϊσμῷ, ὅτι καθ' ὑπερβολὴν ἐδίωκον τὴν ἐκκλησίαν τοῦ θεοῦ καὶ ἐπόρθουν αὐτήν,

갈 1:13 여러분은 내가 전에 유대교에 있을 때 내 행함을 들었는데, 하나님의 교회를 도를 넘어 핍박하고 파괴시켰습니다.

1. 바울이 유대교에 있을 때에는 율법의 길만이 유일한 구원의 길이라고 믿어 다른 길은 이단으로 정죄하고 모든 이단을 박멸하려고 하였다.

조상들이 살고 죽고 했던 그 율법은 조상들의 것이므로 그것은 조금의 변화나 추가가 불가능한 구원의 길이었다. 이 율법의 길 외에 다른 길이 있다는 생각조차 다시없는 불경이었다. 그러므로 바울은 유대교 시절에는 율법 외의 것을 용납할 수가 없었다. 다른 길을 말하는 것조차 용납할 수 없었다.

그러므로 십자가에 저주받아 죽은 자가 메시아라고 주장하는 나사렛 이단을 도저히 용납할 수 없었다. 더구나 그를 믿음으로 구원에 이르고, 율법으로는 도저히 구원에 이를 수 없다고 주장하는 나사렛 이단을 용납할 수 없었다. 그 귀결은 핍박하는 길뿐이었다.

2. 바울은 하나님이 자기의 피로 사신 교회를 핍박하여 멸하려고 하였다.

바울이 너무 심하게 핍박하여 (καθ' ὑπερβολὴν, 갈 1:13) 사람들로 하여금 입으로 저주하며 배도하게 하였다. 그렇게 교회를 완전히 박멸하려고 하였다. 스스로 대제사장들의 전권을 요청하여, 그 권세로 이방지역에 있는 모든 유대 그리스도인들을 핍박하고 멸하기로 하였다. 나아가 스데반을 돌로 쳐 죽이는 것도 정당하다고 하였다. 또 그 여세를 몰아 다메섹에 피신한 그리스도인들을 다 없애기 위해 예루살렘으로 압송해 오기로 하였다.

3. '하나님의 교회'라고 함으로 하나님이 피 흘려 교회를 이루셨음을 밝히고 있다.

바울은 그리스도의 교회라고 하지 않고 하나님의 교회라고 하였다. 이것은 행 20:28에 하나님이 자기 피로 사신 교회라고 말한 것을 여기서도 말함으로 처음부터 성육신하사 피 흘리신 이가 하나님이심을 분명히 한 것이다.

바울은 하나님이 친히 피 흘리시어 사신 교회를 핍박하였다. 그 후 믿어 알고 난 후에는 자기가 핍박한 것 때문에 얼마나 가슴을 찢고 칼로 내장을 에우는 일을 했겠는가? 알지 못하였을 때이니 가능했지만 할 수 없는 일을 바울은 하였다.

바울이 율법에 매여 있을 때에는 하나님이 율법 외에 다른 구원의 길을 내신 것을 도저히 이해할 수 없었다. 십자가가 하나님의 구원의 방식이라고 나사렛파가 전파할 때 그것은 정신착란자들의 미침 외에 아무것도 아니었다. 그래서 완전히 박멸하려고 하였다.

갈 1:14 내가 내 동족 중 여러 연갑자보다 유대교를 지나치게 믿어 내 조상의 유전에 대하여 더욱 열심이 있었으나

1:14 καὶ προέκοπτον ἐν τῷ Ἰουδαϊσμῷ ὑπὲρ πολλοὺς συνηλικιώτας ἐν τῷ γένει μου, περισσοτέρως ὑπάρχων ζηλωτὴς τῶν πατρικῶν μου παραδόσεων.

갈 1:14 내가 내 종족 중 많은 동갑자들보다도 유대교에 크게 앞서 나가서 내 조상의 유전에 대해 더욱더 열심이었습니다.

1. 바울은 가말리엘에게서 율법을 배웠으므로 율법을 골수에 사무치게 사랑하게 되었다. 그러므로 자기 동료들보다 유대교에서 더 진보하였다.

바울의 율법사랑은 다른 사람들보다 더욱 뛰어났다. 디아스포라로 살다가 가말리엘 밑에서 공부하게 되었으니, 예루살렘에 살면서 가말리엘 밑에서 배우는 자들과는 전혀 다른 감회와 작정으로 율법을 배웠다. 그러니 율법에 더 큰 구원 능력을 부여하게 되었다.

바울의 율법에 대한 진보는 대단한 것이었다. 일반 백성들도 가말리엘이 살아 있을 때에는 율법을 사랑함이 대단했다고 하는데 바울은 그 밑에서 배우는 특권을 누렸으니 얼마나 더 율법을 사랑하고 열심이었겠는가?

2. 바울은 조상들의 전통에 더욱 큰 신봉자가 되었다.

율법뿐 아니라 율법을 잘 지키기 위해서 만들어낸 여러 가지 규례들과 유전도 율법처럼 소중해서 생명과 같이 귀중하였다. 생명에 이르는 길인 율법을 더 잘 지키도록 하기 위해서 조상들이 제정한 규례들이므로 이 규례들도 율법처럼 소중하고 장한 법규였다. 그러므로 바울은 조상들의 유전도 율법에 대한 열심과 동일한 열성으로 지켰다. 바울에게는 율법 자체나 그에 대한 해석이나 아무런 차이가 없었다.

갈 1:15 그러나 내 어머니의 태로부터 나를 택정하시고 은혜로 나를 부르신 이가

1:15 δὲ ὅτε εὐδόκησεν ὁ ἀφορίσας με ἐκ κοιλίας μητρός μου καὶ καλέσας διὰ τῆς χάριτος αὐτοῦ

갈 1:15 그러나 나를 내 어머니의 태로부터 구별해 놓으시고 자기의 은혜로 나를 부르신 하나님이

1. 바울이 율법에 열성적일 때 하나님은 바울에 대해 다른 작정을 하셨다.

하나님은 복음의 전파를 위해서 이미 그의 어머니의 태에서부터 바울을 구분하셨다. 이미 복음 전파자로 정하시고 훈련받게 하셨다. 율법의 절망을 깨닫게 하여 율법 외에 구원의 다른 길을 정하신

하나님의 작정을 따를 수 있도록 하셨다.

율법에 대한 철저함으로 복음을 철저히 전파하도록 하기 위해 하나님은 바울을 택정하고 훈련시키셨다. 바울이 복음에 투철하고 철저했던 것은 바로 이 율법에 대한 철저함과 강력하게 부착했던 데서 나왔다.

2. 바울을 구별해 놓으셨다는 것은 율법에 대해서 철저했던 것처럼 복음에 대해서도 같은 철저함으로 복음을 전할 자로 세우셨다는 것을 뜻한다.

바울은 율법을 배워 율법에 모든 것을 거는 사람이었다. 율법에 대한 철저한 지킴과 열심이 복음 전파의 근본 바탕이 되었다.

이런 것은 복음을 철저하게 지키고 전파하도록 하는 훈련으로 삼으신 것을 말한다.

3. 그리고 하나님은 때에 맞게 바울을 복음 전파자로 부르셨다.

율법주의자가 복음 전파자가 된다는 것은 하나님의 은혜 아니면 전혀 불가능한 일이다. 하나님이 은혜로 말미암아 바울을 부르셨다. 부르심이 바로 하나님의 은혜이다.

율법주의자가 어찌 예수 그리스도의 십자가를 복음으로 받을 수 있겠는가? 미련하고 부당한 방식이며 도저히 타당성을 인정할 수 없는 어리석은 일을 복음으로 받아들인다는 것은 하나님의 은혜의 강권적인 역사가 아니면 불가능할 것이다.

하나님이 직접 그를 부르셨다. 복음으로 부르시고, 복음의 사역자로 부르셨다. 하나님이 아브라함을 부르셨듯이 바울을 십자가의 전사로 부르신 것이다.

4. 하나님이 은혜로 부르셨다는 것은 이전에 지은 모든 죄들 곧 핍박과 박해를 용서하고 부르셨다는 말씀이다.

바울이 자기의 부름 받음을 하나님이 은혜로 부르셨다고 한 것은 자기의 죄악이 너무 크기 때문에 도저히 부름 받을 수 없었다는 것을 뜻한다. 그런데 은혜로 부르셨다는 것은 그런 죄악을 다 용서하고 또 간과하고 부르셨다는 말씀이다. 그런 자는 복음의 전파자가 될 수 없는 자이다. 더구나 핍박하였으니 전적으로 부적합한 자인데 그를 부르신 것은 모든 과거의 죄악을 용서하고 간과하고 부르심을 말한다.

여기서 하나님의 은혜는 바울의 대적 행위들을 용서하신 것을 말한다. 완전한 부적격자이고 부당한 자인데도 그를 부르셨다.

갈 1:16 그 아들을 이방에 전하기 위하여 그를 내 속에 나타내시기를 기뻐하실 때에 내가 곧 혈육과 의논하지 아니하고

1:16 ἀποκαλύψαι τὸν υἱὸν αὐτοῦ ἐν ἐμοὶ ἵνα εὐαγγελίζωμαι αὐτὸν ἐν τοῖς ἔθνεσιν, εὐθέως οὐ προσανεθέμην σαρκὶ καὶ αἵματι,

갈 1:16 그의 아들을 이방인들에게 전파하도록 하시려고 내 안에 그를 계시하시기를 기뻐하셨을 때에 나는 곧장 혈육과 의논하지 않았고

1. 하나님이 구원의 바른길 곧 하나님의 아들을 통한 구원을 바울에게 알게 하셨다.

율법밖에 없다고 철저히 믿고 있던 바울에게 하나님은 다른 구원의 길을 계시하기로 하신 것이다. 율법과 상관없이 전혀 다른 구원의 길을 하나님 자신이 이루셨고, 그것을 지금 바울에게 알리기로 하신 것이다.

예수 그리스도가 이룩한 구원은, 하나님의 아들이 십자가에 못 박혀 죽으심으로 세상을 구원하신다는 진리이다. 이런 하나님의 계시에 바울이 전율한 것이다. 이 구원의 도를 하나님이 바울에게 알리시고 이방에 전파하도록 하셨다.

2. 이런 계시를 받음으로 선배 사도들과 그리스도인들을 찾아가서 그들의 가르침과 경험을 듣기로 한 것이 아니라 주께로부터 직접 더 많은 계시와 그에 대한 해석을 받기로 하였다. 그것이 혈육과 의논하지 않았다는 말의 뜻이다.

바울은 자기보다 앞서 사도가 된 자들에게로 곧장 찾아가고 싶었지만, 하나님의 직접적인 계시에 의존하기로 하였다. 그 구원이 유대 땅에서 얼마 전에 이루어졌으므로 목격자이고 증인인 사도들에게로 바로 찾아가는 것이 바른길이지만 바울은 그렇게 하지 않았다.

수제자인 베드로와 주의 품에 누운 제자인 요한을 찾아갔어야 했다. 요한은 가장 깊은 통찰력을 가졌고 또 주님과 가장 깊은 교제를 나누었으니, 그들에게로 가서 그 구원과 하나님의 아들에 대해서 배워야 하는 것이 정당한 방식인데도 바울은 구원자 자신에게 부착하기로 하였다. 오직 주의 계시에 의해 완전한 이해를 얻기로 한 것이다.

3. 하나님은 이 구원을 바울로 하여금 이방인들에게 전파하도록 작정하셨다.

실제로 구원을 이루시고 그것을 바울에게 계시하신 이는 하나님의 아들 예수 그리스도이시다. 그러나 하나님이 계시하시고 그 구원을 전파하도록 하셨다고 제시함으로 하나님 자신이 자기를 사도로 세우셨음을 강조한다.

바울이 전파하기를 바라는 대상은 자기의 동족인 유대인들이지만 이방인들에게 이 구원을 전파하도록 하나님이 정하셨다고 제시한다. 그러므로 바울이 갈라디아인들에게 복음을 전했다는 것을 강조한다.

그러므로 자기가 전한 복음이 사사로운 생각에서 나온 것이 아니고 하나님의 계시에 의한 것임을 강조한다. 따라서 다른 복음은 성립할 수 없다는 것을 강조하고 있다.

갈 1:17 또 나보다 먼저 사도 된 자들을 만나려고 예루살렘으로 가지 아니하고 오직 아라비아로 갔다가 다시 다메섹으로 돌아갔노라

1:17 οὐδὲ ἀνῆλθον εἰς Ἱεροσόλυμα πρὸς τοὺς πρὸ ἐμοῦ ἀποστόλους, ἀλλὰ ἀπῆλθον εἰς Ἀραβίαν, καὶ πάλιν ὑπέστρεψα εἰς Δαμασκόν.

갈 1:17 나보다 먼저 된 사도들을 만나러 예루살렘으로 올라가지 않고 아라비아로 갔다가 다시 다메섹으로 돌아갔습니다.

1. 바울은 아라비아 광야로 가서 거기서 자기에게 친히 나타나신 그리스도를 만나 교제하기로 하였다.

만일 바울이 부활자를 직접 만나지 못하고 그리스도인이 되었다면 자기에게 복음을 처음 전해준 자들을 찾아가서 더 많이 배우려고 했을 것이지만 주님이 직접 나타나셨으므로 그의 계시에 의해 모든 것을 가르침 받기로 하였다.

친히 부활자가 자기에게 나타나셨으므로 그에게서 모든 비밀을 계시 받기로 하고 그 주님을 만나기 위해서 조용한 곳으로 갔다. 주님께서 바울이 알아야 할 모든 지식을 주실 것이기 때문이다.

이로써 바울은 주 예수가 구원자일 뿐만 아니라 계시를 주시는 계시자이고 계시의 원천임을 깨달은 것이다. 왜냐하면 부활자가 직접 자기에게 나타나사 구원의 도리를 말씀하셨기 때문이다.

그러므로 구원계시와 다른 모든 계시도 다 그리스도가 주신다는 것을 알게 되었다. 따라서 그리스도에게서 계시를 받아야 바르고 확실한 계시와 지식을 얻을 줄을 확신한 것이다. 이 때문에 바울은 자기보다 먼저 사도가 되어 십자가의 죽음과 부활의 증인인 사도들에게로 가지 않고 주 예수께로 직접 가서 모든 계시를 받기로 한 것이다.

그러나 주 예수로부터 직접 계시를 받는 것은 바울과 사도들에게만 국한된 것이고, 그 후의 사람들에게는 허락된 것이 아니다.

깊은 기도로 그리스도와 교제하면 하나님의 비밀을 깨달을 수 있고 새로운 진리의 지식을 얻을 수 있다. 주님과의 깊은 교제는 십자가의 진리의 지식을 깨우침 받게 한다. 바울 외의 모든 성도들은 새 계시를 받는 것이 아니고 이미 주신 계시의 뜻을 깨달아 알게 된다. 사도들은 계시를 받고, 성도들은 계시에 대해 조명을 받는다.

2. 사람들을 피할 수 있는 제일 좋은 곳은 광야이다.

바울은 아라비아 광야로 갔다. 여기 광야는 아라비아 사막지역이 아니고 다메섹 동남쪽을 말한다. 아마도 이곳은 사막지역이었을 것이다. 사막지역은 모든 것을 제치고 주님과 교제하기에 가장 좋은 곳이다. 그러므로 바울은 아라비아 광야나 사막으로 갔다. 사막은 죽음으로 둘러싸인 곳과 같다.

바울은 주님과만 교제하기를 바라 아라비아로 갔다. 자기의 주님을 친히 만났으니 그분과 교제하기를 얼마나 바울이 열망하였겠는가? 그렇게도 오해하고 박해했던 주님을 친히 만나 교제를 나누고 구원사역에 관한 모든 것을 친히 배우려고 한 것이다. 친히 나타나신 주님이 자기의 기도에 응해 모든 것을 알려주실 것이었기 때문이다.

3. 그 후에도 사도들에게로 가지 않고 처음 주님을 만난 다메섹

으로 다시 돌아갔다.

3년 동안 기도생활을 마쳤으면 주의 사도들과 제자들에게로 돌아갔어야 하는데 바울은 처음 주님을 만난 다메섹으로 돌아가서 거기서 전도하였다.

모든 것을 주님 자신으로부터 친히 계시 받았으므로 바울은 주의 사도들에게로 가서 보충을 받을 필요가 없었다. 더 급한 것은 자기가 계시 받은 복음을 전파하는 일이었다. 그러므로 바울은 다메섹으로 돌아갔다. 바울이 그리스도인이 되고 사도로 부름 받은 그곳 다메섹이 자기의 출발점이고 모든 일의 시작점이기 때문이다.

갈 1:18 그 후 삼 년 만에 내가 게바를 심방하려고 예루살렘에 올가가서 저와 함께 십오 일을 유할새

1:18 Ἔπειτα μετὰ ἔτη τρία ἀνῆλθον εἰς Ἱεροσόλυμα ἱστορῆσαι Κηφᾶν, καὶ ἐπέμεινα πρὸς αὐτὸν ἡμέρας δεκαπέντε·

갈 1:18 그 후 3년이 지나 게바를 심방하려고 예루살렘으로 올라가서 그와 함께 15일을 머물렀으니

1. 바울은 3년 후에 게바를 알고 사귀기 위해서 예루살렘으로 갔다.

심방한다는 말은 그냥 사람을 만나보는 것이 아니라 사귀고 알기 위해서 어떤 사람을 찾아가는 것을 말한다. 서로 알고 친해지기 위해서 만나는 것이 히스토레사이 (ἱστορῆσαι 히스토레오)이다.

3년이나 지난 후에 바울은 베드로를 만나러 갔다. 베드로는 주의 수제자이고 수사도로서 주 예수의 모든 삶을 목격하고 같이 살았다. 그러므로 바울은 받은 계시를 증인으로부터 확인받기 위해 예루살렘으로 가서 게바를 만나 15일을 함께 살았다. 이때 바울은 베드로에게서 예수 그리스도의 모든 가르침을 배웠을 것이 틀림없다.

2. 15일을 베드로와 함께 머물렀으니 주의 일생과 가르침을 완전히 전달받았다고 봄이 바르다.

C. H. 다드 (C. H. Dodd)의 말대로 베드로와 바울이 만나서 날씨 이야기나 하면서 15일을 보내지는 않았을 것이다. 예루살렘 성벽을 따라 산보하며 우정을 깊게 하는 데만 15일을 소일하지는 않았을 것이다.

이때 둘은 서로 자기들이 전한 복음의 내용을 이야기하며 바울은 베드로에게서 그리스도의 성육신과 그의 삶과 가르침을 자세히 들어 자기의 지식을 완전하게 했다. 그리스도의 3년간의 행적과 가르침을 자세히 배웠을 뿐만 아니라 그의 부활과 승천을 잘 배울 수 있었다.

바울과 베드로가 이때 서로 친해져서 몇 년 후에 복음과 율법의 관계가 첨예한 문제가 되었을 때, 베드로가 바울의 편을 들어서 사도들의 공회의에서 바른 결정이 나도록 결정적으로 도왔다.

갈 1:19 주의 형제 야고보 외에 다른 사도들을 보지 못하였노라

1:19 δὲ ἕτερον τῶν ἀποστόλων οὐκ εἶδον, εἰ μὴ Ἰάκωβον τὸν ἀδελφὸν τοῦ κυρίου.

갈 1:19 주의 형제 야고보 외에는 사도들 중 어떤 사도도 보지 못하였습니다.

1. 이때에 주의 동생 야고보를 만나 주의 성육신과 소년 시절과 청년 시절의 모든 생활을 들었음이 틀림없다.

바울이 제일 궁금히 여긴 것은 주의 성육신 사실과 유년과 소년 시절의 삶이었다. 야고보는 자기 어머니인 마리아에게서 그 사실들을 다 들었을 것이다. 그러므로 바울은 야고보에게서 성육신의 신비를 자세히 전달받고 다시금 감탄과 경탄을 금치 못했을 것이다.

그 거룩한 삶을 전달받고서, 처음 다메섹에서 그 성육신자를 부활자로 만났을 때와 같은 정도의 감격과 충격과 놀람은 아니었어도 조용히 환호와 감탄과 눈물을 금치 못했을 것이다. 부활자를 직접 만났으므로 다른 의심이 전혀 없었지만 그의 믿음과 계시를 실제로 다시 확인할 수 있었으니 말로 할 수 없는 감격의 기회였다.

야고보도 주의 부활의 때까지는 자기의 형 예수를 한낱 사람으로만 알았으나 부활자를 만남으로 하나님의 성육신으로서 자기의 어머니의 몸을 빌려 세상에 오신 하나님이신 줄을 바로 알게 되었다. 그러므로 이 경탄스런 사건 앞에서 야고보와 바울은 경탄과 찬탄을

금할 수 없었고, 그 겸손과 낮아지심을 설명할 길이 없었다 (빌 2:6-8).

2. 이때는 아직 베드로가 예루살렘 교회의 장로로서 일했으므로 다른 사도들은 다른 곳에서 사역을 했음이 틀림없다.

이때는 아직도 베드로가 예루살렘 교회의 장로로서 일하였음이 틀림없다.

사도 요한과 다른 사도들은 다른 곳에서 사역을 하였으므로 바울이 여러 제자들을 만날 수 없었다. 그들은 다른 곳에서 복음 전파를 진행하였을 것이다. 아마도 도마 사도는 인도로 가서 복음을 전하기 시작하였음이 틀림없다. 나머지 사도들은 메소포타미아 지역에서 복음 전파를 수행하였다고 본다.

갈 1:20 보라 내가 너희에게 쓰는 것은 하나님 앞에서 거짓말이 아니로라

1:20 δὲ ἃ γράφω ὑμῖν, ἰδοὺ ἐνώπιον τοῦ θεοῦ ὅτι οὐ ψεύδομαι.

갈 1:20 내가 여러분에게 쓰고 있는 것들을 보세요, 하나님 앞에서 내가 거짓말을 하는 것이 아닙니다.

1. "내가 여러분에게 쓰고 있는 것을 보세요. 하나님 앞에서 내가 거짓말하는 것이 아닙니다"라고 한 것은 사실대로 두 사도만 만났다는 말이다.

바울이 게바를 만나러 가서 베드로와 야고보 두 사람만 만났다. 다른 사도들은 없었다고 말하여 자기가 받은 것은 주께로부터 받았고, 가장 확실한 두 사도로부터 확인만 받았다고 한 것을 제시한 것이다.

그러므로 바울이 전한 복음은 아무런 더함이 없는 순수한 복음임을 밝히는 것이다. 여러 사람들에게서 들었으면 섞인 것이 많을 것이란 주장이다. 베드로와 야고보 두 사도로부터 확인받은 가장 확실한 복음이란 사실을 강조하고 있다. 즉 내가 전한 복음이나 사도 베드로나 야고보 사도가 전하고 가르친 것이 동일하여 다르지 않다는 것을 강조하고 있다. 곧 야고보 사도도 주 예수를 믿는 믿음으로만 구원받고 율법 준수를 더할 수 없다는 것을 확증하였다고 단언한다.

2. 이렇게 사도들을 만난 것은 이제껏 알려지지 않은 내용이어서 의심할 수 있지만 사실임을 강조하기 위해서 하나님 앞에서 거짓말을 하는 것이 아니라고 주장하고 있다.

바울이 3년 후에 베드로와 주의 동생 야고보를 만난 것이 밖으로는 알려지지 않아서 의심할 수 있지만 사실대로 만난 것임을 강조한다. 그러므로 하나님 앞에서 거짓말을 하고 있는 것이 아니라고 주장한다.

왜냐하면 처음 갈라디아 지방에 복음을 전할 때는 이 사실을 말하지 않았기 때문에 의심할 수 있다는 말이다. 그러나 사실대로 베드로와 야고보를 만나 주의 소식을 다 들었고, 자기가 계시로 받은 복음의 내용과 아무런 차이가 없었음을 확실하게 한다.

갈 1:21 그 후에 내가 수리아와 길리기아 지방에 이르렀으나

1:21 ἔπειτα ἦλθον εἰς τὰ κλίματα τῆς Συρίας καὶ τῆς Κιλικίας.

갈 1:21 그 후에 내가 수리아와 길리기아 지방에 갔습니다.

1. 수리아와 길리기아 지방에서 복음을 전했을 때 유대의 교회들이 아무런 이의를 제기하지 않았다. 이것은 두 당사자가 알고 전하는 복음이 동일했다는 것을 강조하는 것이다.

갈라디아에 전한 복음은 갈라디아에만 전한 것이 아니고 지금 시리아 지역과 소아시아의 길리기아 지방에 널리 전했던 복음이다.

이렇게 널리 복음을 전할 때에 바울이 전한 복음이 틀렸으면 유대 교회들이 가만히 있지 않았을 것이고, 그의 전도내용이 틀렸다고 했을 것이다. 그런데 그때는 아무 말도 하지 않고 오히려 바울이 복음 전하는 것으로 인해 하나님을 찬양하였다. 이것은 자기의 복음을 두 수사도들만이 아니라 모든 유대의 교회들도 다 승인하고 아무런 이의를 제기하지 않았다는 것을 말한다.

내가 갈라디아에 전한 복음이 틀렸으면 그때 말했을 것인데 그때는 아무 말도 하지 않았다. 즉 그때는 복음에 율법 준수를 더하라고 말하거나 요구하지도 않았다. 그러므로 유대주의자들의 복음이

처음 복음에서 이탈한 것이라고 강조한다.

따라서 그들이 다른 복음으로 바울이 전한 복음을 시비할 수 없다고 제시한다. 왜냐하면 지금 시비를 제기한 사람들이 처음 복음을 변질한 것이기 때문이다. 그러므로 바울이 역으로 공격하고 있다.

2. 바울이 전한 복음이 잘못된 복음이면 그때 막았어야 할 것인데 그때는 아무 말도 하지 않았으니 지금도 바울이 전한 복음에 대해 아무런 다른 말을 할 수 없다고 반박한다.

바울이 잘못된 복음을 전한 것이면 처음부터 막고 교정했어야 할 것이다. 그러나 그때는 아무 말도 하지 않았으니 지금이라고 시비를 말할 수 없다. 지금 시비를 하는 것은 오히려 직무유기이다. 그때는 아무 말도 하지 않았으니 지금 말하는 것은 오히려 시비하는 자들이 변질된 것이라고 바울이 역으로 공격하고 있다. 왜냐하면 그때는 두 사도들의 그룹 간에 복음이 완전히 일치했기 때문이다.

그런데 유대주의 그리스도인들이 복음을 변질시키면서 바울이 전한 복음이 완전한 복음이 아니라고 공격하고 있다.

갈 1:22 유대에 그리스도 안에 있는 교회들이 나를 얼굴로 알지 못하고

1:22 δὲ ἤμην ἀγνοούμενος τῷ προσώπῳ ταῖς ἐκκλησίαις τῆς Ἰουδαίας ταῖς ἐν Χριστῷ,

갈 1:22 나는 그리스도 안에 있는 유대의 교회들에 얼굴로 알려지지 않았지만

1. 유대에 있는 교회들이 한 번도 바울 자신을 직접 만나보지 못하였다.

그것이 바로 얼굴로 유대의 교회들에 알려지지 않았다는 말의 뜻이다. 바울은 주 예수를 만나 믿어 사도가 되고도 유대의 교회들을 찾아가지 않았다. 그러므로 그들이 바울을 얼굴로 알 길이 없었다.

보지도 알지도 못한 자가 복음을 전해도 환영하고 기뻐하였다. 자기들을 핍박하여 옥에 가두고 죽이려고 했던 사람이 자기가 박멸하려던 신앙을 전하니 더욱 기이한 일이었기 때문이다. 또 바울이 전하는 복음이 자기들의 전도내용과 완전히 일치했기 때문이다.

갈 1:23 다만 우리를 핍박하던 자가 전에 잔해하던 그 믿음을 지금 전한다 함을 듣고
갈 1:24 나로 말미암아 영광을 하나님께 돌리니라

1:23 δὲ μόνον ἀκούοντες ἦσαν ὅτι Ὁ διώκων ἡμᾶς ποτε νῦν εὐαγγελίζεται τὴν πίστιν ἥν ποτε ἐπόρθει,
1:24 καὶ ἐδόξαζον ἐν ἐμοὶ τὸν θεόν.

갈 1:23 다만 전에 우리를 핍박한 자가 그가 박멸하려 했던 믿음을 지

금 전파한다는 것을 듣고

갈 1:24 나 때문에 하나님을 영화롭게 하였습니다.

1. 얼굴도 알지 못하던 자가 전에는 교회를 그렇게 핍박하여 완전히 없애려고 하였는데 이제는 그 복음을 전함을 들었다.

초대교회가 당한 최대의 핍박과 박해는 바로 바울의 손에 의해서 이루어졌다. 바울은 교회를 완전히 박멸하려고 하였다. 그리하여 사람들을 끌어다가 주 예수를 저주하는 말을 하게 하고, 옥에 가두고 그들을 죽이려고 하였다. 스데반을 죽인 바울이 다른 그리스도인들을 죽이지 못할 것이 없었다. 그렇게 하여 믿음을 완전히 박멸하려고 하였다.

그런 바울이 이제 그 믿음을 전파하고 있다. 그렇게도 완전히 없애려고 했던 그 믿음을 바울이 오히려 전파하였다. 유대의 교회들은 그렇게 전도하지 못하고 생존을 위해 목숨을 부지하고 있는 판에 바울은 그 박멸하려던 믿음을 담대히 여러 지방들에 전파하였다.

유대의 교회들은 전도하지 못하는데 바울은 이방 지역들로 다니면서 열심히 복음을 전하였다. 예수가 하나님의 그리스도인 것을 전하고, 그가 우리의 구원을 위해 십자가에 못 박혀 죽었다가 부활하셨음을 전파하였다.

2. 이런 바울의 전도 때문에 유대의 교회들이 하나님의 섭리를 기이히 여겨 오히려 하나님을 영화롭게 하였다.

그도 그럴 것이 그렇게도 교회를 완전히 박멸하고 믿는 자들을 완전히 없앰으로 예수 믿음을 근본에서 제거하려 했던 자가 지금 그 믿음을 전하는 자가 되었다. 기이한 일이다. 하나님을 찬양하지 않을 수 없었다. 박멸하려고 하였으니 더욱 열심히 그 복음을 전하는 자가 되었다.

유대의 교회들은 그간에 바울에게 생긴 사건을 알 수 없었다. 다메섹 도상에서 부활하신 주 예수를 만나 그가 사도로 세워진 일도 알지 못하였다. 바울이 그렇게 박멸하려던 예수 그리스도의 복음을 전하였으니 놀라운 일이고, 생각하기 힘든 일이었다. 그러므로 그들은 하나님을 찬양하였다. 그렇게도 박멸하려고 애쓰던 자를 들어 그로 하여금 복음을 전하는 자로 삼으신 하나님의 섭리가 놀라울 뿐이었다.

교회는 어느 경우에나 하나님을 찬양하고 영광을 돌려야 하는 임무를 가졌지만 그렇게 불같이 박해하던 자가 그 복음을 전하니 참으로 놀라울 뿐이었다. 예수가 주와 구주라고 전파하는 수준이 아니라 하나님의 성육신으로 하나님의 아들로 전파하였기 때문이다.

갈라디아서

Προς Γαλατας

제 2 장

갈 2:1 십사 년 후에 내가 바나바와 함께 디도를 데리고 다시 예루살렘에 올라갔노니

2:1 Ἔπειτα διὰ δεκατεσσάρων ἐτῶν πάλιν ἀνέβην εἰς Ἱεροσόλυμα μετὰ Βαρναβᾶ συμπαραλαβὼν καὶ Τίτον·

갈 2:1 그 후 14년을 지나서 내가 다시 바나바와 함께 예루살렘으로 올라갔는데 디도도 데리고 갔습니다.

1. 이번 예루살렘 방문은 그리스도교가 그리스도교로 남느냐 아니냐 하는 갈림길에서 이루어졌다.

예수 그리스도를 믿음으로만 구원에 이르는지 아니면 예수 믿음에 율법 준수를 더함으로 구원에 이르는지를 결정해야 할 절박한 상황이 되었다. 만일 예수 믿음에 율법 준수를 더해야 구원이 이루어지면 예수 믿음은 없어지고 율법 준수만 남게 된다. 그러므로 그리스도교가 그리스도교로 남느냐, 아니면 유대교의 일파로 돌아가느냐가 달려 있게 되었다. 이런 상황에서 바울이 예루살렘으로 갈

수밖에 없었다.

2. 이번 예루살렘 방문은 복음과 율법의 관계 문제가 첨예한 대립을 이루어 바울의 복음 전도가 끝날 수 있는 상황에서 베드로와 다른 사도들에게로 간 것이다.

바울이 복음을 전하여 복음의 도가 널리 퍼져서 교회들이 많이 생겨났다. 시리아와 갈라디아와 안디옥 지역에 교회들이 많이 생겨났다. 유대인들도 교회에 가입하는 수가 늘어났다. 또 1차 전도여행으로 그리스도인들이 크게 늘어나고 교회가 널리 퍼지게 되었다. 그 수는 유대에 있는 교회들을 크게 능가하여 완전한 이방 그리스도교가 세워지게 되었다.

이들 교회들은 바울과 바나바의 전도로 세워졌다. 교회 구성은 예루살렘 교회의 모형을 따라 이루어졌지만, 치리는 독자적이어서 예루살렘 교회의 지도는 전혀 받지 않고 바울의 지도로만 교회가 자라나고 유지되었다. 교회에 문제가 있어도 예루살렘 교회의 자문과 지도를 전혀 요청하지 않았다. 그러므로 예루살렘 그리스도인들이 이방교회들을 지도하고 살펴보기를 바라게 되었다.

따라서 예루살렘 교회의 그리스도인들이 각지로 다니며 교회들을 지도하게 되었다. 이들이 방문하여 가르치는 교회들은 이방지역의 교회들이고 바울이 전도하여 세운 교회들이었다.

그런데 예루살렘 교회의 그리스도인들은 이방교회들의 믿음생활과 그리스도인의 삶이 전혀 자기들과 다름을 보게 되었다. 그것은 이방 그리스도인들은 모두 예수 믿음만을 알 뿐 율법을 지키지 않고 있다는 사실이었다. 이에 유대 그리스도인들은 너무 놀랐고, 그런 이방 그리스도인들의 삶과 믿음의 방식이 참 사도가 아닌 바울에게서 비롯되었다고 보게 되었다.

그러므로 바울이 전한 복음이 참 복음이 아니고 완전한 복음도 아니라고 주장하게 되었다. 그리고 바울이 참 사도가 아니기 때문에 반쪽 복음을 전하였다고 이방지역 교회들에게 주장하고 선포하였다.

이렇게 이방교회가 크게 혼란하게 되어 바울이 더 이상 복음을 전파하거나 선포할 수 없을 만큼 되었다. 왜냐하면 모든 이방교회들이 바울의 가르침을 바르지 못한 것으로 여기고, 예루살렘 교회처럼 예수 믿음에 율법 준수를 더해야 완전한 믿음이 되고 완전한 구원에 이르는 것으로 여기게 되었기 때문이다. 그러므로 자연히 바울을 바른 사도로 보지 않게 되었다.

그리하여 바울은 자기의 복음을 변호하고, 십자가를 들어 자기의 복음이 바른 복음이고 이 길만이 구원에 이르는 길이라고 강력하게 주장하였다. 그렇게 예루살렘 그리스도인들의 주장을 반박하였지만 바울과 바나바의 변호만으로는 야고보에게서 가르침 받은 유대 그리스도인들의 주장을 논파할 수가 없었다.

바울과 바나바가 아무리 변호하고 바른 주장을 해도 이방교회가 이미 유대 그리스도인들의 가르침에 동조하여 율법 지킴을 예수 믿음에 병행하기로 하였다. 그래서 이제껏 바울이 전한 복음의 도가 끝이 나서 더 이상 십자가와 부활만을 전할 수 없게 된 것이다.

예수 믿음에 율법 지킴을 더해야 바른 구원의 길이 된다면 그리스도의 십자가의 죽음과 부활이 무효가 된다. 그러면 이 복음은 폐기되고, 바울도 더 이상 이방지역에서 전도할 수 없게 되는 것이다. 이방지역에서 아무리 유대 그리스도인들과 논쟁을 하여도 아무런 효험이 없게 되었다. 그들을 이겨내고 교회를 처음 믿음으로 돌이킬 수 없었다.

그러므로 바울이 예루살렘으로 올라가 사도들의 전체 모임에서 바른 복음이 무엇인지를 밝히고 결정하는 일이 너무도 절박하게 되었다. 예수 믿음에 율법 준수를 더해야 바르고 완전한 복음인지, 아니면 이제껏 바울이 전한 복음 곧 예수 그리스도의 십자가의 죽음과 부활을 구원으로 전할 것인지를 결정해야 했다.

따라서 바울이 예루살렘으로 가서 사도들에게 자기가 전한 복음을 제출하고, 유대 그리스도인들이 주장한 믿음의 법과 대조하여 바른 판정을 내리도록 할 수밖에 없었다. 그리하여 그는 예루살렘으로 가기로 결정한 것이다.

3. 14년 후에 예루살렘으로 올라갔다고 했으니 첫 전도여행 후이고, 예루살렘 사도들의 공회의가 열리기 직전이었다.

바울이 개종하여 사도가 된 직후에 예루살렘에 올라간 것은 예수 믿고 3년 후였고, 복음과 율법의 관계 문제를 해결하기 위해서 간 것이 두 번째이다.

14년 후에는 바울이 이방지역에 복음을 널리 전파하여 상당한 그리스도인들이 생겨나고 교회가 여러 곳에 발생하였다. 또 디아스포라 유대인들도 교회에 가담하기 시작하였다.

그런데 예루살렘 교회의 유대 그리스도인들이 이방지역에 와서 바울의 전도내용을 시비하게 되었다. 시비를 하는 수준이 아니라 실제 바울의 전한 복음을 공격하고, 예수 믿음에 율법 준수를 함께 해야 한다는 주장을 강하게 제기하였다. 예루살렘 교회에 속한 유대 그리스도인들이 와서 바울의 사도권을 심하게 시비하고 바른 복음을 전해야 한다고 주장하였다.

유대주의자들은 예수 믿음과 율법 준수를 함께 해야 완전한 믿음이고 구원에 확실하게 이른다고 주장하였다. 바로 이 때문에 사도들의 공회의가 열려 예수 믿음에 율법 준수를 더해야 할 것인지, 아니면 예수 믿음만으로 만족하고 충분한지를 결정해야 했다. 이렇게 공격받을 때 바울과 바나바만으로는 이 공격을 막아낼 수 없었다. 사도들이 이 문제에 대해 합치된 판결을 해주어야 했다. 그렇지 않고는 바울이 더 이상 복음을 전할 수 없었고, 이제껏 전한 복음도 허사가 되고 말 상황이었다. 그것은 바울이 사도가 되지 못하고 완전히 이단으로 정죄되는 것을 뜻한다.

그러므로 바울은 예루살렘에 가서 자기가 전한 복음과 처음 사도들이 전한 복음이 일치함을 판정받아야 했다. 이 일을 위해서 예루살렘으로 올라가서 베드로와 다른 사도들을 만나 바른 판정을 받는 것이 절박하였다.

이번 예루살렘 방문에 바울의 사도직의 존속 여부가 달려 있었다. 가서 자기가 전한 복음이 사도들이 전한 복음과 동일한 것으로 판정받으면 사도로서 계속하여 예수 그리스도의 복음을 처음 전하던 대로 전할 것이요, 그렇지 않으면 이단으로 몰려서 완전히 그의 사도 직분이 끝나게 될 것이다. 그러므로 이번 예루살렘 방문으로 바울의 사도직 계속 여부가 결정될 뿐 아니라 지금까지 전한 복음도 끝이 나느냐 계속되느냐가 결정되게 되었다.

따라서 바울의 예루살렘 방문은 복음과 율법의 관계를 해결하기 위한 사도들의 공회의를 열도록 촉발하고 결정하게 되었다. 바울이 예루살렘에 왔을 때 야고보와 베드로는 이방교회에서 진행되고 있는 논쟁들에 대해서 이미 들어 알고 있었으므로 복음에 대한 규정과 판정을 하지 않을 수 없게 되었다.

4. 바울이 바나바와 함께 간 것은 바울이 전한 복음을 사도들에게 제시할 때 바나바의 중재로 사도들의 오해와 불신을 벗고 바른 복음으로 판정받기 위한 조치였다.

바울의 말대로 회심 후 3년에 (갈 1:18) 예루살렘에 올라가서 사도들을 만나고 사귀고자 하였으나 그들이 바울의 회심을 의심하여 전혀 받으려고 하지 않았다. 이때 바울을 베드로와 다른 사도들에게 소개한 당사자가 바나바이다. 이때 바울이 베드로와 주의 동생 야고보를 만났다. 바울이 복음의 증거자들이고 목격자인 베드로와 야고보 사도를 만날 수 있었다. 그들로부터 주 예수의 삶과 사역을 듣고 배우며 계시로 받은 내용들을 확인받았다. 특히 주 예수의 가르침과 십자가의 죽음과 부활을 잘 배우고 확인받았음이 확실하다.

바울이 안디옥과 갈라디아와 소아시아의 여러 곳에 복음을 전한 후에 문제가 또 생겼으므로 사도들이 바울을 신뢰하지 않을 것이 분명하다. 오순절 후 복음이 전파될 시기에 바울이 교회를 심하게 핍박하였으므로 사도들은 바울의 복음 이해와 전파를 확신할 수가 없었을 것이다.

그러므로 사도들과 친하고 그들의 신임을 크게 받는 바나바가 바울을 안내하고 소개함으로 무난히 사도들을 만날 수 있었고, 그들이 바울을 기피하지도 않았다. 따라서 바울은 바나바의 안내와 조언을 바랐다.

또 바울이 주께로부터 배우지도 않았고 증인이 되지도 못하였는데 그리스도의 복음을 전한다고 하니 믿을 수 없었음이 분명하다. 그럴 경우 모든 것을 잘 아는 바나바가 양쪽에 중보자로서 둘 사이를 잘 조정하고, 바울이 전한 복음이 사도들이 전한 것과 완전히 일치하는 것임을 바나바가 잘 변호하였다. 바로 이 점 때문에 바울이 바나바와 함께 예루살렘으로 갔다.

처음 바울이 회심하여 주 예수를 믿고 다메섹에서 복음을 전한 후 사도들과 교제하기 위해 예루살렘으로 올라갔을 때, 바나바가 바울의 회심의 경위를 잘 설명하여 사도들 특히 베드로를 만날 수 있게 해주었다 (행 9:26-29). 사도들은 바나바를 전적으로 신뢰하였기 때문에 바나바가 한 바울에 대한 설명과 해명을 잘 받아들일 수 있었다.

바울이 자기 혼자 전한 복음을 제시해서는 사도들이 자기변명으로만 보고 바른 제시로 보지 않을 것이 분명하였다. 왜냐하면 바울에 대한 유대 그리스도인들의 고소가 사도들에게 강하게 제출되어 있었기 때문이다. 이 경우 바나바의 중재만큼 크고 강한 효력을 낼 것이 없음이 확실하였다. 바나바도 바울과 함께 전파하였고, 바나바는 사도들에게서 배운 복음을 전했음을 강하게 변호할 수 있었다. 그러므로 바울은 바나바와 함께 예루살렘에 올라갈 수밖에 없었다. 이때처럼 바울이 바나바의 도움을 절실하게 필요로 한 때가 없었다.

그러나 사도들의 공회의가 끝난 후에 마가의 복음 전도자로서의 자질 시비 때문에 바울과 바나바가 서로 갈라선 것은 그리스도교 역사상 첫 비극이었다.

5. 디도를 데리고 간 것은 디도가 이방인이지만 이미 복음의 사역자로 일하고 있어서 대표가 되었기 때문이고, 또 복음의 역사가 큼을 보여주기 위함도 있었다.

여기서 디모데를 데리고 갔다고 하지 않고 디도를 데리고 갔다고 한 것을 보면 디도가 이미 대단한 복음사역자로 일하였음을 알 수 있다. 디도는 디모데와는 달리 유대인의 피가 전혀 섞이지 않은 이방 그리스도인이다. 이런 이방인이 바울의 전도로 주 예수를 믿어 그리스도인으로 살 뿐만 아니라 복음의 사역자가 되었다. 복음의 사역자로서 안디옥에서 일하였다. 그는 복음의 도를 올바로 알고 크게 일하는 사역자였다.

그러므로 그가 이방인이어도 사도들의 공회의에 참여할 수 있도록 대표로 선출되었다. 이런 복음의 사역자를 데리고 감으로 복음의 역사가 얼마나 큰지를 사도들에게 보여줄 수 있을 뿐 아니라 바울이 전한 복음이 순수한 복음임을 보여줄 수 있는 큰 계기였다.

복음의 도가 크게 역사하여 이방인들도 교회에 가입하였을 뿐 아니라 복음의 사역자들도 많이 세워졌다. 이방인들이 복음을 믿어 구원에 이르렀을 뿐 아니라 그 복음의 사역자들까지 되었다. 이로써 복음이 이방지방에 굳게 뿌리를 내리고 이스라엘을 대치하여 하나님의 백성이 되었음을 알 수 있다.

안디옥 교회는 이방인들을 대표로 보낼 만큼 크게 활약하는 교회가 되었다. 디도는 이들 중에서 복음을 맡아 목회사역을 하였다. 디도는 바울의 사역 초기에 복음을 받아들여 그의 동사자가 되고, 바울의 마지막 기간까지 신실한 동역자가 되었다.

6. 이방인 그리스도인을 예루살렘 공회의에 대표로 데리고 감으로 이방에 전한 복음이 바른 복음이어서 바른 결실을 한 것을 보여줄 수 있었다.

유대인으로 그리스도인 된 사람들도 대표에 들었겠지만 디도가 대표로 뽑힘으로 복음의 역사가 얼마나 강력하였는지를 보여줄 수 있었다. 율법을 지킴 없이도 주 예수를 믿음으로 성령을 받아 구원 얻은 하나님의 백성이 되었다. 더구나 복음의 사역자까지 되었으니 바울이 전한 복음이 바른 복음임을 웅변해 줄 수 있게 되었다.

갈 2:2 계시를 인하여 올라가 내가 이방 가운데서 전파하는 복음을 저희에게 제출하되 유명한 자들에게 사사로이 한 것은 내 달음질하는 것이나 달음질한 것이 헛되지 않게 하려 함이라

2:2 δὲ ἀνέβην κατὰ ἀποκάλυψιν· καὶ ἀνεθέμην αὐτοῖς τὸ εὐαγγέλιον ὃ κηρύσσω ἐν τοῖς ἔθνεσιν, δὲ κατ᾽ ἰδίαν τοῖς δοκοῦσιν, μή πως εἰς κενὸν τρέχω ἢ ἔδραμον.

갈 2:2 내가 계시를 따라 올라가서 이방인들에게 전하는 복음을 그들에게 제출하되 유명한 자들에게 개별적으로 한 것은 내가 달음질하는 것이나 달음질했던 것이 헛되지 않도록 하기 위해서였습니다.

1. 바울은 사도들에게 자기가 전한 복음을 제출하되 개별적으로 만나서 함으로 전체 예루살렘 교회에서 했을 경우에 일어날 만한 바리새파 그리스도인들의 정죄와 시비를 사전에 제거하였다.

바울이 이방인들 가운데서 전파하는 복음을 예루살렘 교회 전체 앞에 제출하였으면 유대 그리스도인들이 이의와 반대와 항의를 강력하게 제기하여 바울이 전한 복음이 바른 복음이 아니고, 예루살렘 교회가 하는 것처럼 예수 믿음에 율법 준수를 합해야 온전한 복음이라고 주장했을 것이다. 그리고 예수 그리스도를 믿음으로 구원에 이른다고 가르치고 전한 바울의 복음이 거짓이고 가짜라고 주장했을 것이다.

바울이 그렇게 올바른 복음을 전하지 못한 것은 사도가 아니고 주의 제자가 아니기 때문이라고 판정하고 정죄하여 바울로 복음을 전하지 못하게 했을 것이다. 그러면 이방 그리스도인들이 모두 그 결정을 듣고 바울이 전한 복음대로 예수 믿는 것을 버리고 믿음에 율법 준수를 더하여야 바른 복음이라고 여겨 율법 준수로 다 돌아갈 것이다.

그러면 바울이 이제까지 전한 복음이 완전히 헛것으로 판단날 것이니 자기가 그토록 수고한 것이 허사가 되고, 사도로도 불리지 않을 뿐만 아니라 이단으로 정죄될 것이다. 따라서 이런 상황을 예기하고 바울은 예루살렘 교회 전체 앞이나 모든 사도들 앞에 자기가 전한 복음을 제시한 것이 아니라, 사도들을 개별적으로 만나 자기가 전한 복음을 제시하고 그들의 승인을 개별적으로 얻었다.

정통이라도 다수에 의해서 이단이 되는 일은 쉬운 일이었다. 바울이 바른 복음을 전했어도 예루살렘 공회의의 다수가 바리새파이므로, 그들이 결의를 하여 사도들을 압도하면 사도들도 어찌 하지 못할 것은 뻔한 일이었다. 그러므로 바울은 이미 믿는 그리스도인들 앞에 복음을 변호하는 일에서도 지혜를 활용하였다.

2. 공회의가 열리기 전에 사도들에게 개별적으로 복음을 제시하여 승인을 받음으로 공회의 시 사도들의 변호와 승인을 받을 수 있었다.

바울이 직접 공회의 앞이나 예루살렘 교회 앞에 자기가 전한 복음을 제출하였더라면 사도들이 사전에 바울이 전한 내용을 듣지 못하였기 때문에 그들이 결코 바울을 변호하고 찬동해 주지 않았을 것이다.

그러나 바울은 자기가 전한 내용을 각 사도들에게 개별적으로 말하였기 때문에 내용을 바로 알았고, 특히 바나바가 함께 전도한 내용을 보고한 것이므로 시비할 수가 없었다. 따라서 사도들이 공회의에서 바울을 승인하고 바른 복음과 바른 생활의 법을 결정하여 줄 수 있었다.

바울만 예루살렘에 올라와서 자기의 복음을 제출하였더라면 매우 어려웠을 것이다. 그러나 바나바가 동행하여 전한 복음의 내용을 전부 말하고 변호해 줌으로써 사도들이 더 잘 이해하고 바울에게 찬동할 수 있었다.

바나바의 역할이 바울이 사도로서 계속 일하도록 돕는 일에 결정적이었다.

갈 2:3 그러나 나와 함께 있는 헬라인 디도라도 억지로 할례를 받게 아니하였으니

2:3 ἀλλ' οὐδὲ Τίτος ὁ σὺν ἐμοί, Ἕλλην ὤν, ἠναγκάσθη περιτμηθῆναι·

갈 2:3 그러나 나와 함께 있는 디도는 헬라인이지만 할례 받도록 강요받지 않았습니다.

1. 디도를 예루살렘으로 데리고 갔을 때 사도들이 할례 받아야 된다고 전혀 강요하지 않았으니 할례 받아야 완전한 구원에 이르는 것이 아니라는 것을 사도들이 확실하게 알고 있었음을 보인 것이라고 바울이 제시한다.

만일 할례를 받아야 완전한 구원에 이르는 것이 사도들의 가르침이고, 본래 그것이 복음이면 디도가 비록 헬라인이라도 할례를 받도록 했을 터이다. 그런데 사도들이 할례 받도록 전혀 말하지 않았다. 따라서 할례 받아야 완전해진다고 하는 가르침은 전혀 사도들의 가르침이 아니고 복음의 본 내용이 아니라고 강조한다. 디도에게 할례

받으라고 강요하지 않았다고 말한다.

2. 구원은 예수 그리스도를 믿는 믿음에 성립하고 율법 준수를 더해야 완전한 구원이 되는 것이 아니라는 것을 밝히고 있다.

구원이 예수 믿음에 율법 준수를 더해야 이루어진다면 사도들이 반드시 디도로 하여금 할례를 받게 하였을 것이다. 예루살렘을 방문하여 그들과 자주 만나고 이야기했어도 그들은 전혀 디도를 할례 받게 해야 한다고 말하지 않았다. 그러므로 할례 받아 율법을 지킴에 구원이 있는 것이 아니고 예수 믿음에만 구원이 있음을 강조하고 있다.

처음이나 마지막이나 구원 얻는 길은 예수 믿음에만 있다. 성령 받음도 인간적인 노력으로 완전해져서 받는 것이 아니고, 주 예수를 믿기만 하면 처음부터 성령을 받는 것임을 바울이 이 갈라디아서 전체에서 강조하고 증명하고 있다.

갈 2:4 이는 가만히 들어온 거짓 형제 까닭이라 저희가 가만히 들어온 것은 그리스도 예수 안에서 우리의 가진 자유를 엿보고 우리를 종으로 삼고자 함이로되

2:4 δὲ διὰ τοὺς παρεισάκτους ψευδαδέλφους, οἵτινες παρεισῆλθον κατασκοπῆσαι τὴν ἐλευθερίαν ἡμῶν ἣν ἔχομεν ἐν Χριστῷ Ἰησοῦ, ἵνα ἡμᾶς καταδουλώσουσιν,

갈 2:4 이것은 몰래 들어온 거짓 형제들 까닭인데 그들이 가만히 들어온 것은 우리가 그리스도 예수 안에서 가진 자유를 엿보고 우리를 종으로 삼고자 하기 위함이었습니다.

1. 할례와 율법 준수의 시비가 난 것은 바로 거짓 그리스도인들 곧 예수는 믿는다고 하나 실은 율법을 전부로 알고 지키는 자들이 그리스도인의 탈을 쓰고 교회로 들어온 까닭이라고 밝혔다.

지금 갈라디아 교회에 큰 분쟁과 논란이 나서 교회가 혼란스럽다. 또 구원 얻었음에 대한 확신도 없어졌다. 그리하여 율법을 지켜야 되는 것으로 여겨 할례를 받게 된 것은 실은 거짓 형제들 곧 그리스도를 믿지 않으면서 믿는 자인 체하여 교회에 들어와서 율법 준수를 강요하기 때문이라고 밝혔다.

율법 준수의 요구가 없었을 때는 율법과 전혀 상관이 없어서 완전한 자유를 누리며 바로 살았다. 이 자유를 시기하여 그들이 몰래 그리스도인들인 것처럼 가장하여 교회에 들어온 후에 이방교회들에까지 와서 교회를 혼란시켜 다시 유대교로 돌이키려고 갈라디아와 안디옥에 이런 혼란을 일으키고 있다.

2. 그리스도인들이 가진 자유는 그리스도께서 율법의 마침 곧 율법을 완성하심으로 우리를 율법 준수의 요구에서 해방해 주신 자유이다.

유대교에는 아무런 자유가 없다. 율법 준수의 요구가 준엄하기 때문이다. 그러므로 그들은 율법 준수의 요구에서 벗어날 수가 없었다. 그들은 언제나 율법에 매여야 하고, 율법을 지키지 않으면 구원에 이를 수 없다는 강박관념이 그들을 지배하였다. 그러므로 그들이 유대교에 있는 한 자유와 해방이 있을 수 없었다.

그러나 교회에는 자유가 완전하였다. 그리스도께서 율법 준수의 요구를 다 성취하셨으므로 더 이상 율법에 매일 필요가 없었다. 이미 모든 율법이 성취되었기 때문이다. 그리스도께서 율법을 다 성취하심으로 그를 믿는 자들에게는 율법을 지켜야 한다는 아무런 요구나 강요가 없게 되었다. 그러므로 완전한 해방과 자유를 누리게 되었다. 교회는 유대교 지반에서 나왔어도 완전히 다른 종교였다.

유대교도는 그가 유대교인인 한 언제나 율법을 지켜야 하는 당위와 강압에 매이게 되어 있다. 그러므로 그들은 언제나 율법을 지키기 위해 노력하고 수고해야 했다. 율법을 지키려고 하면 지켜지기보다 범해지기 마련이다.

율법을 누가 완전하게 지킬 수 있겠는가? 지키려고 노력하면 언제나 범하게 되어 있는 것이 율법이다. 누가 그 요구를 감당할 수 있을 것인가? 그러므로 율법 아래서는 자유와 해방을 알지 못한다. 그들 유대인들도 자유를 갖기 원한다. 그러나 율법의 멍에를 그들에게서 벗겨 해방시켜 줄 방도가 없고 해방자도 없기 때문이다.

지켜야만 사는 것이 율법이므로 언제나 지키기 위해 끊임없이 노력하는 것밖에 없다. 왜냐하면 율법이 그 준수자들을 향해 계속 지키라고 명령하기 때문이다. 이 지키라는 명령 때문에 지켜야 한다. 율법을 지키려는 노력을 하면 율법이 지켜지는 것이 아니라 율법을 범할 수밖에 없게 된다. 범하면 범했다고 책망과 위협이 심하다. 안 지키고 범하려고 한 것이 아니고 지키려고 하였는데 오히려 범했다고 책망과 협박이 심하다. 그러므로 율법 아래 있는 한 해방이나 자유는 불가능하다.

그러나 교회는 전혀 달라 율법 준수의 요구가 부과되어 있지 않다. 율법 준수의 요구가 부과되어야 율법을 지키게 되는데 준수의 요구가 없으므로 전혀 율법 준수를 생각할 필요가 없다. 율법 준수의 책임이 면제되었을 뿐 아니라 처음부터 부과되지 않았다. 그러므로 율법에 대해 완전히 자유롭다.

그러면서도 구약백성들이 섬긴 동일한 하나님을 섬기고 구원에 이르렀다. 그리스도께서 율법을 다 성취하셨으므로 그를 믿는 자들은 성취된 율법을 다시 지키려고 할 필요가 없다.

삶은 내 힘으로 사는 것이 아니라 성령의 역사로 살며, 은혜로 말미암아 산다. 율법이 없어도 완전히 구원에 이르렀고, 완전한 자유를 누리게 되었다.

이런 자유와 해방의 삶에서 유대교의 율법 준수로 돌아갈 것인가? 이런 자유와 해방을 두고 왜 그 율법의 멍에를 메어 질곡을 스스로 담당할 것인가? 율법을 지키지 않았다고 율법이 무슨 협박이나 위협을 하는 것이 아니다. 그리스도 안에 있는 자들은 완전히 자유롭다. 이런 해방과 자유를 유대교가 어찌 알 것인가?

3. 이런 자유를 유대교도들이 알고서는 시기해서 이 자유를 없애려고 그리스도인으로 위장해서 교회에 들어와서 소란과 혼란을 야기했다고 바울이 지적한다.

유대인들은 그리스도인들이 누리는 자유를 결코 누릴 수 없었고, 또 알 수도 없었다. 그런데 같은 하나님을 섬기는 그리스도인들은 율법을 지키지 않기 때문에 완전한 자유를 누렸다. 이 자유와 해방을 시기하여 유대인들이 그리스도인인 양 교회로 들어와서 율법을 지키게 함으로 우리 그리스도인들로 하여금 자유를 상실하여 다시 율법의 멍에 아래 매이도록 했다고 항의하였다.

사실 율법을 지키라고 요구하고 강요한 사람들은 그리스도인들이 아니고 거짓 형제들이었다. 그들은 우리가 가진 자유를 시기하여 우리로 율법에 다시 매이게 하여 우리의 구원과 자유를 혼란하게 하고 자유를 누리지 못하게 했다고 바울은 지적하고 있다.

4. 종으로 삼으려고 한 것은 율법에 매어 둠으로 더 이상 자유인이 아니라 종으로 삼으려 한 것임을 바울이 강조한다.

유대 그리스도인들이 노리는 것은 일시적으로 자유를 제한하는 것이 아니라 완전히 율법에 매여 있게 함으로 종이 되게 하는 것이라고 바울은 지적하였다. 한번 율법에 매이면 더 이상 율법에서 벗어나는 길이 없으므로 자유는 완전히 사라지고 종이 되는 것을 뜻한다. 율법을 한번 지키기 시작하면 지킬 수 없으면서도 지키는 의무가 면제되지 않으니 언제나 율법을 지켜야 한다는 의무에 매이게 된다. 그러면 이전에 누리던 자유는 다 없어지고 완전히 율법 아래 속박되어 종이 된다.

이렇게 율법에 매여 자유를 누리지 못하고 종이 되는 상태로 만들어 다시 유대교로 돌리려고 이들 유대인들이 시도한 것이다.

모든 그리스도인들이 예수 믿는다고 하면서 완전해지기 위해 율법을 지키기 시작하면 율법을 지키는 데 전력을 쏟아 예수 믿음은 없어진다. 그러므로 자연히 유대교가 된다. 거짓 형제들이 바로 이것을 시도하여 갈라디아와 안디옥 등지의 이방교회들이 혼란하게 되었다.

갈 2:5 우리가 일시라도 복종치 아니하였으니 이는 복음의 진리로 너희 가운데 항상 있게 하려 함이라

2:5 οἷς οὐδὲ πρὸς ὥραν εἴξαμεν τῇ ὑποταγῇ, ἵνα ἡ ἀλήθεια τοῦ εὐαγγελίου διαμείνῃ πρὸς ὑμᾶς.

갈 2:5 그들에게 우리가 한시라도 복종하지 않은 것은 복음의 진리가 여러분과 함께 있게 하기 위해서였습니다.

1. 바울은 유대 그리스도인들의 율법 준수의 요구를 한시라도 받아들이지 않았다.

바울이 유대 그리스도인들의 주장을 받아들여 한시적으로 또 장소에 따라 할례를 받게 하고 율법을 지키게 하였으면, 복음은 끝이 나고 유대주의가 다시 살아나게 되었을 것이다. 그러므로 바울은 그런 요구를 결코 받아들일 수가 없었다.

이방인들을 정결하게 하기 위해서 유대교의 의식법과 정결법, 또

식사법 등을 받아들이라는 요구를 완전히 거절하였다. 이방인들이 깨끗하게 되는 것은 유대교의 율법들을 받아들여 지킴으로 되는 것이 아니고 예수 그리스도의 피로 된다. 그러므로 율법을 조금이라도 지켜야 한다고 할 필요가 전혀 없었다. 그래서 일시라도 그들의 요구를 받아들이는 것을 거부하였다.

2. 유대교의 율법 준수의 요구를 한시적으로라도 받아들이면 그것은 율법주의로 완전히 돌아가는 것이어서 그리스도가 주신 자유를 누릴 수 없게 된다.

한시라도 율법을 지키기로 하면 한번 지키기 시작한 율법을 그만둘 수가 없다. 한번 지킨 율법은 계속 지켜야 한다. 그러면 복음의 진리는 사라지고 완전히 율법의 멍에 아래에 들게 된다. 율법에 한번 매이면 율법의 속박을 벗어날 수가 없다. 자유가 완전히 제거되고 복음의 진리는 완전히 사라져 믿음이 허사가 된다. 이것을 아는 바울은 일시적인 율법 준수의 요구도 받아들일 수가 없었다.

바울이야 유대인이므로 율법을 계속 지킬 수 있고 지켜도 문제가 되지 않지만 이방인들은 한번 율법을 지키면 율법만 남게 되고 복음은 다 사라진다. 복음의 진리가 사라진다.

3. 복음의 진리는 예수 그리스도가 모든 율법의 요구들을 다 성취하셨으므로 예수 그리스도만 믿으면 구원에 이르는 것을 말한다.

예수 그리스도로 완전한 구원에 이르렀는데 왜 율법을 더하여 자유를 상실하고 율법 지키는 데 정력을 다 쏟을 것인가? 율법은 이미 성취되어 그리스도인들이 율법을 지켜야 구원에 이른다는 유대교의 가르침은 무효가 되었다.

율법이 다 성취되었으므로 예수 그리스도를 믿음으로 구원에 이르러 자유와 해방을 누린다. 왜 이런 자유를 버리고 다시 율법의 멍에를 질 것인가? 그러므로 이방의 사도인 바울은 결코 복음의 진리를 버리고 율법 준수로 돌아갈 수 없었다.

바울이 조금이라도 율법을 지키면 이방인들이 다 따라 하게 되어 그리스도교는 그치고 율법주의가 다시 부활한다. 그러면 십자가의 피 흘림이 무효가 되어 율법이 구원의 길로 다시 서게 된다.

갈 2:6 유명하다는 이들 중에 (본래 어떤 이들이든지 내게 상관이 없으며 하나님은 사람의 외모를 취하지 아니하시나니) 저 유명한 이들은 내게 더하여 준 것이 없고

2:6 δὲ ἀπὸ τῶν δοκούντων εἶναί τι, ὁποῖοί ποτε ἦσαν οὐδέν μοι διαφέρει· πρόσωπον ἀνθρώπου θεὸς οὐ λαμβάνει γὰρ ἐμοὶ οἱ δοκοῦντες οὐδὲν προσανέθεντο,

갈 2:6 유명한 사람들 중에서는 무엇인가요? 누구이든 간에 내게는 아무 상관이 없고 하나님은 사람의 얼굴을 취하지 아니하시나니 유명한 자들은 내게 아무것도 더하여 주지 않았습니다.

1. 지금 갈라디아와 안디옥 지역에 온 사람들은 그 유명한 야고보의 사람들이었다. 또 예루살렘에서는 다른 사도들도 목회를 하였다. 그러므로 다른 사도들과 야고보의 명성과 율법 준수를 대며 율법을 지킬 것을 말하였으므로 그런 사람 편에서 유명한 것을 자기는 개의하지 않는다고 한 것이다.

갈라디아와 안디옥에 온 유대 그리스도인들은 야고보의 이름을 대며 율법 준수를 강요하였다. 야고보는 의인으로 칭송받았다. 그의 흠없고 성실한 율법 준수로 인해 예루살렘이 멸망하지 않고 존속한다고 예루살렘 거민들이 다 믿었다. 더구나 그는 모든 교회의 어머니 예루살렘 교회의 목회자인 사도이다. 또 예루살렘 공회의가 모이면 영적 산헤드린 공회의의 의장이다. 이처럼 권위가 대단한 장로 사도였다. 당시에는 사도가 목회자가 되면 장로로 불리었다.

이에서 나아가 그는 육신적으로는 주와 형제지간이었다. 이런 큰 권위를 가진 사도 밑에서 배운 그리스도인들은 사도의 삶의 방식을 따라 열심히 율법을 지켰다. 본래 유대인들은 율법과 규례들을 열심히 지켰으므로 예수 믿은 후에도 율법 지키는 것을 중단하지 않았다. 더구나 야고보 밑에서 믿음생활 하는 예루살렘 성도들은 야고보의 삶의 방식을 따라 열심히 율법을 지켰다.

따라서 예수 믿음에 율법 준수를 바로 해야 바른 믿음생활임을 확신하게 되었다. 이 믿음의 방식을 모든 그리스도인들이 다 따라야 하는 것으로 이해하였다. 그러므로 이방 그리스도인들에게도 예루살렘 교회처럼 예수 믿음과 함께 율법 준수를 요구하였다.

그러나 그냥 요구한 것이 아니라 야고보의 이름으로 율법 준수를 예수 믿음에 부과해야 한다고 강요하였다. 즉 바울보다 더 권위가 있고 유명한 야고보의 이름으로 율법 준수를 주장하고 강요하였다. 수사도가 그렇게 믿고 살면 이방 그리스도인들도 다 그 모본을 따라야 함은 당연하고 바른 것이었다. 바울의 권위보다 몇 배나 높은 야고보의 권위와 이름으로 그렇게 요구하였다. 바울은 이방 사도라고 하지만 부활하신 예수 그리스도를 직접 보지도 못하였으니 정식 사도가 되지 못한다고 하였다. 따라서 야고보의 권위가 최고 권위였다. 이렇게 야고보와 사도들의 권위와 이름으로 율법 준수를 강조하였다.

2. 이렇게 유명한 자들이라고 주장한 데 대해 바울은 사람으로 유명한 것이 문제가 아니고 바른 복음의 진리가 중요하다고 강조하였다.

사람으로서 유명한 것은 사람 앞에서는 중요하겠지만 복음의 진리가 걸려 있는데 사람으로서 유명한 것이 무슨 상관이냐고 하였다. 복음의 진리는 사람의 낯보다 더 중요하고 결정적이다.

옛 세대에서는 율법을 지켜야 했지만 지금 그리스도의 구속사역 후에는 예수 그리스도를 믿음만이 전부이다. 그러므로 예수 믿음에 율법 준수를 더한 야고보와 다른 사람들은 복음의 진리를 바로 알고 행하는 것이 아니라고 바울이 말하고 있다. 진리가 문제일 때는 사람의 낯은 하나님 앞에 별로 중요한 것이 아니라고 바울은 강조한다.

하나님은 육신적인 신분을 별로 중시하지 않으신다는 것을 밝힌다. 육신적인 신분을 중시하였으면 하나님은 다윗을 왕으로 택하지 않으셨을 것을 염두에 두고 있다.

3. 더구나 그 유명한 사도들이 바울의 복음의 내용을 이해하게 하는 데 아무런 도움도 주지 않았다고 강조한다.

바울이 게바를 방문하여 두 주간을 함께 머물렀으면 베드로의 입에서 주 예수 그리스도의 일대기에 대한 설명을 잘 들었을 터인데도 바울은 그들이 복음의 내용에 대해 더해 준 것이 없다고 강조한다. 바울은 주 예수 그리스도를 직접 만났고 또 기도생활을 통하여 많은 계시를 받았으므로 사도들을 만나기 전에 주 예수의 출생과 일대기를 다 알고 있었다.

바울이 게바와 야고보에게서 들은 것은 실은 자기가 사전에 계시로 확실하게 알고 있었던 내용들을 확인받은 수준이었다고 할 것이다. 그러므로 그들이 어떤 새것을 더하여 준 것이 전혀 아니라고 할 수 있다.

또 베드로와 야고보를 만나기 전에 바울은 다메섹에서 아나니아에게서도 주 예수의 일생을 다 들었고, 동역자 바나바에게서도 반복해서 들었다. 그러므로 사도들에게서 새로운 것을 더 들었다고 할 수 없다. 그러므로 그 유명한 사도들이 바울에게 내용적인 증가를 해주지 못하였다.

4. 야고보와 베드로 등 다른 사도들이 바울을 이단으로 정죄할 권한을 가졌음에도 불구하고 진리에 관한 한 사람들의 가치는 그

렇게 중요한 것이 아니라고 바울은 주장한다.

이 유명한 사람들 때문에 지금 그리스도의 구원의 도가 잘못되어 그리스도교가 끝날 지경이 되었다. 더욱이 이방인들에 있어서는 그러하다. 그런 사람들의 유명세와 권위를 앞세우는 것에 대해 바울은 못마땅하였다.

그리스도교가 이방세계에서 살아남느냐 끝나느냐 하는 문제 앞에서 사람의 권위는 아무것도 아니었다. 그러므로 진리의 문제에 있어서는 사람의 유명세나 권세나 권위에 더 비중을 둘 것이 아니다.

갈 2:7 도리어 내가 무할례자에게 복음 전함을 맡기를 베드로가 할례자에게 맡음과 같이 한 것을 보고

2:7 ἀλλὰ τοὐναντίον ἰδόντες ὅτι πεπίστευμαι τὸ εὐαγγέλιον τῆς ἀκροβυστίας καθὼς Πέτρος τῆς περιτομῆς,

갈 2:7 그러나 반대로 내가 무할례자에게 복음 전함을 맡은 것이 베드로가 할례자에게 복음 전함을 맡은 것을 보고

1. 베드로는 할례자들 곧 유대인들에게 복음을 전하도록 정해졌다. 그런데 이방인들에게는 바울이 복음을 전하는 자로 이제껏 활동하였다. 그러므로 바울이 이방인들의 사도로 세워졌다는 것을 사도들이 인정한 것이다.

유대인들에게는 베드로가 오순절부터 시작하여 지금까지 유대지역을 순회하면서 전도하였다. 다른 사도들은 믿게 된 사람들을 관리하는 수준이었다. 야고보도 예루살렘 교회의 목회자였지만 전도자는 되지 못하였다. 믿게 된 많은 유대인들을 관리하는 것만도 벅찬 일이었다.

그리고 사도들은 이방인들에게는 전도하려고 하지 않았다. 베드로가 고넬료 집에 가서 전도한 것이 유일한 이방인 전도이다. 그러나 베드로가 전도했기 때문에 유대인의 법을 어겼다고 해서 책벌받아 출교될 뻔하였다 (행 11:2-3).

상황이 이러한데 누가 이방인들에게 전도하려고 하겠는가? 더구나 유대 나라에서는 할 수가 없었다. 안디옥에 처음으로 교회가 세워졌을 때에도 유대인들을 상대한 전도였고 (행 11:19) 어쩌다가 이방인에게도 전도하였다 (행 11:20). 그 전도자들은 사도들이 아니었다. 평신도들 중에서 어떤 사람들이 전도해 보았다.

유대인들은 이 구원이 유대인들을 위해서 이루어졌다고 굳게 믿었으므로 이방인들에게 꼭 전도할 필요성을 느끼지 못하였다. 그러므로 사도들 중에서는 아무도 이방인 전도를 전담하지 않았다. 또 하려고도 하지 않았다. 이방인들에게 전도가 이루어진 것은 우연적인 일이어서 물이 튀어간 정도였다.

그런데 바울은 이방인들을 전담해서 복음을 전했다. 그러므로 유대인들뿐 아니라 유대 그리스도인들의 불쾌함도 샀다. 괜한 일을 한다는 것이었다. 바울은 그런 분위기를 잘 알면서도 이방인 전도를 전적으로 하였다. 유대인들이 분개하여 바울을 핍박하고 쫓아내고 죽이려고까지 하였다.

그러나 바울의 전도는 큰 결실을 맺었다. 이방 그리스도인들의 수가 유대 그리스도인들의 수를 훨씬 능가하였다. 수적으로 비교가 안 되었다. 이방인들의 전도는 바울에게 맡겨진 것이 분명하였다. 그러므로 사도들이 바울의 이방 전도를 승인하였다.

2. 그의 전도의 결실을 인정하여 바울이 이방인의 사도로 세워졌음을 사도들이 인정하였다.

바울이 이방지역에 살았으므로 이방인들에게 전도하는 정도로 생각하였다. 그러나 바울의 전도활동은 너무나도 큰 결실을 얻었다. 유대인들의 결신수준을 비교불능으로 능가하였다. 바울이 이방의 전도자 혹은 사도로 세워지지 않았으면 전혀 될 일이 아니었다. 그러므로 예루살렘의 사도들은 바울이 이방의 사도로 세워졌음을 인정하지 않을 수 없었다. 무할례자들을 위해 복음이 바울에게 맡겨졌음을 인정하지 않을 수 없었다.

바울이 유대인임에도 예루살렘 사도들이 아무도 감심하지 못한 일을 혼자서 다 해냈다. 이방지역에서 나서 자랐기 때문에 이방인 전도를 했다고도 할 수 있지만 바울은 로마 천지에 다니며 이방인들에게 복음을 널리 전하여 많은 사람들을 하나님의 백성으로 만들었다.

이방에 복음을 전하는 일이 바울에게 맡겨졌음을 예루살렘 사도들이 다 인정하였다. 하나님의 은혜의 역사를 보았기 때문이다.

갈 2:8 베드로에게 역사하사 그를 할례자의 사도로 삼으신 이가 또한 내게 역사하사 나를 이방인에게 사도로 삼으셨느니라

2:8 γὰρ ὁ ἐνεργήσας Πέτρῳ εἰς ἀποστολὴν τῆς περιτομῆς ἐνήργησεν καὶ ἐμοὶ εἰς τὰ ἔθνη,

갈 2:8 베드로에게 역사하사 할례자들의 사도가 되게 하신 이가 또 내게 역사하사 이방인들의 사도로 세우셨습니다.

1. 사도들이 다 유대인들을 위해서 일했지만 그들에게 복음을 전한 이는 베드로이다. 베드로가 할례 받은 유대인들에게 복음을 전할 수 있었던 것은 바로 하나님의 역사였다.

사도들은 유대인들 곧 할례 받은 사람들에게 복음을 전하도록 세워졌다. 그러나 실제로 유대인들에게 복음을 전한 사람은 베드로뿐이었다. 다른 사도들은 예수 그리스도가 세상 죄를 위해 십자가에 못 박혀 죽은 것을 전할 수가 없었다. 십자가에 못 박힌 자는 바로 저주받은 자를 뜻하기 때문에 (신 21:23), 다른 사도들은 십자가에 못 박힌 예수 그리스도가 이스라엘의 메시아라고 담대히 전하지 못하였다. 베드로는 유대 지도자들의 위협에도 불구하고 십자가에 못 박힌 예수 그리스도가 이스라엘의 구주이고 메시아라고 전파하였다. 이스라엘의 구주 혹은 메시아인 증거는 그가 바로 죽은 자들 가운데서 부활하셨다는 사실이었다. 이렇게 할례 받은 자들에게 복음을 전파하였으니 그가 할례자들의 사도로 세워진 것이다.

베드로가 이렇게 할례 받은 사람들에게 예수 그리스도가 그들의 구주라고 전파할 수 있었던 것은 하나님이 그 안에서 역사하사 전파하도록 하셨기 때문이다. 하나님의 역사가 아니면 베드로도 할례자들에게 복음을 전할 수가 없었을 것이다. 그러므로 베드로가 할례자들의 사도가 된 것이다.

2. 할례자들에게는 십자가에 못 박힌 예수 그리스도를 전파할 수가 없었다. 그는 저주받은 자로 죽었기 때문이다.

유대인들은 율법을 받아 가지고 있다. 사는 것과 죽는 것이 율법에 달려 있다. 율법 외에 다른 길이 구원의 길로 제시된 적이 없다. 그러므로 율법 외에 다른 것을 말하는 것은 배척된다. 율법 외의 길로 구원에 이른다고 가르치는 것은 이단이다. 이단은 척결되어야 하고, 이단자는 처형되어야 한다.

그러므로 예수 그리스도가 구원의 길로 율법 외에 은혜와 믿음을 말할 때는 죽어야 했다. 그냥 죽는 것이 아니라 이단자이므로 정죄 받아 저주받은 자로 죽어야 했다. 예수 그리스도는 자기를 믿으면 구원받는다고 했기 때문에 배척되고 죽음에 이르렀다. 그냥 죽는 것이 아니라 십자가에 달렸으므로 저주받은 자로 죽었다. 이로써 예수가 메시아가 아닌 것으로 판명되었다. 그러므로 그는 거짓 메시아였고, 자칭 메시아로 판명되었다.

이제 예수가 메시아가 아니라고 밝혀져 배척되어 죽었다. 그런데 어찌 예수 그리스도를 메시아로 전파하고 그를 믿으라고 전파할 수 있겠는가? 그것은 전적으로 불가하였다.

주 예수가 살아 있을 때도 그의 가르침이 이단이고 위험으로 정죄되어 죽었다. 은혜를 말하면 율법 준수가 없어진다. 그것은 바로 이스라엘의 존립근거를 허는 것이었다. 그러므로 용납할 수가 없었다. 따라서 예수 그리스도를 십자가에 매달아 죽였다.

더구나 자기가 구세주이므로 자기를 믿으면 죽지 않고 영생에 이르러 구원에 이른다고 하는 것은 도저히 용납할 수 없었다. 율법을 지키지 않고 은혜로 구원 얻는다는 것도 용납할 수 없는데, 하물며 예수 자신을 믿으면 구원에 이른다고 하는 망령을 어떻게 받아들일 수 있단 말인가? 이런 것을 복음이라고 할 수 있는가? 어떤 사도도 유대인들에게 예수를 그리스도로 전파할 수 없었다.

그러나 베드로는 오순절부터 입을 열 때마다 예수 그리스도가 이스라엘의 구주요 생명의 주라고 선포하였다. 나사렛 예수가 이스라엘이 1500년간 기다리고 바란 메시아라고 강하게 선포하였다. 바로 할례 받아 율법 준수 외에는 아무것도 모르는 자들에게 그렇게 전파하였다. 그가 메시아였는데 몰라서 그를 십자가에 못 박았다고 하였다. 그러므로 이제 회개하고 예수 그리스도를 주로, 구주로 받아들이면 구원에 이른다고 전파하였다.

그러므로 베드로는 할례자들을 위해 세워진 사도였다. 하나님이 베드로를 할례자들의 사도로 세우시지 않았으면 할 수 없는 일이었다. 따라서 베드로만이 할례자들의 사도라고 말할 수 있다.

3. 사도들은 이방인들에게 복음을 전할 수가 없었다. 왜냐하면 이 복음은 유대인들을 위해서 이루어졌다고 믿었기 때문이다. 그런데도 바울은 이방인들에게 복음을 전하였다.

다른 사도들은 유대의 지경 내에 머물렀다. 유대인들을 가르치고 그들을 인도하기 위해서였다. 전도는 베드로가 거의 다 하였다. 베드로의 전도활동 후에 다른 사도들도 유대인들에게 전도하였다. 그 전도는 유대인들에 국한되었고, 기껏해야 사마리아인들에게 전할 수 있었다. 갈릴리와 사마리아에서도 전도하였다. 그러나 갈릴리를 넘어 멀리 가서 전도하는 것은 생각할 수도 없었다. 하나님이 그들에게 명령하지 않으셨다. 그러므로 이방인들에게 예수 그리스도의 구원사역을 전하는 것은 생각할 수도 없었고 의식 내에 들어오지도 않았다.

그런데 유대인으로서 바울만이 이방인들에게 복음을 전하는 일을 하였다. 그냥 몇 번 전하는 수준이 아니라 이 일에 목을 걸었다. 사도들과 유대 그리스도인들은 아무런 생각도 안 하고 하려고도 하지 않는 일을 위해 바울만은 복음 전파에 자기의 목숨을 걸었다. 모든 것을 다 버리고 이방인들에게 복음을 전하는 것만 전심하였다.

그는 이방의 사도였다. 하나님이 이방의 사도로 일하도록 그를 세우셨기 때문이다. 많은 사도들 중에서 바울만이 이방의 사도로 일하였다. 혼자 그 넓은 로마 천지에 복음을 전할 때 예루살렘의 사도들은 전혀 바울을 눈여겨보지도 않았다. 유대 그리스도인들과 유대인들이 바울을 예루살렘에 고소하기까지는 아무런 관심도 갖지 않았다. 이방인들에게 복음을 전하는 것은 전적으로 바울에게만 맡겨졌다. 베드로가 안디옥에 와서 이방 그리스도인들에게 설교한 것 외에는 이방지역에는 전혀 복음을 전하지 않았다. 또 하려는 생각도 없었다.

오직 바울만이 이방인들에게 복음을 전하는 것에 전력하였다.

그가 이방인들의 사도로 세워졌기 때문이다.

갈 2:9 또 내게 주신 은혜를 알므로 기둥같이 여기는 야고보와 게바와 요한도 나와 바나바에게 교제의 악수를 하였으니 이는 우리는 이방인에게로, 저희는 할례자에게로 가게 하려 함이라

2:9 καὶ γνόντες τὴν χάριν τὴν δοθεῖσάν μοι, Ἰάκωβος καὶ Κηφᾶς καὶ Ἰωάννης, οἱ δοκοῦντες στῦλοι εἶναι, δεξιὰς κοινωνίας, ἔδωκαν ἐμοὶ καὶ Βαρναβᾷ ἵνα ἡμεῖς εἰς τὰ ἔθνη, δὲ αὐτοὶ εἰς τὴν περιτομήν·

갈 2:9 또 내게 주신 은혜를 알므로 기둥들로 여기는 야고보와 게바와 요한이 나와 바나바에게 교제의 악수를 하였으니 우리들은 이방인들에게로 가고 자신들은 할례자에게로 가려 함이었습니다.

1. 사도들은 바울이 이방인들 가운데서 행한 큰 역사를 알고는 하나님께서 바울을 사도로 세우셨음을 인정하였다.

사도들은 개별적으로 복음을 제출받아 바울이 전한 복음이 자기들이 받은 복음과 아무런 차이가 없는 것을 확인하였다. 바울이 동일한 복음을 이방인들에게 전하였다고 인정하였다. 이 복음으로 바울이 이방인 가운데 일하여 그렇게도 많은 사람들을 믿음으로 이끈 것을 인정하였다. 그런 일은 사도로 세움 받은 자만이 할 수 있는 일이었다. 사도직을 수행할 은혜를 얻은 것이다.

그러므로 하나님의 은혜가 바울에게 있었다. 복음을 전파하여 그들을 그리스도께로 인도하는 능력이 있었다. 그것은 하나님의 은혜였다. 바울이 사도가 된 것만 은혜가 아니라 복음을 전파하여 사람들을 믿음으로 이끈 것도 하나님의 은혜 아니면 안 될 일이었다. 그러므로 바울이 이방인들의 사도로 세워졌음을 인정하였다. 자기들이 유대인들을 위한 사도임을 인정하였듯이 바울이 이방인들을 위한 사도로 세워졌음을 인정하였다.

그러므로 교회의 기둥들이 바울과 교제의 악수를 한 것은 그를 하나님이 세우신 그리스도의 사도로 인정한 것을 말한다.

2. 예루살렘 교회의 기둥들인 야고보와 베드로와 요한이 바울을 사도로 인정하여 악수하였다.

예루살렘 교회와 사도들 전체가 승인한 것이 아니라 사도들과 교회의 기둥들인 야고보와 베드로와 요한이 바울의 사도직을 정당한 것으로 인정하였다. 하나님이 사도로 세우시지 않았으면 그런 전도와 개종의 일을 할 수 없다고 그들은 인정하였다. 그러므로 가장 중요한 사도들, 예루살렘 교회의 기둥들인 야고보와 베드로와 요한으로부터 사도로 인정받아 교제의 악수를 하였다.

3. 교제의 악수를 함으로 책임을 분담하여 그 세 기둥들은 유대 할례자들을 위해 전도하고 목회하고, 이방인들의 전도는 바울과 바나바에게 전적으로 위임하였다.

이제 바울을 사도로 인정하여 이방의 사도로 세웠으니 예루살렘 교회의 기둥들은 이방인에 대한 전도의 의무를 어느 정도 벗게 되었다. 이방인들에게 전도할 의무를 벗었으니 전적으로 유대인들을 위해서 일할 수 있게 되었다. 바울을 이방인을 위해 세워진 사도로 인정하여 바울의 사도권과 권리와 의무를 확정하였다. 바울이 이방인들에게 복음을 전할 책임을 주님으로부터 받았음을 정식으로 인정한 것이다.

갈 2:10 다만 우리에게 가난한 자들 생각하는 것을 부탁하였으니 이것을 나도 본래 힘써 행하노라

2:10 μόνον ἵνα τῶν πτωχῶν μνημονεύωμεν, ὃ καὶ ἐσπούδασα αὐτὸ τοῦτο ποιῆσαι.

갈 2:10 다만 우리가 가난한 자들을 생각하도록 부탁하였으니 이것은 나도 힘써 행했었습니다.

1. 예루살렘 교회의 가난한 사람들의 생존을 위해 이방 교회들이 연보하여 돕도록 부탁하였다.

바울을 사도로 인정하면서 예루살렘 교회의 가난한 자들을 도와주기를 부탁하였다. 예루살렘 거민들은 디아스포라를 통하여 헌금의 도움을 받았다. 또 가난한 사람들은 일일 노동자들이어서 한

데나리온 일꾼들이었는데 이들이 그리스도인이 됨으로 일터를 잃게 되었다. 전에는 디아스포라 그리스도인들이 자기들의 집과 밭을 팔아 교회에 낸 돈으로 생존을 이어갔지만 이제는 그런 것도 다 끝이 났다. 예루살렘 교회가 큰 가난을 조금이라도 면하고 사는 길은 이방 교회들이 돕는 길뿐이었다. 이 돕는 일을 지금 바울과 바나바에게 부탁하였다.

2. 바울은 이방 교회들을 세웠으므로 예루살렘 교회를 위한 연보를 부탁할 위치에 있었기 때문에 바울에게 구제를 부탁하였다.

예루살렘 교회는 시작부터 구제를 교회생활의 법으로 정하였다. 따라서 이 구제를 위해 일곱 집사를 처음부터 세웠다. 이 집사들 대부분이 전도자들이 되어 예루살렘 교회를 떠났다. 그 후에 계속해서 집사들을 세웠지만 예루살렘 교회 자체로는 구제를 감당하기에 역부족이었다.

교회의 직임 중의 하나는 바로 구제하는 것이다. 교회 안에 있는 가난한 사람들도 돕고 교회 밖의 사람들도 도와야 한다. 초대교회뿐만이 아니라 모든 만대 교회가 다 이 구제를 계속해야 하고 힘써야 한다.

3. 바울은 전도와 교회 설립과 함께 구제의 책임도 지게 되었다.

바울은 사도로 세워졌으므로 전도하여 교회들을 세우는 것이 그의 기본 책무이지만 또한 구제하는 일도 필수적인 일로 짊어지게 되었다. 교회를 세우면 구제하는 일이 따라왔다. 더구나 사도들이 부탁하였으니 주님의 명령과 부탁으로 받고 열심히 할 수밖에 없었다.

4. 교회가 세워지면 언제나 구제하는 일을 해야 한다.

교회가 세워지면 반드시 구제해야 한다. 구제가 교회의 생명이고 필수적인 생존방식이기 때문이다. 교회 안의 사람들을 구제하고 도울 뿐 아니라 교회 밖의 사람들도 구제하여 인간적인 삶을 살 수 있도록 해야 한다. 그리하여 고대 교회 때부터 교회 예산의 1/4은 구제에, 또 다른 1/4은 교회 밖의 구제에, 1/4은 목회자의 생활비와 예배 관련비용으로, 나머지 1/4은 교회 유지와 보수에 쓰도록 정하였다.

갈 2:11 게바가 안디옥에 이르렀을 때에 책망할 일이 있기로 내가 저를 면책하였노라

2:11 δὲ Ὅτε ἦλθεν Κηφᾶς εἰς Ἀντιόχειαν, κατὰ πρόσωπον αὐτῷ ἀντέστην, ὅτι κατεγνωσμένος ἦν·

갈 2:11 게바가 안디옥에 왔을 때 허물 될 것이 있으므로 면전에서 그를 책망하였습니다.

1. 바울이 사도로서 권위에 아무런 차이가 없는 증거는 바로 수사도인 베드로를 그의 면전에서 책망한 것이다.

바울이 사도로서 본래 사도들과 아무런 차이가 없고 권위도 동등함을 밝혀 주는 증거는 베드로의 잘못 때문에 그 사도를 많은 사람들 앞에서 책망한 것이다.

동등한 사도가 아니면 감히 어찌 수사도, 수제자를 책망할 수 있었겠는가? 그것도 많은 사람들이 있는 가운데서 베드로를 책망하였다. 오히려 베드로보다 바울이 권위와 영력이 더 강하였으므로 바울이 베드로의 잘못을 보았을 때 그를 책망하여 고치도록 하였다.

바울은 사도로서 아무런 차등이 없었고, 능력에 있어서도 구별이 없었다. 바울을 하나님이 세우시고, 또 주 그리스도께서 세우셨으므로 바울도 베드로와 동등한 사도이다. 만일 맛디아처럼 세움을 받았다면 그는 결코 베드로를 책망할 수 없었을 것이다.

2. 사도들 때부터 목회자들의 잘못은 자체적으로 권징하였다.

목회자들이 잘못 가르치거나, 행동을 잘못할 때 고치고 바르게 하는 길은 목회자들이 서로 교정하는 것이다. 이것이 교회의 법이 되었다.

3. 예루살렘 교회의 지도권이 야고보에게로 넘어간 후 게바가 이방 교회들을 돌아보기 위해 안디옥까지 와서 전도하였다.

베드로는 고넬료 가정에 전도하여 이방인들을 처음으로 그리스도의 교회에 가입시켰다. 그 후에는 이방인들에게는 전혀 전도하지 않았다. 그러다가 예루살렘 교회의 지도권이 야고보에게로 넘어간 후에는 유대지역과 이방지역들을 순방하였다.

그때 베드로가 안디옥까지 와서 이방 그리스도인들과 교제하고, 또 그들에게 설교하였다. 그리고 이방인들에게도 전도하였다. 이때 베드로가 이방 그리스도인들과 자유롭게 교제하다가 야고보에게서 할례당이 옴으로 그들을 두려워하여 교제의 식탁에서 물러났다. 이것이 허물이 되었다.

갈 2:12 야고보에게서 온 어떤 이들이 이르기 전에 게바가 이방인과 함께 먹다가 저희가 오매 그가 할례자들을 두려워하여 떠나 물러가매

2:12 γὰρ πρὸ τοῦ ἐλθεῖν τινας ἀπὸ Ἰακώβου μετὰ τῶν ἐθνῶν συνήσθιεν· δὲ ὅτε ἦλθον, ὑπέστελλεν καὶ ἀφώριζεν ἑαυτόν, φοβούμενος τοὺς ἐκ περιτομῆς.

갈 2:12 야고보에게서 어떤 이들이 오기 전에 그가 이방인들과 함께 먹었습니다. 그런데 그들이 오자 할례자들을 두려워하여 뒤로 물러가 떠났습니다.

1. 베드로는 안디옥에 온 후에 이방 그리스도인들과 자유로운 교제를 하였다. 이방 그리스도인들과 함께 자주 식사하며 교제하였다.

베드로는 이방지역인 안디옥에 와서는 이방 그리스도인들과 아무 허물 없이 자유롭게 교제하고 식사하였다. 주 안에서 한 형제들이므로 아무런 거리낌이 없었다. 자기가 유대인이라고 그들과 분리하고 구분하지 않았다. 식사에 초대받았을 때에도 아무런 사양이나 주저가 없었다. 교회에서 식사할 때에도 그들과 함께 식사하고 교제하였다. 설교하고 복음을 선포하는 일만이 아니라 그들의 식사를 위해 축복기도도 하였다.

2. 그런데 교회에서 식사하고 있는 중에 예루살렘으로부터 할례파 그리스도인들이 온다고 하는 소식을 듣자 이방인 그리스도인들에게서 물러가고 자신은 전혀 그렇게 행동하지 않은 것처럼 하였다.

이제껏 이방인들과 교제를 잘하였는데, 야고보의 사람들이 오자 그들을 두려워하여 이방인들과 식사의 교제를 하지 않은 것처럼 물러갔다. 또 사람들의 무리에서 분리하였다. 입을 닦음으로 전혀 이방인들과 함께 식사하지 않은 것처럼 행세하였다.

3. 베드로는 예루살렘에 올라갔을 때 야고보와 그의 할례파에 의해 책벌 받아 출교될 것을 두려워하였다.

유대인의 법은 이방인과 같이 식사하고 교제하는 것을 금지하였다. 이 때문에 유월절에 제사장들이 총독의 집 안으로 들어가지도 않았다. 그러니 엄격한 율법 준수자인 야고보를 따라서 모세의 율법과 유대인의 법을 지키는 자들이 베드로의 행동을 결코 용납하지 않을 것이었다.

할례파가 다수이므로 그들은 베드로를 책벌하여 출교하거나 사도직을 면직할 수 있었다. 그럴 가능성이 행 11:1-3에도 나와 있다. 안디옥에서 베드로가 이방인들과 자유로 교제하고 함께 식사한 것을 야고보와 예루살렘 교회에 보고한다면 베드로는 크게 책벌을 받아 사도권이 유예되거나 박탈되었을 것이다.

그러므로 베드로가 할례자들을 두려워하여 전혀 이방인들과 같이 식사도 하지 않고 교제도 하지 않은 것처럼 행동하였다. 급히 식탁에서 철수하였다. 베드로가 이방의 사도였다면 별로 문제가 되지 않았겠지만 할례자들을 위해 수고하는 사도로 세워졌고 또 책임을 맡았으므로 벌을 면할 수가 없었다. 이렇게 벌받을 것을 두려워하여 할례자들이 교회에 도착하기 전에 황급히 철수하였다.

갈 2:13 남은 유대인들도 저와 같이 외식하므로 바나바도 저희의 외식에 유혹되었느니라

2:13 καὶ συνυπεκρίθησαν αὐτῷ καὶ οἱ λοιποὶ Ἰουδαῖοι, ὥστε καὶ Βαρναβᾶς συναπήχθη αὐτῶν τῇ ὑποκρίσει.

갈 2:13 남은 유대인들도 그와 같이 외식하였으므로 바나바도 그들과 함께 외식에 끌려갔습니다.

1. 베드로가 자리를 피하므로 다른 유대 그리스도인들도 베드로처럼 행동하여 이방인들과 식사하지 않은 것처럼 행동하였다. 바나바까지도 이방인과 함께 식사하지 않은 것처럼 물러갔다. 즉 외식하였다.

바나바는 이방인들과 오래 살았으므로 그들과 아무런 허물이나 구별 없이 교제하고 식사하였다. 그러다가 야고보에게서 할례파들이 오므로 베드로와 다른 유대 그리스도인들이 뒤로 물러가자 바나바마저 뒤로 물러가서 할례파 그리스도인들 앞에 이방인들과 식사하지 않은 것처럼 행동하였다. 이제껏 이방인들과 잘 교제하다가 베드로가 하는 대로 따라 하였다.

바나바는 예루살렘 교회에 속하지 않고 이방인의 사도로 지목되었으므로 예루살렘에 올라가서 베드로가 당할 그런 시련과 책벌은 해당되지 않는다. 그럼에도 베드로를 따라 바나바도 외식하였다.

2. 그리스도의 십자가 이후에는 이방인과 유대인의 장벽이 무너져 내린 것을 아직 유대 그리스도인들은 깨닫지 못하였다.

바울은 십자가의 의미를 바로 알았다. 십자가가 유대인들과 이방인들을 분리시키는 장벽을 무너뜨렸음을 잘 알고 있었다 (엡 2:11-19).

그러나 베드로와 야고보와 다른 유대 그리스도인들은 그런 것을 바로 알 수가 없었다. 예수 그리스도를 믿은 후에도 그리스도의 법으로 살지 못하고 유대의 법으로 살므로 자유와 해방을 알지 못하였다.

유대인만이 하나님의 백성이던 데서 이방인들도 하나님의 백성이 되었다. 그러므로 둘 사이를 나누는 장벽의 법이 더 이상 적용될 필요가 없었다. 그러나 그들은 율법에 매여 살므로 그런 것을 이해하고 깨달을 수가 없었다.

율법에 의한 구원이 아니라 믿음으로 구원에 이르게 되므로 율법에 의한 구분과 차별이 다 철폐되었다 (엡 2:16).

3. 베드로가 담대히 할례파 그리스도인들을 식사에 초대하여 함께했어야 했다.

베드로는 예루살렘 교회에서 당할 것에 집착하여 비겁하게 행동하지 말았어야 했다. 담대히 유대 그리스도인들 곧 야고보파를 식사에 초대하여 '자! 우리 함께 우리 형제들과 교제합시다'라고 말하여 식사하도록 했어야 했다.

우리는 다 주 예수 안에서 한 형제들이므로 함께 식탁에 동참하여 주의 만찬의 교제를 하자고 했어야 했다. 그리스도 안에서는 이방인과 유대인의 구별이 다 철폐되었기 때문이다. 유대 그리스도인이나 이방 그리스도인이나 주 안에서 다 한 형제들일 뿐이다. 이방인과 유대인들이 한 교회를 이루고 한 몸을 이루므로 다 같이 하나님의 백성들이다.

그러므로 유대인들에게 적용되는 법과 이방 그리스도인들에게 적용되는 법이 따로 있는 것이 아니라 오직 그리스도의 법만이 있을 뿐이다.

갈 2:14 그러므로 나는 저희가 복음의 진리를 따라 바로 행하지 아니함을 보고 모든 자 앞에서 게바에게 이르되 네가 유대인으로서 이방을 좇고 유대인답게 살지 아니하면서 어찌하여 억지로 이방인을 유대인답게 살게 하려느냐 하였노라

2:14 ἀλλ᾽ ὅτε εἶδον ὅτι οὐκ ὀρθοποδοῦσιν πρὸς τὴν ἀλήθειαν τοῦ εὐαγγελίου, εἶπον τῷ Κηφᾷ ἔμπροσθεν πάντων· Εἰ σὺ Ἰουδαῖος ὑπάρχων ἐθνικῶς καὶ οὐκ Ἰουδαϊκῶς ζῇς, πῶς ἀναγκάζεις τὰ ἔθνη Ἰουδαΐζειν;

갈 2:14 그러므로 나는 그들이 복음의 진리를 따라 바로 행하지 아니한 것을 보고 모든 사람들 앞에서 게바에게 말하기를 당신이 유대인이면서 이방인처럼 살고 유대인답게 살지 않으면서 어찌하여 억지로 이방인들을 유대인처럼 살라고 할 수 있소? 라고 하였습니다.

1. 그리스도인으로서 그리스도의 법으로 행해야 하는데 할례파 유대인들이 왔다고 해서 유대인 행세하고 이방인들만 있을 때는 이방인처럼 행세하는 것은 복음의 진리를 따라 사는 것이 결코 아니었다. 더구나 베드로가 이 일에 주된 책임을 지게 되었으므로 그 대표로 수사도인 베드로를 책망하였다.

베드로와 유대 그리스도인들도 바울과 바나바처럼 살고 행동해야 했다. 이방인들에게 복음을 전하여 이방인 교회들을 세웠으므로 바울과 바나바는 아무런 거리낌이나 주저 없이 이방인들과 교제하였다. 그들과 자유롭게 식사하였다. 그들이 예수 믿어 그의 피로

깨끗하게 되었기 때문에 전혀 구분할 필요가 없었다. 성령이 또 그들을 거룩하게 하셨으므로 이방 그리스도인들도 깨끗하였다. 그러므로 그들을 구분할 필요가 전혀 없었다.

베드로는 이방지역에 와서는 이방인들과 아무런 거리낌 없이 교제하고 식사하였다. 그러다가 열성파 율법주의 그리스도인들이 올 때는 유대인의 법으로 행동하여 이방인과 교제하지도 않고 식사하지도 않은 것처럼 행동하였다. 이것은 예루살렘에서 당할 위기를 모면하려고 한 것이었다.

베드로와 유대 그리스도인들은 그리스도의 십자가로 시대가 완전히 변하였고 구원질서가 완전히 바뀌었다는 것을 잘 인식할 수가 없었다. 그리하여 이중으로 행동하고 생활하였다. 물론 베드로의 연약한 기질에서도 그 원인을 찾을 수 있다.

베드로는 아직도 예루살렘 교회에 속해 있었다. 그는 할례자들을 위한 전도와 목회의 중심 책임을 맡은 사도였다. 그러므로 예루살렘 교회의 생활표준을 따라 살지 않으면 안 되었다. 예루살렘 교회는 아직도 율법 세계 가운데 살았으므로 율법 준수를 열심히 하였다. 베드로도 야고보의 생활방식을 따르지 않을 수 없었다. 즉 유대인 사회에서는 유대인으로 행세하였고, 이방에 올 때는 그리스도인의 자유의 법을 따라 행동하였다. 이것은 복음의 진리를 따라 사는 것이 아니었다.

2. 복음의 진리로 사는 것은 그리스도의 법으로 사는 것으로서 그리스도 안에서 얻어진 자유와 양심의 법으로 사는 것이다.

그리스도는 그의 십자가와 부활로 모든 속박에서 사람들을 해방하셨다. 율법의 속박뿐 아니라 영들의 속박에서도 해방하셨다. 또 세상적인 권력과 옛 생활의 법체계에서도 해방하셨다. 이 해방으로 자유를 선사하여 양심의 지도를 따라 살게 하셨다. 그러므로 양심의 지도를 따라 자유를 누려야 한다. 옛 생활의 법에 양심을 얽어매면 안 된다.

3. 그리스도의 법으로 살면 다시 유대의 율법으로 돌아갈 필요가 없다.

그리스도 안에서 자유와 해방을 얻은 그리스도인들이 다시 율법의 제약으로 돌아가면 그것은 바로 십자가 이전으로 돌아가는 것이다. 그리스도인이 된 후에는 율법의 제약 아래 살 필요와 당위성이 다 사라진다. 양심의 지도를 따라 자유를 누리며 산다.

따라서 이방 그리스도인들은 유대인의 신분으로 돌아가서 율법의 규칙들에 전혀 매일 것이 아니다. 만일 그렇게 하면 그것은 십자가를 허는 것이 된다.

갈 2:15 우리는 본래 유대인이요 이방 죄인이 아니로되

2:15 Ἡμεῖς φύσει Ἰουδαῖοι καὶ οὐκ ἐξ ἐθνῶν ἁμαρτωλοί,

갈 2:15 우리는 본래 유대인들이요 이방 죄인들이 아닙니다.

1. 바울과 바나바는 본래부터 유대인들이었고 이방인 가운데 살았어도 이방인들이 아니었다. 따라서 이방인들과 같은 죄인들이 아니라고 한 것은 이방인의 법으로 사는 것이 아니라는 것을 말한다.

바울과 바나바가 이방인들과 맘대로 교제하고 식사하여도 본래가 이방인들이 아니고 유대인들이므로 유대의 법으로 사는 자들이란 것을 말한다. 그들은 실제로 이방인들 가운데 살았어도 유대인으로 살았지 이방인들의 죄악의 법으로 살지 않았다. 이방사회에서도 유대의 법으로 살았다.

그러나 구원과 변화는 그리스도의 법으로 곧 그리스도를 믿는 믿음으로 되는 것임을 강조하려고 한 것이다.

2. 유대의 법으로 살아도 구원과 해방은 율법으로 오지 않고 그리스도의 법으로 곧 그리스도를 믿는 믿음의 법으로 되었음을 강조하려고 한다.

바울은 율법을 그렇게 철저히 지켰어도 구원과 해방은 율법으로 되지 않았고 그리스도의 은혜로 되었다. 그러므로 유대인 됨을 그렇게 자랑하고 강조할 필요가 없음을 밝히고 있다.

갈 2:16 사람이 의롭게 되는 것은 율법의 행위에서 난 것이 아니요 오직 예수 그리스도를 믿음으로 말미암는 줄 아는 고로 우리도 그리스도 예수를 믿나니 이는 우리가 율법의 행위에서 아니고 그리스도를 믿음으로서

의롭다 함을 얻으려 함이라 율법의 행위로서는 의롭다 함을 얻을 육체가 없느니라

2:16 δὲ εἰδότες ὅτι οὐ δικαιοῦται ἄνθρωπος ἐξ ἔργων νόμου ἐὰν μὴ διὰ πίστεως Ἰησοῦ Χριστοῦ, καὶ ἡμεῖς εἰς Χριστὸν Ἰησοῦν ἐπιστεύσαμεν, ἵνα δικαιωθῶμεν ἐκ πίστεως Χριστοῦ καὶ οὐκ ἐξ ἔργων νόμου, ὅτι ἐξ ἔργων νόμου οὐ δικαιωθήσεται πᾶσα σάρξ.

갈 2:16 사람이 의롭게 되는 것은 율법의 행위들에서 나온 것이 아니고 오히려 예수 그리스도를 믿는 믿음으로만 되는 것임을 알므로 우리도 예수 그리스도를 믿었으니, 우리가 그리스도를 믿는 믿음으로 말미암아 의롭게 되기 위함이요 율법의 행위들에서 되는 것이 아닙니다. 율법의 행함으로는 어떤 육체도 의롭게 될 수가 없기 때문입니다.

1. 율법을 철저하게 지킨 유대인 바울이 율법으로 의롭다 함을 얻을 수 없음을 뼈저리게 체험하였다.

바울은 율법을 철저하게 배워 랍비가 되었고, 율법 사랑이 너무 철저하므로 모든 율법들을 다 외우고 지켰다. 그러나 그것은 중생하지 못한 상태에서 육의 본성에 거슬러서 지키는 것이므로 죄의 욕망을 통제할 길이 없다. 율법이 금한 것을 육신은 더 원하고 기어이 욕망을 이루어낸다. 즉 그것은 율법이 금하여 하지 못하게 하는 것을 기어이 해내는 것이므로 율법을 범하는 것이다.

한번 범한 계명은 반복적으로 범하고, 그 계명의 금지된 결과를

반복적으로 즐긴다. 육의 욕망에 대해서 금지하는 명령은 속수무책이다. 아무리 하지 말라고 금한 명령도 육의 본성은 그것을 기어이 경험하기를 원한다. 그리고 이루어낸다.

한번 저지른 범죄는 마음에 살아 있어서 언제나 그것을 반복하며 범죄의 결과를 즐긴다. 범해진 계명에 대해서 내려진 금지의 명령은 아무런 힘이 없다.

즉 율법은 지킬 수 없다. 완전한 준수만이 율법을 지킴이다. 일부는 범하면서 일부만 지켜서는 지키는 것이 아니다. 한번이라도 일부의 계명들을 범하면 그 범해진 계명들을 반복적으로 범하기 때문에 범법자이지 계명 준수자가 아니다.

계명 준수는 모두를 완전하게 지키는 것을 뜻한다. 더 나아가서 율법 수여자의 표준에 혹은 그의 눈에서 완전하게 지키는 것을 뜻한다.

오늘 지킨 율법도 다음 날에는 범한다. 범해진 율법이 지켜졌다가 다시 처음 범죄로 돌아간다. 율법의 계명을 범하는 것을 막을 본성적 제어장치가 없다. 본성이 계명들의 금지조항을 본성의 법대로 기어이 이루어내려고 한다. 누가 율법의 명령과 금령을 범하려고 하는 본성적 욕구를 막아서 못하게 하겠는가? 아무도 율법 준수를 할 수 없다. 지킨다 해도 그 표준에 이를 사람은 아무도 없다. 표준에 맞지 않으면 그것은 지킨 것이 아니라 범함이 된다.

혹 표준에 맞게 법을 지킨 경우가 있다면, 그런 경지에 도달했다고 자부하는 사람은 표준에 이르지 못한 사람들이나 계명을 범한 자들을 열성으로 정죄한다. 그리하여 율법 준수는 남을 정죄하기 위해서 이루어진 것이 된다. 다른 사람을 정죄하는 데 열심인 그 율법 준수자는 실은 자기가 범한 다른 계명에 대한 범죄를 덮기 위해서 그렇게 다른 사람들을 정죄하고 있다. 따라서 남을 정죄하기에 열심인 사람은 계명 범죄자임에 틀림없다.

율법으로는 의롭다는 선언을 얻을 수 없다. 율법은 지킬 수 없기 때문이다. 율법은 지켜지기보다 범해지기 위해서 있다고 말해야 바르다.

2. 예수 그리스도를 믿는 믿음으로 의롭게 되는 것은 아무 선행이나 공로를 세움 없이 하나님의 의를 그냥 받는 것을 말한다.

예수 그리스도를 믿는 것이 의롭다 함을 받는 것임은 바로 그리스도가 이룩하신 죄 용서를 그냥 받아들이는 것을 말한다. 죄 용서를 이루신 그리스도를 하나님이 의로 세우셨다. 곧 믿음으로 의롭다 함을 받는다는 것은 예수 그리스도가 이룩하신 죄 용서를 우리의 의로 받는 것을 말한다. 율법을 지켜서 의롭게 되는 것이 아니라 그냥 의를 받는 것이다.

예수 그리스도를 믿는 것은 바로 예수 그리스도를 하나님의 의로 받아들이는 것이다. 하나님이 예수 그리스도를 의로 정하셨으므로 그를 믿기만 하면 그 의를 내 것으로 받는 것을 말한다. 율법을 지킴 없이 믿음으로만 의롭게 된다. 그것이 예수 그리스도를 믿는 믿음이다.

예수 그리스도를 믿기만 하면 의롭게 되기 때문에 예수 믿음이 바로 의이다. 주 예수를 믿는 믿음이 의를 거저 받는 것이므로 완전하게 의인이 되는 것이다. 완전한 율법 준수에 의해 의롭게 되는 것이 아니고 믿기만 하면 의가 되므로 완전히 의롭다 함을 받는 것이다. 그 이상도 아니고 그 이하도 아니다.

예수 그리스도를 믿기만 하면 완전히 의롭게 되므로 율법 준수를 다 이루게 된다. 율법 준수는 사람의 손에 있는 것이 아니고 율법과 상관없이 이루어진 믿음에만 성립한다. 예수 믿음이 하나님이 정하신 완전한 의이기 때문이다. 따라서 믿는 자는 다 의롭게 되고, 완전하게 의롭다고 선언된다. 의롭다 함은 믿음에 있고 율법의 일들에 있지 않다. 율법을 지켜 어떤 사람도 의롭게 될 수 없으므로 예수 믿음을 하나님이 의로 정하셨다.

본래 율법은 지킬 수 없기 때문에 주어졌다. 사람이 자기 힘으로 지킬 수 없기 때문에 율법을 주어서 지키라고 명령한 것이다. 할 수 없는 것을 명령받았다고 그것을 행할 수 있는 사람이 일어나는 것이 아니다. 율법은 지킬 수 없다는 것을 깨닫게 하면 그 소임을 다한 것이다. 결국 율법의 귀결은 믿음에 있고 율법 준수에 있지 않다.

누가 하나님의 법을 지켜 하나님의 요구에 응할 수 있겠는가? 아무도 율법을 행할 수 없으므로 믿음을 세우셨다. 사람이 자기 손으로 자기의 구원을 이루는 것이 아니다. 구원이 하나님의 선물임을 깨닫도록 하기 위해서 율법이 주어졌다. 구원이 하나님의 선물이라고 하는 믿음이 바로 예수 믿음이다. 따라서 믿음만이 의롭게 되는 길이다. 구원 곧 죄 용서를 이루신 주 예수를 믿는 것이 의롭다 함을 받는 길이다.

3. 율법을 받은 유대인들도 의롭게 되는 길은 율법 준수에 있지 않고 예수 그리스도를 믿는 믿음에만 있다.

예수 그리스도를 믿어 의에 이르고 율법 준수로 의에 이르는 것이 아니다. 예수 그리스도의 믿음이 온 후에도 유대인들은 여전히 율법을 지켜 구원에 이르고, 이방인들은 믿음으로 구원에 이르는 것이 아니다. 율법이 없고 율법을 모르는 이방인들은 예수 믿어 구원에 이르고, 유대인들은 율법을 지켜 구원에 이르는 것이 아니다. 유대인들도 주 예수를 믿음으로만 구원에 이른다. 믿는 유대인들만이 하나님의 백성이 된다. 믿지 않는 유대인들은 그냥 유대인으로 남을 뿐, 하나님의 백성이 아니다. 그들은 유대인일 뿐이고 더 이상 하나님의 백성이 아니다.

예수 그리스도를 믿는 자들만이 하나님의 백성이 되어 구원에 이른다. 두 종족 (=이방인과 유대인)이 다 동일한 하나님의 백성이 되었으니, 유대인과 이방인의 구별이 사라진다.

4. 어떤 사람도 율법을 다 지킬 수 없다.

율법을 처음 받은 모세도 다 지킬 수 없었다. 그도 하나님의 명령에 불순종하였다. 그러므로 그는 가나안에 들어갈 수가 없었다.

다윗은 율법을 많이 범하였다. 사람을 죽이고, 간음하였다. 그러나 그는 하나님을 믿는 믿음이 강하였다. 믿음이 그를 의롭게 하고, 하나님의 사람이 될 수 있게 하였다.

바울도 율법을 잘 지킨 사람이었다. 그러나 율법의 본래 의미를 깨닫지 못하였으므로 율법을 온전히 지킬 수 없었다. 자기의 견해와 다르면 사람을 죽이는 것도 정당하다고 믿었다. 제사장들과 랍비들의 해석만을 바른 것으로 받아들임으로 율법의 바른 뜻을 알 수가 없었다. 그에게는 한 가지 율법 해석만이 가능하였다. 자기와 다르면 그는 이단이고 죽어야 할 자였다. 이단을 처형하는 일이 율법의 이름으로 정당화되었다.

율법의 제일 계명이 하나님 사랑과 이웃 사랑인데, 바울은 둘 다 할 수가 없었다. 율법 사랑이 하나님 사랑이어서 자기의 해석만이 율법에 대한 바른 이해였다. 바울에게도 율법은 범해지기 위해 있지, 지켜지기 위해 있을 수 없었다.

아브라함도 속이고 거짓말하였다. 그러면 아브라함을 넘어서서 누가 율법을 지킬 수 있을 것인가? 모든 육체는 율법을 지킬 수 없다. 사람은 율법을 지킬 수 없다.

5. 그러므로 믿음이 도입되었다.

율법은 지킬 수도 없고, 또 율법의 행위들로는 의에 이를 수 없으므로 하나님이 예수 믿음을 구원의 길로 세우셨다. 율법은 지켜질 수 없다고 완전히 판명되었다. 이스라엘의 역사가 율법 준수가 불가능함을 사실적으로 증명하였다.

하나님은 율법 준수가 완전히 실패하였다고 판명되었을 때 예수 믿음을 구원의 길로 세우셨다. 이 믿음의 길 후에 율법으로 돌아가는 것은 멸망을 뜻할 뿐이다.

갈 2:17 만일 우리가 그리스도 안에서 의롭게 되려 하다가 죄인으로 나타나면 그리스도께서 죄를 짓게 하는 자냐 결코 그럴 수 없느니라

2:17 δὲ εἰ ζητοῦντες δικαιωθῆναι ἐν Χριστῷ εὑρέθημεν καὶ αὐτοὶ ἁμαρτωλοί, ἆρα Χριστὸς ἁμαρτίας διάκονος; μὴ γένοιτο·

갈 2:17 우리가 그리스도 안에서 의롭게 되려고 애쓰다가 우리 자신들이 죄인들로 발견되면 그리스도가 죄를 짓게 하는 자가 됩니까? 결코 그럴 수 없습니다.

1. 이 본문은 이해하기 쉽지 않은 구절이다.

우리가 의롭게 되는 것은 그리스도를 믿음으로 되고, 율법 준수로가 아니다. 때문에 바울이나 베드로가 음식의 계명을 어그러뜨렸다. 즉 계명을 어그러뜨렸기 때문에 바울과 베드로가 율법의 관점에서는 죄인으로 나타났다. 그렇다고 그리스도께서 우리로 죄를 짓게 하는 자리에 서게 하시느냐? 아니라는 것이다. 결코 그런 것이 아니라고 바울이 반박한다.

바울과 바나바는 이방 선교사들이므로 이방인들과 함께 먹고 교제하였다. 베드로도 이방지역에 왔을 때는 이방 그리스도인들과 함께 먹고 교제하였다. 이것은 유대인의 법이 금하는 사항이다. 유대인의 법을 어겼으니 율법의 관점에서는 범법자들이 되어 죄인이 되었다.

이것은 예수 그리스도를 믿기 때문에 일어난 일이다. 그러면 그리스도께서 죄를 짓도록 봉사하는 사역자가 되었느냐? 그리스도를 믿음으로 의롭게 되었기 때문에 이렇게 유대인의 법들을 어길 수 있었다. 그러면 이렇게 법들을 어기도록 한 이는 그리스도라고 말할 수 있게 된다. 유대인의 편에서는 그러하다. 그래서 유대인들이 그리스도를 믿는 자들을 정죄하였다. 그러므로 그리스도가 죄를 짓게 하는 일을 한다고 말할 수 있느냐고 논의를 전개할 수 있다.

이것에 대해서 바울은 그것이 전혀 아니라고 제시한다. 유대인의 관점에서는 그것이 범죄가 될 수 있어서 출교도 당하지만 그리스도인에게는 전혀 범죄가 되지 않는다. 그런 것은 의롭게 되는 데 아무 상관이 없기 때문이다.

율법은 지킬 수 없으므로 새로운 의의 법이 세워졌다. 그러므로 그런 계명 준수나 어기는 것은 의롭게 되는 것에 아무 관련이 없다. 바울과 바나바와 베드로가 범한 계명들은 사람을 죄인 만드는 데 아무런 상관도 없다. 그러므로 그리스도는 죄를 짓게 하는 자가 결코 아니다. 죄의 욕망에 봉사하는 자가 결코 아니기 때문이다.

2. 그리스도 안에서 의롭게 되기를 구하는 것은 그리스도를 믿음으로 구원에 이르는 것이지, 의롭게 되기 위해 애쓰는 것이 결코 아니다. 의롭게 되는 것은 은혜로 되는 것이므로 인간의 노력이 그리스도 안에서 결코 필요하지 않다.

그리스도를 믿음으로 의롭게 된다는 것은 내 율법 준수의 노력은 전적으로 배제되고 은혜로 의롭게 되는 것을 말한다. 인간은 율법을 준수할 능력이 없다. 인간은 자기 힘으로 하나님의 의를 전혀 획득할 수 없다.

의는 선사되어야 한다. 바로 예수 그리스도를 믿는 것이 하나님의 의를 선사받는 것이다. 그러므로 의롭게 되기 위해 아무런 노력이 필요 없고 단지 믿기만 하면 된다. 믿음은 거저 받는 것을 말한다. 믿음이 바로 의이다. 믿음은 바로 천국 입성을 뜻한다.

갈 2:18 만일 내가 헐었던 것을 다시 세우면 내가 나를 범법한 자로 만드는 것이라

2:18 γὰρ εἰ ἃ κατέλυσα ταῦτα πάλιν οἰκοδομῶ, παραβάτην ἐμαυτὸν συνιστάνω.

갈 2:18 만일 내가 헐었던 이것들을 다시 세운다면 내가 나를 범법자로 세우는 것입니다.

1. 바울은 유대교의 법들을 거부하고 예수 그리스도를 믿었으므로 의로워졌다.

바울은 모세의 율법으로는 의에 이를 수 없다고 판정하였다. 그것을 헐어버렸다. 그런데 그 법들이 바르고 정당한 것이라고 하여 다시 지키기로 하면 헐었던 것이 올바른 것이었다고 판정된다. 그러면 그것은 헐었던 것 곧 파괴했던 것을 옳은 것이라고 인정하는 것이므로 자신이 범법자라고 증명하는 것이다.

그러나 바울은 옛 율법으로 결코 돌아갈 수가 없었다. 다시 돌아가면 이제껏 살았던 것이 율법을 어기고 범하며 사는 삶이었기 때문에 범법자로 판명된다. 또 율법으로 돌아가면 이제껏 예수를 믿

는 믿음으로 얻었던 의가 무효가 된다. 그러면 죄인이 되어 하나님 앞에 살 길이 없다. 율법으로 돌아가면 예수 믿음이 허사가 되어 죄인이 되고, 또 율법을 범한 범법자가 된다.

2. 예수 믿음 이전으로 돌아가서 율법 준수를 결코 시도할 수가 없다.

바울은 결코 유대교로 돌아갈 사람이 아니지만 그럴 수도 없었다. 율법을 지켜서 완전한 의를 얻으려고 한 것부터 불경이고 큰 죄악이기 때문이다.

부활하신 주 예수, 성육신하신 하나님을 직접 만났는데, 어찌 옛 사람에 속하여 하나님의 구원섭리를 알지 못하는 유대인들과 같이 될 것인가? 율법은 그리스도 이전까지만 타당하여 이제는 다 무장해제되었다. 그런데 어찌 율법으로 돌아갈 수 있는가? 율법으로 돌아가는 것은 육으로 돌아가는 것이고, 그리스도의 구속 이전으로 돌아가는 것이다. 구원이 이루어져 태양처럼 밝은 세상에서 살다가 어찌 율법으로 돌아갈 것인가? 구원은 그리스도에게만 있다. 그런데 율법으로 의롭게 된다는 것은 재앙을 다시 뒤집어쓰는 것과 같다.

갈 2:19 내가 율법으로 말미암아 율법을 향하여 죽었나니 이는 하나님을 향하여 살려 함이니라

2:19 γὰρ ἐγὼ διὰ νόμου νόμῳ ἀπέθανον ἵνα θεῷ ζήσω· Χριστῷ συνεσταύρωμαι·

갈 2:19 그러나 나는 율법으로 말미암아 율법에 대하여 죽었으니 하나님을 대하여 살려고 함입니다. 나는 그리스도와 함께 십자가에 못 박혔습니다.

1. 바울이 율법으로 돌아갈 수 없는 것은 율법으로 말미암아 율법에 대하여 죽었기 때문이다. 율법으로 말미암아 율법에 대하여 죽은 것은 율법이 폐기된 것을 말한다.

바울은 주 예수를 믿음으로 그의 십자가에 함께 못 박혀서 율법이 그에게 끝났다. 죽은 자는 산 자의 세계로 돌아갈 수가 없다. 율법에 대하여 죽었으니 율법에 대하여 다시 살 수가 없다.

그리스도의 십자가로 율법 준수가 다 끝이 났다. 더 이상 지킬 필요가 없는 것은 폐기된 것이다. 율법은 폐기되었다. 율법을 지킬 의무를 지닌 자들에게 율법은 폐기되었다. 의가 성취되었으므로 율법이 폐기되었다.

율법이 폐기되었으므로 더 이상 율법을 지킬 필요가 없어진다. 율법이 율법을 지키라고 명령할 수가 없다. 곧 율법이 죽었다.

의를 획득한 자들에게는 율법 준수의 필요성이 없어졌다. 따라서 율법의 강요를 받을 수가 없다. 의가 이미 주어졌는데 무엇 때문에 의를 이루기 위해 율법을 지킬 것인가? 전혀 그럴 필요가 없다. 율법이 지키라고 강요할 힘이 전혀 없다. 율법이 죽었기 때문이다.

바울은 율법을 지킬 수 없는 자가 되어 율법에 의해 죽은 것이다.

율법이 그를 율법을 지킬 수 없는 자로 판정하였기 때문이다. 그러므로 율법에 대하여 죽은 자이다. 그런데 그로 율법에 대해 죽게 한 것은 바로 율법이다. 본래대로도 율법을 완성할 수 없었는데 율법 자체가 율법 준수 불가 판정을 하였다.

2. 바울은 율법과 상관없는 의 자체이신 그리스도에게로 갔기 때문에 율법에 대하여 죽었다.

그리스도에게로 간 것은 그를 믿는 것을 말한다. 그리스도를 믿는 것은 그가 의 자체이고 성취라고 믿는 것이다. 하나님이 그렇게 정하셨기 때문이다.

3. 그리스도의 십자가는 율법의 요구대로 죽으심이므로 율법에 대하여 죽은 것이고, 율법을 죽게 한 것이다. 더구나 십자가에 못 박힘은 율법의 완성과 폐기를 뜻한다. 그러므로 율법에 대하여 죽고, 율법에 의해 죽게 되었다.

바울은 예수 믿음으로 그리스도의 십자가에 함께 못 박혔다. 예수 그리스도를 믿는 것은 그의 죽음이 죗값을 갚음이라고 믿는 믿음이요, 그의 십자가에 못 박힘을 믿음이었다.

이렇게 그리스도가 십자가에 못 박혀 죽으심으로 믿는 사람들은 율법에 대하여 살 수 없었고, 율법으로 살 수가 전혀 없게 되었다. 그리스도의 십자가에 함께 못 박힘은 바로 율법에 대하여 죽고, 율법으로 죽은 것이다. 그리스도의 십자가가 율법의 요구에 의해 이루어짐으로 율법을 폐하였기 때문이다. 그리스도의 십자가의 죽음이 죗값을 갚음이어서 율법의 요구를 다 성취한 것이다. 율법의 요구는 다 지키라는 요구가 아니고 죗값을 갚으라는 요구이다.

이처럼 그리스도의 십자가의 죽음은 율법이 요구한 법대로 이루어짐으로 율법의 요구를 성취하였다. 그의 죽음은 율법의 요구대로 죗값을 갚음이다. 그러므로 율법을 완성하고 폐지하였다.

갈 2:20 내가 그리스도와 함께 십자가에 못 박혔나니 그런즉 이제는 내가 산 것이 아니요 오직 내 안에 그리스도께서 사신 것이라 이제 내가 육체 가운데 사는 것은 나를 사랑하사 나를 위하여 자기 몸을 버리신 하나님의 아들을 믿는 믿음 안에서 사는 것이라

2:20 δὲ ζῶ οὐκέτι ἐγώ, δὲ ζῇ ἐν ἐμοὶ Χριστός· δὲ ὃ νῦν ζῶ ἐν σαρκί, ζῶ ἐν πίστει τῇ τοῦ υἱοῦ τοῦ θεοῦ τοῦ ἀγαπήσαντός με καὶ παραδόντος ἑαυτὸν ὑπὲρ ἐμοῦ.

갈 2:20 그런즉 더 이상 내가 사는 것이 아니요 그리스도께서 내 안에 사십니다. 이제 내가 육체 안에 사는 것은 나를 사랑하사 나를 위하여 자신을 드리신 하나님의 아들을 믿는 믿음 안에서 살고 있는 것입니다.

1. 바울이 그리스도의 십자가에 함께 못 박혀 죽음으로 바울 자신이 자기의 몸 안에 사는 것이 아니라 그리스도께서 사신다. 바울은 죽어 없어지고 그리스도께서 대신 사시는 것이다.

바울은 이 한 절 2:20에서 자기의 신앙생활의 양식을 다 표현하고 있다. 자기 몸 안에 자기가 사는 것이 아니라 그리스도께서 사신다. 산다는 것은 생각하는 것을 뜻한다. 바울이 생각하는 것이 아니라 그리스도께서 바울 안에서 생각하신다. 바울 안에서 그리스도께서 생각하는 일을 하실 뿐 아니라 바울이 생각하는 모든 사고의 대상도 그리스도이시다. 그리스도께서 바울을 완전히 지배하심으로 그의 사고와 의지와 원함을 다 그리스도께서 지배하신다. 그러므로 그리스도께서 사시는 것과 같다.

바울은 모든 생각하는 일을 그리스도를 목표로 하고, 그를 위해서 하며, 그리스도만을 생각하며 그와 결합해서만 모든 것을 생각한다. 그러므로 더 이상 자기 자신이 살고 있는 것이 아니라 그리스도께서 사신다.

사는 것은 원함으로 이루어지는데 모든 원함이 그리스도이고, 그만을 원한다. 그를 더 잘 알기 원하고, 그만을 소유하기를 원한다. 그리스도가 모든 원함과 바람의 대상이다. 그러므로 그리스도가 바울의 원함을 지배한다. 따라서 바울이 원하는 것이 아니라 그리스도께서 원하시고 그가 원함의 대상이 되신다. 그리스도께서 사신다.

사는 것은 사랑함으로 이루어지는데 바울이 사랑하는 대상은 예수 그리스도이시다. 그만을 사랑하고, 그만을 사랑하여 살기를 원한다. 또 그리스도를 사랑하므로 그 사랑에 감동되어 다른 사람을 사랑할 수 있게 되었다. 그리스도의 사랑과 그리스도를 사랑함이 다른 사람들을 사랑하고, 또 그리스도의 사랑 곧 십자가로 인도하기를 원하였다.

바울이 그리스도를 사랑하기 때문에 그리스도께서 바울을 더욱 사랑하사 자기의 사랑을 나타내셨다. 바울의 사랑 고백에 그리스도는 성령의 감화로 그를 감싸셨다. 성령의 감동이 바울의 그리스도 사랑에 대한 그리스도의 반응이다.

2. 바울은 그리스도를 믿음으로 그 믿음 안에서 산다.

바울은 하나님의 아들 예수 그리스도께서 자기를 구원하기 위하여 죽으시어 피 흘리셨음을 알았으므로 그를 믿었다. 그러므로 그를 믿는 믿음으로만 산다.

누가 자기 같은 극악한 자를 위해서 죽을 수 있는가? 세상에서는 아무도 그런 사람을 만날 수가 없다. 그런데 하나님의 아들이 친히 사람이 되사 자기를 구원하기 위해서 자기 자신을 내어 주심으로 죽으셨다. 이런 일이 어찌 가능하겠는가? 이런 불가사의하고 해명할 수 없는 일이 일어날 수 있겠는가?

실제로 하나님의 아들이 나를 위해 자기 몸을 버려 죽으셨다. 어찌 말로 감사를 다 표현할 수 있겠는가? 그러므로 이 예수를 믿음으로만이 살 수 있게 되었다. 예수 그리스도를 믿는 믿음 안에서 살 뿐 아니라 그 믿음에 의해서 산다. 다른 삶은 불가능하다. 나를 위해 자기 몸을 버려 죽으신 하나님의 아들의 사랑보다 더 큰 것이 세상 어디에 있을 수 있겠는가?

3. 바울이 하나님의 아들을 믿는 믿음 안에서 산다는 것은 늘 하나님의 아들을 믿는다고 믿음 고백하며 사는 것을 말한다.

바울은 처음 믿을 때만이 아니라 그의 삶의 모든 순간들에서 다주 예수께 믿음을 고백하며 살았다. '주 예수님, 내가 주를 믿습니다'라는 고백을 반복하였다. 이 고백을 날마다 하고, 매시간 하고, 매순간 하였다. 바울에게서 주 예수에 대한 믿음고백을 빼면 남을 것이 없었다.

나지안주스의 그레고리오스가 가르치기를, 우리가 숨 쉬는 것보다 더 자주 하나님을 생각해야 한다고 하였다. 바울도 주 예수를 사랑하고 믿는다는 고백을 그처럼 자주 하였음이 틀림없다. 뼛속에 그를 믿는 믿음이 녹아 있어서 주 예수를 믿는다는 믿음고백을 쉴 수가 없었다.

4. 하나님의 아들 자신이 사람이 되사 십자가에 죽어 구원하셨다는 사실이 다른 종교와 율법 세계에서는 불가능하기 때문에 바울은 더욱 그를 사랑하고 더 열성적으로 믿었다.

바울의 믿음은 그가 진리를 아는 것에 비례해서 더 강해졌다. 다른 종교나 율법 세계에는 하나님이 사람이 되어 죽고 구원하는 일이 불가능하다. 이 기이한 신비를 인하여 더욱 감사하고, 더욱 열성적으로 믿었다.

바울이 할 수 있는 일이라고는 주 예수를 믿는 것 외에 아무것도 없었다. 율법을 사랑했던 그 사랑보다 더 큰 사랑으로 주 예수 그리스도를 자기의 목숨보다 더욱 사랑하였다.

갈 2:21 내가 하나님의 은혜를 폐하지 아니하노니 만일 의롭게 되는 것이 율법으로 말미암으면 그리스도께서 헛되이 죽으셨느니라

2:21 οὐκ ἀθετῶ τὴν χάριν τοῦ θεοῦ· γὰρ εἰ διὰ νόμου δικαιοσύνη, ἄρα Χριστὸς δωρεὰν ἀπέθανεν.

갈 2:21 나는 하나님의 은혜를 폐하지 않습니다. 만일 의가 율법으로 말미암는다면 그리스도께서 헛되이 죽으신 것입니다.

1. 십자가의 죽음이 율법의 저주와 정죄에서 구원이고, 율법의 성취이다.

사람이 예수 그리스도를 믿음으로 완전하게 의로워졌다. 의로워졌다는 표가 바로 예수 믿을 때 성령을 받은 것이다.

그런데도 다시 율법을 지켜 의를 얻겠다고 하는 것은 율법의 성취를 부인하고, 그리스도의 구속의 죽음을 부인하는 것이다. 따라서 십자가 이후에도 율법을 지켜 의로워질 수 있다면 그것은 그리스도께서 헛되이 죽으신 것이다. 헛된 죽음을 한 것이다.

주 예수 그리스도가 십자가에 죽으심으로 하나님이 믿는 자들을 다 구원하기로 하셨는데, 율법을 지켜 구원에 이르겠다고 하는 것은 바로 하나님의 구원은혜를 헐어내리는 것이다.

그런데도 지금 예수 믿는 갈라디아인들이 다시 율법을 지켜 완전한 의를 얻고 성령을 충만히 받으려고 하니, 그것은 그리스도의 죽음을 헛되게 하는 것이고 하나님의 은혜를 폐하는 것이다.

의는 예수 믿음으로 완전히 얻었다. 십자가가 의의 완성이기 때문에 예수 그리스도를 믿으면 완전한 의를 얻어 구원에 이른다. 이미 받은 의를 제치고 다시 의를 얻겠다고 하여 율법을 지키면 그리스도의 죽음이 허사가 된다.

의를 얻었음의 표가 믿을 때 성령을 받은 것이다. 성령을 받은 것은 바로 의로워졌다는 표를 받은 것이다. 이것을 부인하고 다시 율법을 지켜 완전해짐으로 의를 청구하고 성령을 청구하겠다는 것은 하나님의 구원섭리를 전적으로 부인하는 것이다. 곧 하나님의 은혜를 폐하는 것이다.

십자가 이전에도 율법을 지켜 의를 획득한 사람은 아무도 없었다. 그 증거가 바로 바울 자신이다. 율법을 준수하여 의를 얻을 수 없기 때문에 하나님이 십자가의 죽음을 구원으로 내셨다. 이제 이 구원의 도리를 버리고 율법을 준수하여 의를 얻으려고 하는 것은 바로 하나님의 은혜를 폐하는 것이다.

2. 나는 하나님의 은혜를 폐하지 않는다고 하는 것은 자신은 율법을 지켜 의를 얻으려고 애썼지만 도저히 의를 이룰 수 없었다. 그런 중에 예수 그리스도를 믿음으로 하나님의 은혜로 의를 얻었다. 이제 다시 율법을 지키려고 유대교로 돌아가서 은혜가 없었던 것처럼 하지 않는다는 것을 말한다.

바울은 주 예수를 믿음으로 완전한 의를 얻었다. 율법을 지킴으로는 얻을 수 없었던 의를 얻었다. 예수 그리스도께서 율법을 완성하셨기 때문이다.

그러므로 그를 믿음으로 의를 얻었는데 왜 다시 율법을 지켜서 의를 얻으려고 유대교로 혹은 율법 준수로 돌아갈 것인가? 그럴 수 없다. 이미 주 예수를 믿음으로 하나님의 완전한 의를 받았는데 왜 그 은혜를 버리고 율법을 다시 지켜 의롭게 되려고 불가하고 불가능한 일을 시도할 것인가? 율법을 처음부터 지켜보지 않았더라면 그런 유혹에 넘어갈 수 있을지도 모른다. 그러나 바울은 율법을 지켜 의를 얻을 수 없음을 절감하고 예수 그리스도를 믿음으로 율법의 목표인 의를 완전히 얻었다. 그러므로 결코 율법 준수로 돌아갈 수가 없었고, 돌아갈 수도 없다. 그렇게 하는 것은 바로 하나님의 은혜를 폐하는 일이다. 바울은 결코 그렇게 할 수가 없었다.

갈라디아서

Προς Γαλατας

제 3 장

갈라디아서

Προς Γαλατας

갈 3:1 어리석도다 갈라디아 사람들아 예수 그리스도께서 십자가에 못 박히신 것이 너희 눈앞에 밝히 보이거늘 누가 너희를 꾀더냐

3:1 Ὦ ἀνόητοι Γαλάται, τίς ὑμᾶς ἐβάσκανεν, οἷς κατ' ὀφθαλμοὺς Ἰησοῦς Χριστὸς προεγράφη ἐσταυρωμένος;

갈 3:1 어리석은 갈라디아 사람들이여, 누가 여러분을 홀렸습니까? 여러분의 눈앞에 예수 그리스도께서 십자가에 못 박히신 것이 밝히 보이지 않습니까?

1. 율법의 마침으로서 예수 그리스도의 십자가가 멀지 않는 때에 이루어졌다. 그런데 어찌하여 공적으로 현시된 그리스도의 십자가를 보면서도 율법을 다시 지키기 시작했느냐고 힐문한다.

예수 그리스도의 십자가가 율법의 마침이고 완성이기 때문에 나 바울은 율법에서 나와 예수 믿음에 이르렀는데, 어찌하여 여러분들은 그리스도의 십자가를 보면서 그런 어리석은 일을 하느냐고 힐문하고 있다.

십자가의 사건이 멀리 오래전에 일어났다면 예수 그리스도의 십자가에 못 박힘을 잊어버릴 수도 있다. 십자가가 율법의 마침으로서 이루어졌다는 것을 잊어버릴 수도 있다. 그러나 십자가는 불과 몇 년 전의 일이다. 십자가가 눈앞에 생생하게 그려져 있다. 그 십자가의 충격을 잊어버릴 수도 없고 지금도 느낀다. 그 십자가가 바로 율법의 폐지이고 완성이다. 그런데 이런 십자가를 거슬러서 율법 지키기를 다시 시작하였다.

십자가 이후에는 율법으로 구원에 이르는 길은 십자가로 폐지되고 봉쇄되었다. 즉 율법으로 구원에 이름이 불가능하다. 그런데도 이들은 꼬임에 빠져서 율법을 지킴으로 완전해지고 그로써 성령을 받을 수 있다는 헛된 믿음으로 다시 무거운 율법의 멍에를 짊어지게 되었다.

2. 십자가를 눈앞에 보면서도 율법 지키기를 시작한다는 것은 누가 홀리지 않았으면 성한 정신으로는 못할 일임이 분명하다.

유대인들도 못 지켜 실패한 무거운 율법의 멍에를 이방인이 율법의 요구를 이루기 위해 할례를 받고 율법을 지킨다는 것은 주술을 받지 않았으면 안 될 일이다. 그러므로 "누가 여러분을 홀렸습니까?"라고 물은 것이다.

십자가는 율법의 마침과 폐지로 서있다. 그런데 그 십자가를 보면서 율법을 지킨다는 것은 주술을 받지 않았으면 불가능한 일이다. 그러므로 누가 여러분을 홀렸느냐고 추궁하지 않을 수 없었다. 성한 마음으로는 그렇게 할 수가 없다는 것을 말한다.

3. 갈라디아 사람들이 어리석다고 할 수밖에 없는 것은 십자가와 부활을 믿어서 이미 구원에 이르렀는데, 아직 구원에 이르지 못한 줄로 여기고 특히 성령을 받지 못한 줄로 알고 성령을 받으려고 다시 율법을 지키기 시작했기 때문이다.

성령은 예수 믿을 때 이미 받았다. 그런데 유대 그리스도인들이 꾀므로 성령 받지 못한 것으로 판단하고 성령 받기 위해서 율법을 지키기 시작한 것이다.

이미 받은 성령을 어찌 다시 받을 수 있을 것인가? 성령을 처음부터 모셨는데, 즉 복음을 들을 때부터 성령이 그들에게 역사하사 믿음을 일으키고 내주하셨는데, 어찌해서 이미 받은 성령을 다시 받으려고 도저히 되지 않을 방식을 활용하는가? 그러므로 갈라디아인들이 어리석다고 판정받을 수밖에 없었다.

4. 십자가 이후에 율법을 지키는 것은 십자가를 헐어내리는 것이다. 그것은 하나님의 구원경륜을 다 헐어버리는 것이요, 그리스도의 십자가로 이룩한 구원을 내던지는 것이다.

십자가는 율법의 완성이고 폐지이다. 그러므로 십자가 이후에는 율법은 아무 힘이 없다. 율법으로는 구원이 불가능하기 때문에 예수 그리스도께서 십자가에서 죽으시어 모든 죄를 다 해결함으로 율법의 요구를 다 성취하셨다. 구원이 완성되었다. 율법의 요구 곧 범죄하였으므로 죗값을 갚으라는 요구를 성취한 것이 율법을 완성한 것이다.

율법만을 구원의 길로 알았던 유대인들에게는 보통 큰 충격이 아닐 수 없었다. 자기들이 지킨 율법 준수가 완전히 무가치하게 되었기 때문이다. 율법이 성취되어 더 이상 율법을 지켜야 할 필요성과 당위성이 다 없어졌다. 자기들의 성스런 종교적인 노력을 무로 돌리는 것이 십자가였다. 그러므로 그들은 십자가를 극력 배척하고 오히려 더 율법에 부착하였다.

그러나 갈라디아 사람들은 율법과 상관없이 십자가로만 구원에 이르렀다. 율법과 상관없이 구원에 이르렀는데 왜 율법을 지켜 율법의 멍에 아래로 들어가는가? 꼬임을 받아서 율법을 지키는 것은 자기들을 사신 주를 부인하는 것이었다. 십자가를 발로 차고 그의 피 흘리심을 발로 짓밟는 짓이었다. 그것은 그리스도가 헛되이 십자가에 못 박히고 피 흘렸다는 것을 뜻한다.

피 흘려 구원을 이루었어도 율법을 지키려고 하는 것은 십자가에 달리신 이를 발로 차 내버리는 행위이다. 동시에 자기들을 구원에 합당하지 않은 자로 치부하는 것이었다.

갈 3:2 내가 너희에게 다만 이것을 알려 하노니 너희가 성령을 받은 것은 율법의 행위로냐 듣고 믿음으로냐

3:2 θέλω τοῦτο μόνον μαθεῖν ἀφ' ὑμῶν, τὸ πνεῦμα ἐλάβετε ἐξ ἔργων νόμου ἢ ἐξ ἀκοῆς πίστεως;

갈 3:2 다만 이것만을 내가 여러분에게서 알려고 합니다. 여러분이 율

1. 율법을 지켜 완전해져야 성령 받는다고 주장했기 때문에 지금 율법을 지킴으로 성령을 받았는지를 바울이 묻는다. 아니면 처음 믿을 때 이미 성령을 받았는지를 확인하라고 촉구한다.

유대 그리스도인들은 갈라디아에 와서 '여러분 갈라디아인들은 율법을 지키지 않았기 때문에 완전한 믿음이 못됩니다. 성령을 받으려면 성숙한 믿음이 되어야 합니다. 그 성숙한 믿음은 율법을 지킴으로 이루어집니다. 율법을 지키지 않았기 때문에 아직 어린 신앙이어서 성령을 받지 못하였습니다'라고 선포하였다.

더구나 갈라디아인들이 그렇게 된 것은 바로 가짜 사도인 바울이 복음을 반쪽만 전했고, 완전한 복음을 전하지 않아서 그렇게 되었다고 주창하였다. 그러므로 성령 받으려면 예수 믿음에 율법 준수를 더해야 하며, 그러면 완전해져서 성령을 충만하게 받을 수 있다고 하였다. 그래서 그 말을 따라 다 할례를 받고 율법을 지키기로 마음을 정하였다.

바울은 묻기를, 성령 받기 위해서 율법을 지킨다고 하니 성령을 받은 것이 지금 율법을 지키기 시작해서인지, 아니면 바울이 복음을 선포할 때 받았는지 반성하라고 촉구한다. 이미 성령 받았으면 다시 받기 위해 그런 쓸데없는 짓을 할 필요가 있는지 생각하라고 촉구한다.

2. 성령을 받는 것은 복음의 선포를 믿음의 들음 (들음=믿음)으

로 되고, 율법을 지켜서 되는 것이 아니다. 그런데 지금 율법 지킴으로 성령 받았느냐고 확인해 보라고 묻는다.

복음을 선포하면 그 복음을 믿음으로 성령을 받지, 율법을 지켜서 성령 받는 것이 아님이 분명해졌다. 율법을 아무리 열심히 지켜도 성령을 받는 일은 일어나지 않았다.

갈라디아인들은 처음 바울이 복음을 선포할 때 그 선포를 듣고 믿음으로 성령을 받았다. 지금 율법을 지킴으로 받은 것이 결코 아니었다. 율법을 지킴으로는 성령 받는 것이 불가능하다. 왜냐하면 율법을 지킴으로 의에 이를 수가 없기 때문이다. 그러므로 성령은 언제나 믿음으로 받고, 믿을 때 받는다. 율법의 행위가 있기 전에 복음 선포를 믿어서 성령을 받았다.

그래도 그들은 계속하여 율법을 지켜야 한다고 믿고 있었다. 율법 지킴이 완전해지면 성령을 받을 수 있다고 믿고 있었기 때문이다. 언제 그 완전함이 이루어질지 아무도 모른다. 율법 지킴을 열렬하게 주장하던 유대 그리스도인들은 떠나갔으므로 판정해 줄 사람들도 없었다. 그냥 율법을 계속해서 지키며 완전해져서 성령이 충만하게 강림하기를 기다릴 뿐이다. 언제 그 일이 이루어질지 아무도 모른다. 율법 지킴을 위한 피나는 노력만이 있을 뿐이다.

그러면 결국 성령의 역사는 없어지고 아무 효험도 없게 된다. 그 다음에는 육의 욕망이 발동하여 자연인처럼 살게 된다. 교회에 모이지만 성령의 감화와 역사가 없으므로 기쁨이 없다. 내가 구원을 받았느냐 받지 못했느냐 의심하기에 이른다.

3. 바울의 가르침대로 성령은 예수 믿음으로 받고, 예수 믿을 때 받는다.

성령을 받는 단 한 가지 조건이 있다면 주 예수를 자기의 구주로 믿는다고 믿음 고백하는 것이다. 회개하고 주 예수를 믿으면 그때 성령을 받는다. 성령 받음은 믿음생활의 목표가 아니고 시작점이다. 그리스도인은 성령으로 시작한다. 성령을 목표하고 신앙생활하는 것은 바로 율법주의이다.

4. 현대 오순절운동도 유대주의와 같은 신학이다.

오순절운동에 의하면, 예수 믿으면 중생하였지만 성령은 받은 것이 아니다. 그 후에 일정한 조건들의 이행으로 완전 성화에 이르면 성령을 세례의 형태로 받음으로 충만히 받는다. 그들에 의하면, 예수 믿음으로 예수 믿을 때 성령 받는 것이 아니다. 성령 받는 것은 추후적 과정이 되고, 그에 합당한 조건들을 이행해야 한다. 성령 받는 것은 예수 믿음과 무관하다. 성령은 거룩한 영이므로 거룩한 성도 곧 성숙한 성도가 되어야만 받는다고 주장한다. 그러므로 오순절 신학에 의하면 처음 믿는 사람은 성령을 세례의 형태로 받기에 합당하지 않다.

이런 주장은 신율법주의이다. 그것이 비록 예수 믿은 다음에 전개되는 것이어도 종교적인 노력으로 성령을 받는다고 하기 때문이다. 이렇게 자기의 선한 노력으로 성령을 받으면 성령 받음이 은혜로 된 것이 아니고 인간의 공적에 의해서 쟁취한 것이 된다. 이것은 은혜의 종교인 그리스도교의 법이 아니다.

갈 3:3 너희가 이같이 어리석으냐 성령으로 시작하였다가 이제는 육체로 마치겠느냐

3:3 οὕτως ἀνόητοί ἐστε; ἐναρξάμενοι πνεύματι νῦν σαρκὶ ἐπιτελεῖσθε;

갈 3:3 여러분이 이같이 어리석소? 성령으로 시작하였다가 이제는 육체로 마치겠소?

1. 갈라디아 교회는 이미 예수 믿을 때 성령을 받아 믿음생활을 시작하였다.

갈라디아 교회는 성령으로 시작하였다. 할례를 받고 율법을 지킴으로 성령을 받은 것이 아니다. 예수 믿을 때부터 성령으로 시작하여 기쁨이 넘쳤다. 구원의 기쁨과 환희가 말로 할 수 없이 컸다. 그리스도 안에서 누리는 새 삶은 새 생명이 약동하고 넘쳐났다. 우상에 매여 있다가 거기서 벗어나 하나님께로 돌아갔으므로, 넘치는 기쁨과 감사는 말할 수가 없었다. 그러므로 모든 괴로움과 어려움과 핍박도 잘 견뎌낼 수 있었다. 성령의 감화가 늘 함께함으로 찬송이 끊이지 않았다. 그러다가 할례당의 주장을 따라서 율법의 전선에 들어가게 되었다.

2. 그런데 이제는 몸에다 할례를 행하여 율법을 지키는 자들이 되었으니 율법의 굴레를 벗어날 길이 없다.

그것은 자발적으로 이루어진 것이 아니고 유대 그리스도인들의 홀림 혹은 주술로 된 것이다. 그리하여 갈라디아 교회도 예루살렘 교회처럼 완전해지기 위해서 율법을 지키기로 하였다.

율법을 지키려고 하면 지킬 자격을 갖추어야 한다. 그 자격 구비가 바로 할례이다. 아브라함이 처음 받았던 그 할례를 이방인인 갈라디아인들도 받았으니 선민의 특별한 반열에 들게 되었다. 이렇게 육체적으로 아브라함의 후손 된 것을 자랑으로 삼게 만들었다.

할례 받아 율법을 지키는 것은 영으로 사는 것이 아니고 육체의 힘든 작업을 하는 것이다. 율법 준수의 의무가 면제된 자들이 율법을 지키기로 하면 모든 율법을 다 지켜야 한다. 모든 힘을 율법 지키는 데 집중하게 되어 있다.

한번 할례를 받아 율법을 지키는 자가 되면 자기도 할례 받았다고 자랑하게 되어 있다. 할례를 받으면 선민이 되고 유대인이 되기 때문이다. 유대인만이 선민이라고 자랑하던 그 자긍한 자리에 이방인이 오르게 되었으니 대단한 자랑이다.

이들은 교회에 속해 있으면서 유대법으로는 회당에도 속한 자들이다. 왜냐하면 할례 받았기 때문이다.

할례를 받아 율법 준수의 의무를 지니게 되면 모든 일이 육체의 일이 된다. 몸으로 율법의 모든 것을 지켜야 하기 때문이다. 육체의 일은 영으로만 해결된다. 영으로 시작하였다가 다시 육체로 돌아갔으니 어찌 육체의 일을 그치겠는가? 이제는 할례의 법대로라면 육체로 마치는 것 외에는 다른 선택이 없다.

3. 유대인들은 율법의 멍에를 벗기를 그렇게 원했어도 못 벗었다. 죄와 악령들의 세력에서 해방되어 자유로운 사람들이 된 후에 다시 그 율법의 멍에를 메기로 했으니 얼마나 어리석은가?

갈라디아 사람들은 영의 사람들이었는데 영이 오기 전의 육체의 삶의 방식으로 돌아가기로 하였다. 얼마나 비참한 일인가? 그런 율법의 멍에가 어떤 것인지를 모르고 이렇게 하였으니 그 우둔함이 말로 할 수 없다. 율법의 질곡을 너무도 처절하게 체험했던 바울의 눈에는 갈라디아인들의 결정을 도저히 이해할 수 없었다.

4. 성령 받은 신령한 자들이 다시 성령을 받기 위해 율법을 지키기 시작한 것은 육으로 마치는 일이다.

육으로 마친다는 것은 율법 준수로 성령 받음이 불가능함을 말한다. 율법 준수는 전적으로 육체의 일이어서 성령을 받을 수 없다. 율법만 지키려고 노력하다가 끝나는 것을 말한다.

갈 3:4 너희가 이같이 많은 괴로움을 헛되이 받았느냐 과연 헛되냐

3:4 τοσαῦτα ἐπάθετε εἰκῇ; εἴ γε καὶ εἰκῇ.

갈 3:4 여러분이 그렇게도 많은 괴로움을 헛되이 받았소? 과연 헛되이 받았소?

1. 예수 믿음으로 많은 핍박과 환난을 받았다. 그러나 그런 것들은 예수 그리스도에게서 받은 생명의 기쁨과 즐거움에 비기면 아무것도 아니었다.

그런데 할례를 받아 율법을 지키면 그런 구원의 기쁨과 환희는 없어지고 불안해지며 언제나 육이 역사한다. 평안이 없다. 그렇게도 많은 어려움을 당하고도 잘 이겨냈는데 이제는 이런 생명의 길에서 떠나 육체의 일로 기쁨을 얻으려고 하니 될 리가 없었다.

그러므로 이전에 견뎌낸 어려움들이 아무 쓸모가 없게 되었다. 그런 고난이 다 헛되이 받은 것이 되었다. 다시 육체의 삶으로 돌아가면 그렇게 받은 많은 어려움은 아무런 가치도 없는 것이 된다. 헛되이 고난받은 것이다.

2. 그렇게 고난받으며 지킨 믿음을 율법과 할례에게 자리를 넘겨주었다.

이제 할례 받고 율법을 지킨 후부터 처음 믿을 때의 기쁨과 즐거움이 사라졌다. 감동이 없는 무미건조한 생활이 이어졌다. 이런 생활을 위해 영 안에서 사는 삶을 포기하였다. 왜냐하면 할례를 받았으므로 율법의 멍에를 벗을 수 없고, 일생 지키지 않으면 안 되게 되었기 때문이다.

그들은 고난을 받으면서도 기뻐하며 살던 삶을 할례 받아 율법을 지켜야 하는 무거운 짐 아래에다 팽겨쳤다. 돌이켜 보면 받았던 많은 고난이 헛되게 되었다.

갈 3:5 너희에게 성령을 주시고 너희 가운데서 능력을 행하시는 이의 일이 율법의 행위에서냐 듣고 믿음에서냐

3:5 οὖν ὁ ἐπιχορηγῶν ὑμῖν τὸ πνεῦμα καὶ ἐνεργῶν δυνάμεις ἐν ὑμῖν ἐξ ἔργων νόμου ἢ ἐξ ἀκοῆς πίστεως;

갈 3:5 여러분에게 성령을 주시고 여러분 안에서 능력의 일들을 행하신 이가 율법의 행위로 말미암아 그렇게 하셨습니까, 믿음의 들음에서 그렇게 하셨습니까?

1. 갈라디아 교회에 성령을 주신 것은 선포를 듣고 믿을 때였다. 즉 그들이 믿을 때 성령과 능력의 일들을 받았다.

갈라디아 교회는 믿을 때 이미 성령을 받았다. 지금 할례를 받아 율법을 열심히 지키기 때문에 받은 것이 아니었다. 단지 주 예수를 믿었기 때문에 하나님이 성령을 선물로 주셨고, 또 큰 능력의 일을 행하셨다. 할례 받기 이전에 이미 성령을 받았다. 주 예수를 구주로 믿었기 때문이다.

성령만을 주신 것이 아니라 많은 능력의 체험들을 하게 하셨다.

이런 것들은 다 율법을 행하기 전에 이루어졌다. 그때는 바울의 전도만 들었고, 그것을 믿음으로 그리스도인이 되어 말로 할 수 없는 기쁨과 감격을 누렸다.

2. 성령 받아 큰 체험들을 누린 후에 이런 감동적인 경험을 도저히 할 수 없는 율법 지킴으로 나아갔다.

유대인들은 율법을 완전히 지켜 성령을 받기 바랐다. 그런데 갈라디아 그리스도인들은 율법을 행함과는 무관하게 예수만 믿음으로 성령을 받아 많은 체험들을 하였다.

그러다가 다시 성령을 받기 위해 율법을 지키는 유대인들의 자리로 나아가기로 한 것이다. 유대인들은 아무리 율법을 지켜도 못할 성령을, 그리스도인들은 단번에 선물로 받았다. 그런데 그런 큰 선물을 버리고 율법을 지켜 성령을 받아보겠다고 할례를 받았으니 도저히 이해할 수 없는 일이었다. 하나님의 능력을 체험한 사람들이 능력 체험이 불가능한 문으로 들어섰다.

갈 3:6 아브라함이 하나님을 믿으매 이것을 그에게 의로 정하셨다 함과 같으니라

3:6 καθὼς Ἀβραὰμ ἐπίστευσεν τῷ θεῷ, καὶ ἐλογίσθη αὐτῷ εἰς δικαιοσύνην.

갈 3:6 아브라함이 하나님을 믿으매 이것을 그에게 의로 인정하셨다 함과 같습니다.

1. 아브라함이 율법의 일을 하기 전에 하나님을 믿었다. 이 믿음을 그에게 의로 인정하신 것은 우리가 믿음으로 성령 받음과 같다고 제시한다.

아브라함은 하나님을 믿음으로 의롭게 되었지, 율법 지킴은 알지도 못하였다. 율법이 주어지기 전에 하나님을 믿어서 의롭게 되었다. 우리 그리스도인들도 단지 예수 그리스도를 믿기만 함으로 의롭게 된다.

믿음으로 의롭게 되었다는 표가 바로 성령을 주신 것이다. 의롭게 되어 성령을 받았으면 완전한 구원을 얻은 것이다. 이후에 다른 성령세례가 있는 것이 아니다. 믿음만이 하나님께 이르는 길이요, 믿음만이 성령을 받는 길이다. 아브라함이 하나님을 믿은 것처럼 우리도 하나님을 믿어 의롭게 되었으므로 성령을 받았다.

믿음으로 의롭게 되어 성령을 받았는데 왜 다시 성령 받기 위해서 율법의 행위를 해야 하는가? 이미 의롭게 되었는데 왜 율법을 지키려고 하느냐고 바울이 묻고 있다. 성령을 받은 것은 모든 일이 다 이루어진 것인데, 어찌하여 율법을 지켜 성령을 받으려고 할 필요가 있느냐는 것이다.

갈 3:7 그런즉 믿음으로 말미암은 자들은 아브라함의 아들인 줄 알지어다

3:7 ἄρα Γινώσκετε ὅτι οἱ ἐκ πίστεως, οὗτοι υἱοί Ἀβραάμ.

갈 3:7 그런즉 믿음으로 시작한 자들이 아브라함의 아들들인 줄을 아세요.

1. 아브라함이 믿음으로 의롭게 되었지, 할례 받아 율법을 지킴으로 의롭게 된 것이 아니다. 율법을 행하는 자들이 아니라 믿음을 가진 자들이 아브라함의 아들들이 됨은 당연한 귀결이다.

하나님은 아브라함을 믿음의 조상으로 삼으셨다. 왜냐하면 아브라함이 하나님을 믿었기 때문이다. 아브라함은 믿음으로 시작하고 할례로 시작하지 않았다. 그러므로 이 본문은 문맥을 따라 믿음으로 시작한 자들이라고 함이 더 바르다. 갈라디아인들은 믿음으로 시작하였고 할례로 시작하지 않았기 때문에 바울이 그것을 갈라디아인들의 경우에 적용하고 있다.

갈라디아 교회는 믿음으로 시작하였고 할례로 시작하지 않았다. 그러다가 할례로 후퇴하였다.

그러나 믿음으로 시작하였으므로 아브라함의 자손들이다. 왜냐하면 아브라함이 믿음으로 시작한 후에 믿음으로 이삭을 낳았기 때문이다. 이삭은 믿음의 아들이고, 믿음의 결과로 나왔다.

따라서 갈라디아인들도 믿음으로 시작했으므로 믿음의 아들들이다. 할례로 후퇴하였지만 그들은 믿음으로 성령을 받았으니 이제 그들도 아들들임은 분명하다. 비록 할례는 받았어도 그 할례의 길을 포기할 것이므로 믿음의 가족임은 분명하다.

2. 믿음으로 시작한 자들이 아브라함의 아들들임을 알라고 함으로, 갈라디아인들은 율법 지키기 이전에 아브라함의 자녀들임을 알라고 반성을 촉구한 것이다.

비록 갈라디아 교회가 중간에 할례를 받고 율법을 지키기 시작하였지만 그 출발이 믿음이었다. 그러므로 지금의 상황에 상관없이 아브라함의 자녀들이라고 하여 할례에 매이는 것을 벗도록 촉구하고 있다.

갈라디아인들은 율법을 지켜야 아브라함의 후손이 되는 줄로 착각하고 율법을 지키기 시작하였다. 그런데 아브라함이 율법 전에 믿음으로 믿음의 조상이 되었고 그 후에 할례 받았으니 갈라디아인들은 할례와 상관없이 믿음의 조상의 자녀들이 된 것이다. 그러면 더 이상 할례와 할례의 의무에 매일 필요가 없다는 것을 깨닫고 반성하도록 촉구한 것이다.

갈 3:8 또 하나님이 이방을 믿음으로 말미암아 의로 정하실 것을 성경이 미리 알고 먼저 아브라함에게 복음을 전하되 모든 이방이 너를 인하여 복을 받으리라 하였으니

3:8 δὲ ἡ γραφὴ προϊδοῦσα ὅτι ἐκ πίστεως δικαιοῖ τὰ ἔθνη ὁ θεὸς προευηγγελίσατο τῷ Ἀβραὰμ ὅτι Ἐνευλογηθήσονται ἐν σοὶ πάντα τὰ ἔθνη.

갈 3:8 하나님이 믿음으로 말미암아 이방인들을 의롭다 하실 것을 성경이 미리 보고 먼저 아브라함에게 복음을 전하여 모든 이방인들이 네 안에서 복을 받으리라 하였으니,

1. 이방인들이 의롭게 되는 길은 믿음으로이고 율법의 행함으로 되는 것이 아님을 성경이 미리 보았다는 것은 하나님의 구원경륜이 아브라함에게 계시되었다는 것을 말한다.

아브라함이 믿음으로 의롭다 함을 받은 것은 바로 이방인들에게 적용되어 모든 이방이 주 예수를 믿음으로 구원될 것을 미리 하나님이 아브라함에게 선포하신 것이다 (창 12:2-3; 22:18). 창 12:2-3에서 이것이 처음 약속되었고, 창 22:18에서는 '네 씨 안에서 천하 만민이 복을 받으리라'고 하였다.

이 복을 받는 것은 이방이 구원에 이름을 말하지, 세상적 물질적인 복이 아니다. 이방인들은 율법을 받을 수 있는 상황이 아니므로 구원받을 수 있는 길은 믿음으로뿐이다. 이것을 하나님이 작정하셨기 때문에 아브라함에게 복을 주시면서 이것을 그에게 미리 전하셨다.

아브라함이 구세주의 조상으로 지목되고 구원의 동역자로 세워졌으므로 이것을 아브라함에게 미리 말씀하셨다. 세상을 구원하심이 어떻게 이루어질 것임을 구세주의 조상으로 세우시면서 말씀하셔야 했다. 그러므로 이것이 성경에 미리 나와 있다. 즉 계시되었다.

2. 모든 이방이 네 안에서 복을 받으리라고 하셨으니 이방인들은 다 믿음으로 구원 얻음을 말한다.

어떤 이방인들은 믿음으로 구원에 이르고 다른 이방인들은 율법을 행함으로 구원에 이르는 것이 아니라, 이방인들은 모두가 다 믿음으로 구원에 이른다. 그러므로 믿음으로 시작한 후에 율법 준수를 더해야 완전한 구원에 이르는 것이 아니다. 하나님이 이방을 믿음으로 구원하기로 하셨으니 다른 법이 있을 수 없다. 이 하나님의 작정을 아브라함에게 미리 말씀하셨다.

3. 이방인이 믿음으로 구원에 이름을 하나님이 먼저 아브라함에게 알리셨으니, 계시된 대로만 일이 진행되었고 될 것이라는 것을 강조하고 있다.

하나님이 아브라함에게 미리 알리신 대로 모든 일이 진행되어 예수 그리스도의 속죄제사의 죽음이 있었다. 이 제사가 이루어졌으므로 믿음으로만 구원에 이르지 다른 길이 없다. 이렇게 세상을 구원하시려고 하나님이 그의 작정을 미리 아브라함에게 알리셨다.

4. 요즘 다시 복음주의 진영에서 믿음에 행함을 더하는 것이 구원 얻는 일에 필수적이라고 주장하는데, 이것은 전적으로 성경에 배치된다.

이것은 하나님의 구원경륜을 허는 것이요, 이신칭의 교리를 무너뜨리는 것이어서 종교개혁이 잘못되었다고 주장하는 것과 동일하다. 더구나 바울의 복음 전파를 전적으로 부정하는 것이요, 주 예수 자신의 가르침 곧 은혜로 주 예수를 믿으면 구원에 이른다는 것을 전적으로 반대하는 것이다.

갈 3:9 그러므로 믿음으로 말미암은 자는 믿음이 있는 아브라함과 함께 복을 받느니라

3:9 ὥστε οἱ ἐκ πίστεως εὐλογοῦνται σὺν τῷ πιστῷ Ἀβραάμ.

갈 3:9 그러므로 믿음에서 비롯된 자들은 믿는 아브라함과 함께 복을 받습니다.

1. 아브라함이 믿음으로 의에 이르렀으니, 믿음에서 비롯된 자들은 아브라함처럼 복 곧 구원에 이른다.

믿음의 조상이 믿음으로 의에 이르렀으니 그가 한 것처럼 주 예수를 믿는 자들은 아브라함처럼 의 곧 구원에 이르게 된다. 구원에 이르렀으면 율법을 지킬 필요가 없어진다. 구원에 이르지 못한 자들이 의에 이르려고 율법을 지켰다. 그런데 이미 율법이 다 지켜지고 율법이 완성되었다. 즉 아브라함과 함께 이미 복을 받았다. 그리고 계속하여 복을 받을 것이다.

갈 3:10 무릇 율법 행위에 속한 자들은 저주 아래 있나니 기록된 바 누구든지 율법 책에 기록된 대로 온갖 일을 항상 행하지 아니하는 자는 저

주 아래 있는 자라 하였음이라

3:10 γὰρ Ὅσοι ἐξ ἔργων νόμου εἰσὶν ὑπὸ κατάραν εἰσίν, γὰρ γέγραπται ὅτι Ἐπικατάρατος πᾶς ὃς οὐκ ἐμμένει πᾶσιν τοῖς γεγραμμένοις ἐν τῷ βιβλίῳ τοῦ νόμου τοῦ ποιῆσαι αὐτά.

갈 3:10 율법의 행위에 속한 자들은 저주 아래 있습니다. 기록되기를 율법 책에 기록된 모든 것을 행하지 않는 자는 저주 아래 있다고 하였기 때문입니다.

1. 율법의 행위로 구원에 이르려고 하면 범함이 더 심해진다.

율법을 지키려고 노력하면 옛사람이 역사한다. 죄의 법이 역사하므로 금하는 것을 욕구 충족의 형태로 기어이 이루려고 한다. 하지 말라고 금한 것은 기어이 하도록 죄의 법이 역사한다. 그리하여 율법의 계명을 범한다. 외적 행동으로 욕망 성취를 이루지 못할 경우에는 속마음으로 욕망 충족을 다 이루는 방식을 취한다.

하라고 명령한 것은 하고 싶지 않아 온갖 핑계를 다 동원하여 지키는 것을 피한다. 또 지킬 경우에도 글자와 형식에만 맞도록 모양만 갖춘다. 그렇게 하여 율법의 요구를 충족하지 못한다. 그러나 율법은 그 요구의 충족을 요구한다.

율법은 본래 율법 정신에 따라 그 요구가 충족되기를 원한다. 그러나 누가 그 고상한 정신의 요구를 충족할 수 있는가? 율법을 그 정신대로 지키지 않으면 양심이 소리를 발하여 지키기를 촉구하고,

그래도 지키지 못하면 범법자로 낙인찍는다.

2. 율법은 언제나 범함과 태만함을 저주하고 정죄한다. 율법의 요구를 충족시키지 못하였기 때문이다.

율법의 계명들은 지키라고 주어졌다. 지켜지지 않으면 범했다고 정죄하고 저주한다. 의로운 요구를 외면하고 어그러뜨렸기 때문이다. 율법 준수의 요구에는 언제나 범함에 대한 저주가 수반된다. 사람이 자기를 그 법이 정한 정죄에다 두기 때문이다. 율법은 완전히 지켜지기까지는 그 성취를 늘 요구한다. 성취가 다 되기까지 그 요구를 쉬지 않는다.

3. 율법의 행위에 속한 자들은 다 저주 아래 있다. 율법을 다 준행하지 않으면 율법은 저주를 선언하기 때문이다.

율법은 지켜질 수 없기 때문에 범하도록 주어졌다고 말해야 한다. 그러면 범했기 때문에 그 범행을 정죄하고 율법에 합당하지 못한 사람이라고 저주한다. 율법을 완전히 지키면 칭찬이 따라오지만 지킬 수 없기 때문에 율법에는 언제나 정죄와 저주가 동반한다.

4. 율법은 모든 계명을 다 지켜야 하나 지킬 수 없기 때문에 저주한다.

율법은 많은 계명을 갖는다. 그 계명들은 다 지키도록 주어졌다.

그러나 누가 율법을 다 지킬 수 있는가?

율법은 지킬 수 없기 때문에 속죄제사 없이는 살아남을 사람이 아무도 없다. 계명을 범하면 죽음이다. 언제나 계명을 범하는 자에게 사형이 선언된다. 저주도 보통 무서운 저주가 아니다. 죽음보다 더 무서운 저주가 있는가?

율법에는 언제나 저주가 동반한다. 칭찬은 우연적인 것이고 저주는 필연적으로 계명을 범하는 자에게 동반한다.

갈 3:11 또 하나님 앞에서 아무나 율법으로 말미암아 의롭게 되지 못할 것이 분명하니 이는 의인이 믿음으로 살리라 하였음이니라

3:11 δὲ ὅτι ἐν νόμῳ οὐδεὶς δικαιοῦται παρὰ τῷ θεῷ δῆλον, ὅτι Ὁ δίκαιος ἐκ πίστεως ζήσεται,

갈 3:11 하나님 앞에서는 아무도 율법으로 의롭게 되지 못할 것이 분명합니다. 이는 믿음으로 의로운 자가 살리라 하였기 때문입니다.

1. 정죄와 저주가 따르는 율법으로 의롭게 될 수가 없다. 율법을 주신 하나님은 율법을 지킴이 무엇인지를 바르게 판정하시기 때문이다.

하나님은 율법을 주셨다. 그러므로 율법을 지키는 것이 무엇인지를 바로 판정하신다. 율법 정신에 맞게 계명들을 지켜야 한다. 그러

나 아무도 그렇게 할 수가 없다. 율법의 의로운 요구를 아무도 감당할 수 없기 때문이다.

의로운 요구를 감당하지 못하면 바로 저주가 온다. 그러므로 저주가 동반된 율법으로는 결코 의롭게 될 수가 없다.

더구나 하나님 앞에서는 바른 율법 준수를 할 수가 없다. 사람의 눈에는 율법의 계명들을 잘 지켜서 의로운 사람으로 보이겠지만 하나님 앞에는 그런 것이 불가능하다.

2. 율법으로 의롭게 되지 못할 것을 아시기 때문에 하나님은 믿음으로 의롭게 된다고 선지자를 통하여 선언하셨다. 믿음으로 의로운 자가 살리라.

아무도 율법으로는 하나님 앞에 의롭다고 선언 받을 수 없는 것이 분명하므로 하나님이 미리 선지자를 통하여 믿음으로 말미암아 의로운 자가 살리라고 선언하셨다 (합 2:4). 그것도 믿음의 법이 오기 전에 그렇게 하셨다.

아브라함을 믿음의 조상으로 세우실 때부터 (창 15:5-6), 믿음으로 사람을 의롭게 하기로 작정하셨기 때문에 믿음으로 의인 됨을 선언하셨다.

주 예수를 믿는 믿음이 의의 길로 정해졌으면 율법 준수의 수고는 다 헛것이다.

갈 3:12 율법은 믿음에서 난 것이 아니라 이를 행하는 자는 그 가운데

서 살리라 하였느니라

3:12 δὲ ὁ νόμος οὐκ ἔστιν ἐκ πίστεως, ἀλλ᾽ Ὁ ποιήσας αὐτὰ ζήσεται ἐν αὐτοῖς.

갈 3:12 율법은 믿음에서 난 것이 아니지만 그것들을 행하는 자는 그 안에서 살 것이라 하였습니다.

1. 믿음은 믿기만 하면 되지만 율법은 믿음에서 나지 않았으니 율법을 계속 지켜야만 살 수 있음을 말하고 있다.

율법은 한번 지킴으로 끝나는 것이 아니다. 한번 지킨 율법은 계속 지켜야 한다. 죽을 때까지 지켜도 끝나지 않는다. 그러므로 그 안에 사는 것이고, 살아야 한다.

2. 믿음은 믿음으로 끝나므로 율법을 전혀 지킬 필요가 없다. 그러나 율법은 계속 지키지 않으면 범법자가 된다. 그러므로 그 안에 살아야 한다.

율법은 지키라고 주어졌다. 지키지 않으면 지키지 않는다고 책망한다. 그냥 잘 지키라는 책망이 아니라 범법자라고 책망한다. 한번 범법자가 되면 범법자란 양심의 고소가 늘 떠나지 않는다. 그러므로 율법을 계속해서 지켜야 한다. 즉 율법의 계명들을 지킴을 그만둘 수 없다. 떠나면 또 범법자라고 고소한다. 율법과 양심의 고소는 그치지 않는다. 죽을 때까지 율법을 떠날 수 없다. 즉 율법의 계명들 안에 살아야 한다.

갈 3:13 그리스도께서 우리를 위하여 저주를 받은바 되사 율법의 저주에서 우리를 속량하셨으니 기록된바 나무에 달린 자마다 저주 아래 있는 자라 하였음이라

3:13 Χριστὸς ἡμᾶς ἐξηγόρασεν ἐκ τῆς κατάρας τοῦ νόμου γενόμενος ὑπὲρ ἡμῶν κατάρα, ὅτι γέγραπται· Ἐπικατάρατος πᾶς ὁ κρεμάμενος ἐπὶ ξύλου,

갈 3:13 그리스도께서 우리를 위하여 저주가 되사 율법의 저주에서 우리를 속량하셨으니 나무에 달린 자마다 저주 아래 있는 자라고 기록되었기 때문입니다.

1. 율법의 계명들을 지키지 못하면 율법의 저주에서 벗어날 수 없다. 그리스도께서 그 저주에서 우리를 속량하심으로 우리는 율법을 지킬 의무에서 해방되었다. 그러므로 율법을 지키지 못한다고 하더라도 저주가 없어졌다.

율법의 계명들을 지킨다는 것은 지키는 것이 아니라 범함뿐이므로 율법의 저주가 늘 동반한다. 율법을 지키지 못하면 율법이 정한 정죄와 저주를 계속한다. 양심도 늘 계명 범함을 고소하고 괴롭힌

다. 한번 율법을 범하면 그다음에 아무리 잘 지켜도 율법 범함의 죄책이 늘 따라다니며 괴롭힌다.

그런데 그리스도께서 우리에게서 율법 준수의 의무를 완전히 면제하셨다. 그러므로 율법을 범함에서 오는 저주와 정죄가 따라올 수 없게 되었다. 율법을 지킬 의무가 없어지면 율법의 판정이 해당되지 않는다. 즉 율법이 저주를 선언할 수 없게 된다.

율법을 지키지 못한 사람들에게 율법의 정죄와 저주가 따라오는데 의무가 없어졌으므로 율법과는 무관하게 된다. 그러므로 율법이 저주를 선언할 수 없다. 율법 준수와 무관한 자들에게 어떻게 범법을 말할 수 있는가? 율법 준수의 의무에서 해방되었다.

2. 율법을 지키지 못함으로 오는 저주를 그리스도께서 다 지시고 십자가에 달리셨기 때문에 우리를 위하여 저주가 되신 것이다.

율법을 지키지 못함으로 율법의 저주가 우리 위에 가득 쌓였다. 그리스도께서 그 저주를 지시고 십자가에 달리심으로 우리 자리에서 우리 대신에 저주가 되셨다.

그리스도는 저주를 받을 수 없다. 왜냐하면 그는 율법의 요구를 다 성취하셨기 때문이다. 율법의 요구를 다 성취하신 이에게는 더 이상 요구할 것이 없다. 따라서 저주가 올 수 없다.

그런데도 그리스도께서 우리가 받은 저주를 다 지셨다. 왜냐하면 자기 스스로 십자가에 달린 것이 아니고 하나님이 그를 십자가에 다셨기 때문이다. 율법의 저주를 다 그의 몸에 지워 그를 십자가에 다셨다.

예수 그리스도가 십자가에 달린 것은 전적으로 하나님의 일이다. 우리를 율법의 저주에서 구출하기 위하여 그를 십자가에 다셨다. 그에게 율법의 저주를 지워서 그렇게 하셨다.

우리가 율법의 요구 곧 율법을 범했으므로 죗값을 갚으라는 요구를 성취할 수 없기 때문에 우리는 죽어야 한다. 율법을 범한 죗값은 죽음인데, 그 죽음을 그리스도에게 지워 율법의 저주대로 율법을 범한 자로 죽게 하셨다. 자기가 범하지 않았어도 그에게 저주가 지워졌으니 율법을 성취해야 할 책임을 지게 되었다. 율법의 요구대로 죗값을 그의 죽음으로 갚으시기 위해 율법의 저주가 되셨다.

3. 나무에 달려 죽은 자는 저주를 받은 자인데 그리스도께서 나무에 달려 죽으심으로 저주받은 자가 되었다. 자기의 잘못으로 나무에 달린 것이 아니고 죄가 없는데도 나무에 달렸으므로 다른 사람들의 죗값을 전가 받아 저주받은 자가 되어 저주를 짊어졌다. 곧 죽으셨다.

그리스도는 사람으로서는 죽을 나이도 아니었다. 율법을 범함도 전혀 없었다. 그러면 결코 나무에 달려 죽을 수가 없다. 그런데도 나무에 달려 죽었으니 그의 십자가에 달림은 사람에 의해서 된 것이 아니고 하나님의 작정대로 이루어진 것이다. 우리의 저주를 그에게 전가하여 그가 저주가 됨으로 우리의 저주를 해제하려고 하셨다. 이 때문에 그가 십자가에 달리셨다. 즉 하나님의 손에 의해 무죄한 예수 그리스도가 저주가 되셨다.

4. 율법의 저주가 그에게 전가됨으로 우리는 저주가 해소되었다. 즉 정죄에서 우리를 속량하셨다.

이와 같이 그리스도가 우리의 저주를 지심으로 우리를 율법의 저주 곧 죽음과 형벌에서 사서 건지신 것이다. 그러므로 이제 이후로는 율법의 저주가 우리에게 미칠 수 없게 되었다.

5. 사서 건지는 것은 값을 지불하고서 이루어진다. 그리스도께서 우리를 율법의 저주에서 사서 건지실 때도 값을 지불하셨다. 그것은 바로 율법의 저주에 타당한 그의 죽음이다.

그리스도께서 십자가에 죽으신 것이 바로 율법의 저주에서 우리를 사서 건지신 값이다. 죗값은 죽음이다. 그가 율법의 저주의 값대로 십자가에 대신 죽으셨다. 그의 죽으심 혹은 피 흘리심이 우리를 율법의 저주에서 사서 건지신 몸값이다.

6. 죗값을 지불하고서 사서 건지셨으므로 완전한 속량이어서 율법이 더 이상 미칠 수 없게 되었다.

그리스도의 십자가 이후에는 율법이 더 이상 세력을 미칠 수 없다. 율법이 세력을 미친다는 것은 값이 아직 덜 치러졌다는 말이다. 그런데 완전한 값이 지불되었으므로 더 이상 값을 요구할 수 없다. 율법은 지켜야 한다고 더 이상 요구할 수 없게 되었다. 그리스도의 죽음이 율법의 요구대로 죗값을 완전히 갚으심이기 때문이다.

갈 3:14 이는 그리스도 예수 안에서 아브라함의 복이 이방인에게 미치게 하고 또 우리로 하여금 믿음으로 말미암아 성령의 약속을 받게 하려 함이니라

3:14 ἵνα εἰς τὰ ἔθνη ἡ εὐλογία τοῦ Ἀβραὰμ γένηται ἐν Χριστῷ Ἰησοῦ, ἵνα τὴν ἐπαγγελίαν τοῦ πνεύματος λάβωμεν διὰ τῆς πίστεως.

갈 3:14 이로써 그리스도 예수 안에서 아브라함의 복이 이방인들에게 미치게 하고 또 믿음으로 말미암아 우리로 성령의 약속을 받게 함이었습니다.

1. 복은 저주가 제거되어야 온다. 저주가 걸려 있으면 복을 주실 수가 없다. 그러므로 그리스도께서 저주를 제거하여 아브라함의 복을 받게 하셨다.

저주받은 자에게는 복이 올 수가 없다. 복은 저주의 반대이기 때문이다. 그러므로 저주가 먼저 제거되어야 한다. 그 저주는 저주를 내린 자만이 제거할 수 있다. 그러므로 그리스도께서 저주를 제거하셨다. 그냥 제거한 것이 아니라 죗값을 갚으심으로 죄를 제거하여 저주를 제하셨다.

2. 이방인은 이방인이기 때문에 저주 아래 있다.

이방인은 하나님의 택한 백성이 될 수 없다. 아브라함의 씨가 아

니기 때문이다. 아브라함의 씨에게만 구원과 복이 약속되어 있다. 이방인은 아브라함의 씨가 아니기 때문에 구원과 복과는 상관이 없다. 복을 받을 수가 없다. 여기서 복은 저주와 죽음에서 구원받음을 말한다.

택함 받지 못했다는 것은 버림받고 저주받았음을 뜻한다. 이스라엘은 구원과 복에 이르도록 선택되었다.

그러나 이방인은 버림받았다. 그들은 저주 아래 있고, 정죄 아래 있었다. 그들도 복을 받고 구원에 이르려면 택함을 받아야 한다. 택함을 받으려면 저주가 제거되어야 한다.

이 저주를 그리스도께서 제거하셨다. 그러므로 이방인들도 아브라함의 복에 이를 수 있다. 그 복은 바로 그리스도로 말미암은 구원에 이르는 것이다 (요 8:56).

3. 아브라함의 복은 구원에 이르는 것이다.

아브라함이 구원받는 것이 복을 받음이다. 그는 믿음으로 구세주를 약속받았다. 그 구세주를 바라보고 그를 믿음으로 구원에 이르렀다 (요 8:56). 그냥 구원에 이른 것이 아니라 구세주를 주시기로 한 약속을 믿음으로 구원에 이르렀다. 아브라함이 할 수 있는 것이라고는 구세주를 주신다는 약속을 믿는 것뿐이었다. 무엇을 행해서 구원을 획득한 것이 아니고 믿기만 함으로 구원에 이르렀다.

아브라함은 그냥 아들 이삭을 주신다는 약속만을 믿은 것이 아니다. 아들을 주신다는 약속을 믿은 것은 이삭을 통해서 오실 구주 곧 그리스도가 자기의 씨로 와서 자기와 자기의 후손들과 세상을 구원하실 것을 믿은 것이다. 아브라함도 그리스도를 믿음으로 구원 받았다.

4. 율법을 받지 못한 이방인들은 구원의 길을 알지 못하므로 믿는 것만이 구원의 길이다.

이스라엘에게만 율법이 주어졌고, 이방인에게는 율법이 알려지지 않았다. 율법을 받지 못하였으니 구원의 길을 알 수 없었다. 그러므로 이방인들에게 구원의 길은 불가능하여 완전히 닫혀 있었다.

율법이 없으므로 이방인이 구원에 이르려면 믿는 것뿐이다. 이 믿음으로 구원을 얻도록 하려고 이방인에게서 저주를 제거하셨다.

이방인은 율법이 없어서 율법과 하나님의 구원의 길을 알지 못했어도 모두 죄의 생활이므로 율법을 전적으로 부정하고 무시하는 삶이었다. 따라서 늘 저주가 걸려 있었다. 그러나 이제 저주가 제거되었으니 구원에 그냥 이르러 갈 수가 있다. 믿음으로만.

5. 성령을 받는 것이 바로 구원 얻음이다.

성령은 저주가 제거된 자들에게 주어진다. 즉 죄가 용서된 자들에게 성령이 주어진다. 그리스도가 저주를 제거하셨으니 그를 믿음으로 성령을 받는다. 성령을 주심으로 구원은혜를 주시기 때문이다.

구원 얻음과 성령 받음은 일치한다. 성령은 구원 얻은 자들에게 주어지고, 또 모든 구원은혜를 가져오시기 때문이다.

6. 성령 받음은 오직 믿음으로만 된다.

성령은 주 예수를 믿는 자들에게 주어진다. 그리스도가 우리의 저주를 제거하시되 대신 저주가 되심으로 저주가 해소되었다. 따라서 율법을 지킬 필요가 없어진다. 율법 준수는 저주와 정죄를 가져오기 때문에 율법을 지키는 것이 아니라 율법을 지킴 없이 믿음으로만 성령을 받는다. 성령은 믿음으로 받고, 율법을 지킴으로는 불가능하다.

성령 받기 위하여 율법을 지키면 율법을 범하도록 정해져 있다. 잘 지키려고 해도 범하고, 율법을 무시하고 살면 모든 행동이 다 율법을 범하는 것이다. 그러면 율법의 정죄와 저주가 필연적이다. 율법 준수로 성령 받음은 불가능하다.

우리는 예수 그리스도를 믿는 믿음으로 성령을 받되 믿음 다음 단계로 받는 것이 아니고, 믿을 때 성령을 바로 받는다.

7. 이방인을 구원하시려고 저주를 제거하셨으니 성령은 믿음으로 받고 다른 길은 없다.

율법의 저주를 그리스도께서 제거하심은 이방으로 구원에 이르게 하기 위해서였다. 그러므로 성령 받는 길 혹은 구원 얻음은 믿음으로만이고 율법 준수의 길일 수 없다.

갈 3:15 형제들아 사람의 예대로 말하노니 사람의 언약이라도 정한 후

에는 아무나 폐하거나 더하거나 하지 못하느니라

3:15 Ἀδελφοί, κατὰ ἄνθρωπον λέγω· ὅμως ἀνθρώπου κεκυρωμένην διαθήκην οὐδεὶς ἀθετεῖ ἢ ἐπιδιατάσσεται.

갈 3:15 형제들이시여, 사람의 예대로 말합니다. 사람의 언약이라도 한번 세워지면 아무나 파기하거나 더하지 못합니다.

1. 믿으면 성령 주시기로 약속하셨는데 율법이 부가되었다고 해서 그 약속이 파기될 수 없음을 강조하고 있다.

성령은 주 예수를 믿는 믿음으로 주기로 하셨다. 그런데 율법이 왔다고 해서 그전 약속이 변경될 수 없다. 그런데도 율법주의자들은 율법이 온 후에는 율법을 완전하게 지키면 곧 의가 완전해지면 성령을 받는다고 한다. 그러나 믿음으로 성령 받음이 하나님 자신의 약속인데 그 약속이 어떻게 바뀌겠는가? 율법이 온 후에도 성령은 주 예수를 믿는 믿음으로만 받는다.

2. 사람의 언약도 한번 체결한 후에 그 언약 조건들에 새것을 추가하거나 내용을 변경하면 그 언약이 파기된다.

사람들 간에 체결한 언약 혹은 계약도 한번 체결한 후에 그 내용을 일방적으로 임의로 변경하거나 추가하면 그 계약은 무효 처리된다. 그러므로 일단 계약을 체결하면 그 계약 조건들에 매이고, 그

내용을 임의로 바꾸거나 추가하지 못한다. 계약 조건들을 일방적으로 임의로 바꾸면, 즉시 그 계약이 무효가 된다. 사람들 간에 체결한 계약도 이러하다.

3. 하나님이 약속으로 체결하신 언약은 사람이 파기하거나 무효화할 수 없다.

하나님이 약속으로 체결하신 언약은 사람이 임의로 내용을 바꾸거나 추가할 수 없다. 하나님이 자기의 약속대로 언약을 맺으셨는데 사람이 어떻게 바꿀 수 있겠는가? 믿음으로 성령 주시기로 약속하셔서 언약을 체결하셨다. 그런데 후에 율법이 언약백성들에게 부가되었다. 추후 부가된 것 때문에 처음 약속이 변경될 수 없다. 만일 약속을 바꾸면 그것은 하나님과 맺은 언약이 되지 못한다. 하나님이 약속으로 맺으신 언약은 부가된 율법으로 고치지 못한다. 그것은 하나님의 언약이기 때문이다.

4. 율법 준수로 성령을 받는다는 주장은 바로 하나님의 언약을 바꾸는 행동이어서 성령 받는 것을 불가능하게 한다.

갈라디아에 온 유대 그리스도인들은 율법 준수가 완전해야 성령을 받는다고 주장하였다. 그래서 갈라디아 교회가 혼란해져서 다시 성령 받기 위해 율법 준수를 시작하였다. 이런 행동은 하나님의 처음 약속을 거부하는 것이고, 하나님의 언약을 파기하는 행동이다. 이것은 도저히 용납할 수 없는 일이다.

따라서 율법 준수에 의해 성령 받으려는 노력은 다 하나님을 대항하는 행동이다.

갈 3:16 이 약속들은 아브라함과 그 자손에게 말씀하신 것인데 여럿을 가리켜 그 자손들이라 하지 아니하시고 오직 하나를 가리켜 네 자손이라 하셨으니 곧 그리스도라

3:16 δὲ ἐρρέθησαν αἱ ἐπαγγελίαι τῷ Ἀβραὰμ καὶ τῷ σπέρματι αὐτοῦ· οὐ λέγει· Καὶ τοῖς σπέρμασιν, ὡς ἐπὶ πολλῶν, ἀλλ' ὡς ἐφ' ἑνός· Καὶ τῷ σπέρματί σου, ὅς ἐστιν Χριστός.

갈 3:16 아브라함과 그의 씨에게 약속들을 말씀하신 것입니다. 그는 많은 씨들에 관해서 말씀하지 않으시고 하나를 네 씨라 하셨으니 곧 그리스도이십니다.

1. 하나님이 아브라함에게 씨를 약속하시면서 많은 자손들을 약속하셨지만 (창 15:5, 22:17) 실은 언약의 체결과 약속은 이삭 한 아들을 지칭하셨다 (창 17:19). 이 이삭은 바로 그리스도의 예표이다.

땅과 많은 백성의 약속이 이삭에게 주어졌다. 많은 자손들이 아니라 바로 이삭이 하나님이 지목하신 한 아들이다. 그러나 이 이삭도 실제로는 그리스도의 출생을 위해서 주어지고 약속되었다. 그러므로 하나님이 아브라함의 후손으로 나올 씨로 그리스도를 지목하

신 것이다. 이삭 자체가 아니라 이삭으로 지목된 그리스도를 말씀하신 것이다.

2. 이삭에게 약속된 많은 자손들은 실은 그리스도에게 약속된 많은 백성을 뜻한다.

이삭을 통하여 (창 17, 22:17) 많은 아들들을 주신다고 하나님이 약속하셨는데 그 약속은 그리스도를 목표하고 이루어졌다. 그리스도가 궁극적으로 아브라함에게 약속된 참 아들이다. 그에게서 세상 구원이 이루어져 많은 백성이 생겨나기 때문이다. 아브라함의 씨가 받을 땅, 가나안도 그리스도에게 약속된 것이다. 왜냐하면 그곳에서 그리스도께서 십자가에 죽으셔야 하기 때문이다. 이 죽음으로 그리스도가 헤아릴 수 없는 씨를 얻는다.

3. 그리스도의 자손들에게 (히 2:13) 성령을 주사 구원하실 것을 약속하셨다 (행 1:4).

하나님께서 그리스도와 구원협약을 맺어 그리스도를 믿어 구원에 이를 자들에게 성령 주시기로 약속하셨다 (갈 3:14). 그들이 아브라함의 씨가 된다. 왜냐하면 그들이 성령으로 출생한 이삭과 같은 신분이기 때문이다 (갈 4:28-29).

4. 이렇게 약속을 따라 성령을 받았으니 다른 방식은 불가하여 그것은 바로 언약을 파기함과 같은 일이다.

약속을 따라 성령 받았으니 율법을 지켜 성령을 받을 수 없다. 율법과 상관없이 오직 주 예수를 믿는 믿음으로 성령을 선물로 받는다. 다른 길은 성립하지 않는다. 율법을 지켜서 성령 받는 것이 하나님의 법이라면, 구약 백성들이 그리스도가 오시기 전에 성령을 받았어야 한다. 율법 준수로 성령 받는다고 하는 주장은 하나님의 구원 경륜을 완전히 허는 일이다.

갈 3:17 내가 이것을 말하노니 하나님의 미리 정하신 언약을 사백 삼십 년 후에 생긴 율법이 없이 하지 못하여 그 약속을 헛되게 하지 못하리라

3:17 δὲ τοῦτο λέγω· διαθήκην προκεκυρωμένην ὑπὸ τοῦ θεοῦ ὁ μετὰ τετρακόσια καὶ τριάκοντα ἔτη γεγονὼς νόμος οὐκ ἀκυροῖ, εἰς τὸ καταργῆσαι τὴν ἐπαγγελίαν.

갈 3:17 이것을 내가 말합니다. 곧 하나님에 의해 미리 맺어진 언약을 430년 후에 생긴 율법이 폐기하지 못함으로 약속을 헛되게 하지 못합니다.

1. 아브라함에게 하나님이 약속하신 지 430년이 지나서 이스라엘이 출애굽 할 때 시내 산에서 율법이 주어졌다.

하나님은 먼저 아브라함에게 약속하시고 그 후에 율법을 주셨다. 율법을 주셨다고 처음 아브라함과 맺은 언약이 폐기된 것이 아니다.

하나님이 아브라함과 맺으신 언약은 살아 있고 여전히 유효하다. 율법을 지켜 완전해질 수 없고, 율법을 온전히 지켜 의롭게 될 수가 없다. 율법을 지켜 의롭게 되라고 율법을 주신 것이 아니다. 율법을 지켜 의로워질 수 없다는 것을 깨닫게 하기 위해서 율법을 주셨다. 곧 사람은 자기의 노력으로 의롭게 되고 구원될 수 없음을 알게 하시려고 율법을 주셨다.

율법을 행함으로 의롭게 된다는 것은 불가능하기 때문에, 믿음으로 의롭게 되는 것이 무효화될 수가 없다.

2. 율법이 주어졌을 때 하나님의 언약을 대치한다는 선언이 없으므로 언약이 폐기된 것이 아니다.

시내 산에서 율법이 주어졌을 때 이 율법을 지킴으로 산다고 하였지만 그전에 아브라함에게 약속하고 선언하신 대로 믿음으로 의롭다고 하신 것이 없어진 것이 아니다. 아브라함이 의롭게 된 것이 무효화되지 않았으므로 여전히 믿음으로 의롭게 됨은 타당하다. 아브라함에게 타당한 것은 그의 발자취를 따라 주 예수를 믿어 의롭게 되는 자들에게 그대로 타당하다. 그러니 율법이 이미 이루어진 언약을 폐기하지 못하므로 신약시대에도 그대로 그 언약이 타당하다.

3. 아브라함이 자기의 후손으로 오시는 그리스도를 믿음으로 의롭게 되었으면 (요 8:56) 믿음으로 의롭게 되는 길은 그리스도가 오신 이후에는 더욱 타당하다.

아브라함이 오실 그리스도를 보고 믿음으로 구원에 이르렀으면 그리스도께서 오신 이후에는 믿음으로 의롭게 됨이 더욱 타당하다. 즉 아브라함의 길이 폐기되지 않았다. 의롭게 되고 성령 받는 것은 오직 주 예수를 믿음으로이다.

4. 이 진리를 모르고 유대주의자들이 그리스도 오신 이후에도 믿음을 제치거나 믿음과 함께 율법 준수를 주장하고 가르치는 것은 전적으로 그릇되었다고 말한다.

바울은 의롭게 되는 길이 믿음의 길 곧 아브라함의 길이므로, 그리스도 오신 이후에 율법과 믿음의 길을 같이 주장하여 강요하는 것은 전적으로 그릇되어 하나님의 구원섭리를 거역하는 것이라고 주장하고 있다.

그리스도 오시기 전에도 믿음으로만 의롭게 되었으면 그가 오신 이후에는 더욱이 그를 믿는 믿음으로만 의롭게 되고 성령을 받는다. 그 외에 다른 길은 없다.

갈 3:18 만일 그 유업이 율법에서 난 것이면 약속에서 난 것이 아니리라 그러나 하나님이 약속으로 말미암아 아브라함에게 은혜로 주신 것이라

3:18 γὰρ εἰ ἐκ νόμου ἡ κληρονομία, οὐκέτι ἐξ ἐπαγγελίας· δὲ τῷ Ἀβραὰμ δι' ἐπαγγελίας κεχάρισται ὁ θεός.

갈 3:18 만일 상속이 율법에서 나오는 것이면 약속에서 난 것이 아니요, 그러나 하나님은 아브라함에게 약속으로 말미암아 상속을 주셨습니다.

1. 하나님은 율법을 주시기 전에 상속을 주기로 약속하셨다. 그가 하나님의 약속을 믿었기 때문에 의에 이르고, 땅과 자손들의 약속을 받았다. 즉 상속이 율법 전에 약속되었다.

아브라함은 순전히 하나님의 약속을 믿음으로 의롭게 되었고, 그 때문에 상속을 받았다. 그러므로 상속은 율법과 무관하다. 상속을 받기 위해 무슨 공을 세우기 전에 의롭게 되었고, 상속이 약속되었다. 아브라함이 하나님 앞에서 공을 세운 것은 아무것도 없다. 공이 있다면 단지 하나님의 약속을 믿은 것이다. 그러면 믿음은 율법 이전의 일이다. 하나님은 처음부터 주 예수를 믿는 믿음으로 세상을 구원하기로 작정하셨다. 그러므로 성령을 받는 상속은 하나님의 약속으로 왔고, 인간의 공로와는 무관하다. 즉 율법 지킴과는 무관하다.

2. 하나님은 아무 공로가 없는 아브라함에게 약속으로 상속을 주셨다.

아브라함은 하나님의 약속을 받기 위해서 할 것이 아무것도 없었다. 그 약속을 믿는 것뿐이었다. 그 믿음에 기초하여 하나님은 약속으로 상속을 주셨다.

3. 그러면 지금 그리스도 예수를 믿는 자들도 행함이나 공로로 구원에 이르는 것이 아니고, 전적으로 하나님의 약속을 믿음으로 받는다. 즉 성령 주심의 약속을 예수 믿음으로 받는 것뿐이다.

아브라함이 믿음의 길의 시작이다. 아직 그리스도가 오시지 않았으므로 그리스도를 주시겠다는 하나님의 약속을 믿음으로 아브라함은 의에 이르렀다. 그러면 그리스도가 오셔서 구원을 이루셨으니 그리스도를 믿기만 하면 성령을 받는다. 그 외에 다른 길이 있는 것이 아니다.

성령은 예수 그리스도를 믿는 자들에게 주기로 약속하셨기 때문에 믿기만 하면 받는 것이다. 다른 길이 없다. 인간의 공로를 더함은 성령 받을 수 없게 한다. 성령을 받기 위해서 자격을 갖출 수가 전혀 없기 때문이다. 주 예수를 믿는 믿음고백이 성령 받는 유일한 조건이다.

갈 3:19 그런즉 율법은 무엇이냐 범법함을 인하여 더한 것이라 천사들로 말미암아 중보의 손을 빌어 베푸신 것인데 약속하신 자손이 오시기까지 있을 것이라

3:19 οὖν Τί ὁ νόμος; τῶν παραβάσεων χάριν προσετέθη, ἄχρις οὗ ἔλθῃ τὸ σπέρμα ᾧ ἐπήγγελται, διαταγεὶς δι᾽ ἀγγέλων ἐν χειρὶ μεσίτου·

갈 3:19 그러면 율법은 무엇인가요? 그것은 범법함들 때문에 더해진 것이어서 약속하신 씨가 오시기까지 있도록 천사들로 말미암아 중보자의 손으로 베풀어진 것입니다.

1. 율법은 범행이 많기 때문에 주어졌다.

하나님의 법을 어김이 너무 많으므로 율법이 주어졌다. 범행이 없었으면 율법은 주어지지 않았을 것이다. 그런 것을 행하면 안 된다는 것을 알리기 위해서 율법이 주어졌다. 곧 그렇게 행하는 것은 하나님의 어떤 계명을 어김이라는 것을 알게 하기 위해서 율법이 주어졌다.

2. 율법은 의를 이루기 위해서 주신 것이 아니고, 범법을 제한하려고 주셨다.

율법은 본래 의롭다 함을 주시기 위해서 주어진 것이 아니다. 율법은 의를 선사하기 위해서 주신 것이 아니고, 범법이 너무 많아지므로 주신 것이다. 범법을 알게 하기 위해서 주어졌다. 범법이 하나님의 법을 어김이라는 것을 알도록 하기 위해서 율법이 주어졌다. 불법을 행함이 하나님의 계명을 어김이라는 것을 알도록 하기 위해서 율법을 주셨다.

3. 율법 주신 목적이 범법을 제한하려고 주셨으니, τῶν παραβάσεων χάριν προσετέθη, 의를 이루기 위해 율법을 지키는 것은 불가능

하다.

율법을 지켜서 의롭다 함을 얻을 수 있기 때문에 주신 것이 아니다. 율법을 지켜 의를 얻으려고 하는 것은 불가능하고, 또 율법 주신 이의 의도에 전혀 맞지 않다. 범죄를 제한하려고 주신 것이다. 범죄를 줄이려고 주신 율법을 어떻게 지켜서 의에 이를 수 있을 것인가? 그것은 전적으로 불가한 시도이다. 따라서 율법 준수로는 결코 의에 이를 수 없고, 성령의 약속을 받을 수 없다.

4. 더구나 율법은 약속된 씨가 오시기까지만 유효하다.

율법은 약속된 씨가 오시기까지 범법함을 제한하여 백성의 생존을 보존하려고 주셨다. 약속된 씨가 오시면 그 율법은 효력을 상실한다. 왜냐하면 약속된 씨가 왔기 때문이다. 약속된 씨가 의를 가져왔다. 약속하신 씨가 구원을 가져왔다. 그러므로 율법이 어디에 그 자리를 가질 것인가?

율법은 약속하신 씨가 오시기까지만 유효하고 오신 이후에는 자리가 없다. 그런데도 그리스도 오신 이후에도 율법으로 의와 성령을 받으려고 하는 시도는 전적으로 부당하다. 그것은 의도적인 악행이다. 하나님의 구원작정을 정면에서 부정하고 대항하는 것이기 때문이다.

5. 율법은 천사들로 말미암아 모세의 손을 통해 주셨다.

그리스도의 구원은 하나님 자신의 구원이다. 하나님의 아들이 성육신하여 구원을 이루셨기 때문이다.

그러나 율법은 천사들을 통해서 모세의 손으로 주셨다. 그것은 하나님의 직접적인 구원사역이라고 할 수가 없다.

그러므로 구원과 성령 받음은 그리스도의 구원사역에 있고, 율법 준수에 있지 않다.

6. 완전한 구원이 이루어진 후에 임시조치였던 율법으로 구원에 이르려고 하는 시도는 전적으로 부당하여 하나님의 구원섭리에 거스른다고 바울이 주장한다.

율법이 지배할 때는 그 시도를 이해할 수 있었겠지만 이미 완전한 구원이 이루어져서 율법의 자리가 없어졌는데 다시 율법 준수로 돌아가려는 것은 전적으로 그릇되었다. 그것은 하나님의 구원섭리에 전적으로 배치되는 것이라고 바울은 주장한다. 약속하신 씨인 그리스도가 오시기까지만 유효한 율법으로 그리스도 이후에도 구원과 성령 받음에 이르려고 한 것은 전적으로 시대착오적이고 그릇된 것이다.

갈 3:20 중보는 한편만 위한 자가 아니니 오직 하나님은 하나이시니라

3:20 δὲ ὁ μεσίτης ἑνὸς οὐκ ἔστιν, δὲ ὁ θεὸς εἷς ἐστιν.

갈 3:20 중보자는 한편만의 중보자가 아니나 하나님은 하나이십니다.

1. 한 사람만이면 중보자가 있을 수 없음을 말한다.

중보자는 둘 사이를 상관하므로 한 사람만 있을 때는 필요가 없다. 그러나 하나님은 한 분이시므로 사람과 상관할 때 중보자가 필요함을 말한다. 율법을 주실 때도 하나님이 백성들에게 직접 율법을 주신 것이 아니고 중보자 모세를 세워 그를 통하여 율법을 주셨다.

하나님은 언제나 중보자를 통해서 일하신다.

2. 율법이 주어질 때 모세의 중보직은 사람으로서 중보자이기 때문에 한 분 하나님에 대해 바른 중보를 할 수 없음을 바울이 말하고 있다.

모세는 율법을 받을 때 하나님과 이스라엘 간의 중보자였다. 그러나 그는 순전히 사람으로서 중보자였기 때문에 중보직을 바르게 잘 할 수 없었다. 중보자는 둘 사이를 중재하는 것인데 하나님에 대해서는 일방적으로 명령을 받는 것뿐이었다. 하나님과 사람 사이에 바르게 설 수 있어야 바른 중보자직을 수행할 수 있다.

그러나 참 중보자 예수 그리스도는 하나님이시요 사람이시므로 둘 사이에 바른 중보를 하실 수 있었다. 그러므로 이 중보자에 의해 하나님과 사람 사이를 만족시키는 구원을 이룰 수 있었다.

3. 하나님은 한 분이시므로 중보자는 양쪽을 다 만족시킬 수 있는 그런 중보자가 필요함을 강조하고 있다.

중보자는 양쪽을 다 만족시켜야 한다. 그러나 사람 중보자는 한 분 하나님을 사람에 대해 바로 중보할 수가 없다. 신인 예수 그리스도만이 둘 사이에 참 중보자이심을 밝히고 있다.

이 문장은 전후 문맥에서 보면 삽입절이다. 중보자의 손을 빌려서 율법이 주어졌음을 말하면서 중보자에 대해 부연한 것이다.

갈 3:21 그러면 율법이 하나님의 약속들을 거스리느냐 결코 그럴 수 없느니라 만일 능히 살게 하는 율법을 주셨더면 의가 반드시 율법으로 말미암았으리라

3:21 οὖν Ὁ νόμος κατὰ τῶν ἐπαγγελιῶν τοῦ θεοῦ; μὴ γένοιτο· γὰρ εἰ ἐδόθη νόμος ὁ δυνάμενος ζῳοποιῆσαι, ἂν ὄντως ἐκ νόμου ἦν ἡ δικαιοσύνη.

갈 3:21 그러면 율법이 하나님의 약속들을 거스르는가요? 결코 그럴 수 없습니다. 만일 살게 하는 율법이 주어졌다면 의가 반드시 율법으로 말미암았을 것입니다.

1. 율법은 의에 이르도록 하기 위해서 주신 것이 아니고 범법함이 많으므로 그것을 억제하기 위해서 주어졌다는 것이 바울의 중심점이다. 비록 율법이 약속 후에 주어졌어도 율법이 약속을 뒤집을 수 없다는 것을 강조한다.

비록 율법은 명하기를, "이것을 행하라 그리하면 살리라"고 하였을지라도, 율법이 약속을 뒤집어 의가 행함에서 나오고 믿음에서 나올 수 없다고 정하는 것이 아니라는 것을 말한다.

믿음으로 의가 주어졌으면 율법이 주어졌어도 의는 믿음으로 된다는 것을 강조하고 있다. 의는 오직 주 예수를 믿는 것이다. 그 믿음으로 죄 용서를 받기 때문이다. 죄가 용서되고 죄책이 제거되면 그것이 바로 의롭게 되는 것이다. 의롭게 되는 것은 전적으로 주 예수를 믿음으로만 된다.

2. 율법은 살게 할 수 없다. 즉 율법은 의를 선사할 수 없다. 그런데도 약속 후에 온 율법이 사람을 살게 할 수 있었다면 믿음에 의한 의의 길이 다시 주어질 수 없었을 것임을 말한다.

처음에 믿음으로 말미암아 의가 주어졌는데 율법이 와서 그것을 대치하였다면 율법이 살려내는 것이다. 율법이 사람을 살게 하는데 무엇 때문에 예수 믿음이 주어졌겠는가?

처음 아브라함에게 믿음으로 말미암아 의가 주어지고 율법 후에 다시 예수 믿음으로 의가 주어졌으면 율법은 살려내는 것이 아니다. 율법이 능히 살게 하였다면 믿음의 도에 의해서 의를 세울 필요가 전혀 없었을 것이다.

율법이 사람을 살려내지 못하고 죽음으로 몰고 가기 때문에 믿음이 주어졌다.

갈 3:22 그러나 성경이 모든 것을 죄 아래 가두었으니 이는 예수 그리스도를 믿음으로 말미암은 약속을 믿는 자들에게 주려 함이니라

3:22 ἀλλὰ συνέκλεισεν ἡ γραφὴ τὰ πάντα ὑπὸ ἁμαρτίαν ἵνα ἡ ἐπαγγελία ἐκ πίστεως Ἰησοῦ Χριστοῦ δοθῇ τοῖς πιστεύουσιν.

갈 3:22 그러나 성경이 모든 사람을 죄 아래 가두었으니 이는 예수 그리스도를 믿는 믿음으로 말미암아 약속을 믿는 자들에게 주시기 위함이었습니다.

1. 율법이 결코 사람을 살릴 수 없는 것은 율법을 가진 자들도 다 죄인들이라고 성경이 선언하고 있기 때문이다.

롬 11:32; 3:9-19에서 바울이 이렇게 선언하였다. 바울은 시 14:1-2; 53:1-2; 5:9; 140:3; 10:7; 사 59:7-8을 인용하여 선언한 것이다. 아무도 의로운 자가 없고, 다 치우쳐서 그릇 갔고, 아무도 선을 행하지 않으며, 목구멍은 썩은 것이 나오는 무덤이요, 그 혀는 속이는 데 빠르고 독사의 독이 그 입술 밑에 있으며, 저주와 악독이 가득하고, 그 발은 피 흘리는 데 빠르다. 또 하나님을 두려워함이 아무에게도 없다.

이 선언은 다 율법을 가진 자들을 향해서 이루어진 것이다. 그러면 범죄하지 않은 사람이 아무도 없다. 다 범죄하였고 죄인들이다. 그들은 다 죄 아래 갇힌 자들이다.

2. 율법이 없는 자들은 동일한 죄악을 행할 뿐 아니라 이보다 더

중한 죄악들을 범하고 살았다. 그러므로 그들도 다 하나님의 정죄의 선언 아래 있는 자들이다. 이것이 성경이 모든 것들을 죄 아래 가두었다는 말씀의 뜻이다.

율법 없는 자들은 죄 가운데로 출생하였다. 죄에 대한 의식도 없이 죄를 바른 법으로 알고 살았다. 그러므로 완전한 죄인들이다. 죄 가운데로 출생하였으니 죄 아니면 살아가는 방법이 없다. 다 죄 가운데 나서, 죄로 살고, 죄짓는 것만을 바른 법으로 알고 살았다.

3. 이렇게 모든 사람들이 다 죄인들이므로 죄에서 벗어나는 길은 율법이나 본성의 힘으로 할 수가 없다. 그러므로 의에 이르는 유일한 방법은 믿음뿐이다.

의를 얻음이 구원이고 생명이다. 율법으로도 의에 이를 수 없고, 본성의 힘으로도 의에 이를 수 없다.

그러므로 남은 길은 믿음의 길뿐이다. 믿음도 그냥 믿음이 아니라 예수 믿는 믿음이다. 이처럼 예수 그리스도를 믿는 믿음으로만 의에 이르고 구원을 얻을 수 있도록 하려고 성경이 온 세상을 다 죄 아래 가두었다. 즉 다 죄인이기 때문에 예수 그리스도를 믿는 것 외에는 사는 길이 없다.

예수 믿는 믿음으로 모든 인류를 구원하기 위해서 모든 인류를 다 죄 아래 가두셨다.

4. 예수 그리스도를 믿는 자들만이 의를 얻어 구원에 이른다.

세상이 구원에 이르는 방식은 예수 그리스도를 믿는 믿음뿐이다. 그러므로 예수 믿는 자들만이 의를 얻는다. 믿음에 의를 약속하셨기 때문이다. 하나님은 믿는 자들에게만 구원을 약속하셨다.

율법을 지킴으로 의에 이를 수 없다. 왜냐하면 율법은 범법이 너무 많아져서 그것을 억제하기 위해서 주신 것이므로 죄를 없애지 못한다. 율법은 의를 수여할 수도 없다. 그러므로 율법을 가져도 죄인임을 면할 길이 없다. 율법이 죄를 벗겨 주지 못하는 것은 율법이 오히려 죄를 촉진하기 때문이다. 율법은 범하면 정죄나 하지 죄를 벗어나게 할 수 없다.

율법을 가진 자들이나 없는 자들이나 모두 죄에서 벗어나 의에 이르는 길은 믿음뿐이다. 그 믿음은 예수 그리스도를 믿는 믿음을 말한다.

갈 3:23 믿음이 오기 전에 우리가 율법 아래 매인 바 되고 계시될 믿음의 때까지 갇혔느니라

3:23 δὲ Πρὸ τοῦ ἐλθεῖν τὴν πίστιν ὑπὸ νόμον ἐφρουρούμεθα συγκλειόμενοι εἰς τὴν μέλλουσαν ἀποκαλυφθῆναι. πίστιν

갈 3:23 믿음이 오기 전에 우리는 율법 아래 묶이고 장차 올 믿음이 계시될 때까지 갇혔습니다.

1. 예수 그리스도의 구속사역이 이루어지기 전에는 율법에서 벗어나 자유할 수가 없었다.

율법은 율법을 지키도록 된 자들에게 자유를 주는 법이 없다. 율법을 다 지켜도 계속 지키라고 하지, 그만하면 됐다고 면제를 해주지 않는다. 율법을 지키지 못하고 범하면 범법자라고 계속하여 정죄한다. 정죄자라고 할 뿐 아니라 계속하여 다시 지키라고 독촉한다.

그리하여 다시 지키려고 하면 지켜지는 것이 아니라 범하는 일이 반복된다. 이미 범한 죄의 법이 역사하여 그 법을 범하도록 만든다.

또 율법의 계명을 한 번 지켰다고 그 계명을 범하지 않을 보장이 없다. 유혹과 게으름과 욕망이 함께 작용하여 언제든지 율법의 계명을 범하게 만든다.

이렇게 율법은 역사하여 율법을 지켜도 자유가 없고, 지키지 못하고 범하여도 해방을 주지 못한다. 어떤 경우에든 율법 아래 있으면 해방과 자유가 없다.

율법은 지켜도 되고 지키지 않아도 되는 그런 자유가 없다. 언제든지 율법의 계명들에 매여 죄수가 된다.

감옥에 갇힌 사람은 자유가 없다. 문밖을 마음대로 드나들 수 없다. 율법 아래 있는 경우도 동일하다. 문밖을 드나들 수 없는 것처럼, 율법의 권세 아래서 벗어날 수가 전혀 없다. 언제든지 율법이 족쇄처럼 따라다닌다. 족쇄처럼 따라다니는 정도가 아니라 율법이 바로 족쇄여서 그 족쇄를 벗을 길이 없다.

2. 율법의 족쇄는 믿음이 옴으로 떨어져 나간다.

믿음이 오면 율법의 지배 아래 있을 필요가 없어진다. 믿음은 율법에서 해방이기 때문이다. 믿음은 믿기만 하면 되므로 율법을 지켜야 할 의무가 면제된다.

더 이상 율법을 지켜야 구원에 이른다고 율법은 말하지 못한다. 이미 믿음으로 구원에 이르러 율법을 지킬 의무가 다 해제되었기 때문이다. 그리스도가 율법의 요구를 다 성취하셨으므로 더 이상 지키라고 요구할 수 없게 되었다. 이미 지켜졌는데 왜 또 지키라고 요구할 수 있겠는가?

3. 믿음이 계시된다는 것은 그리스도의 계시로 믿음이 시작되었기 때문이다.

율법에서 자연적으로 믿음으로 넘어간 것이 아니다. 그리스도께서 십자가에 죽으심으로 믿음이 도입되었다. 그리스도가 율법의 요구를 다 성취하셨으므로 율법 준수의 의무가 다 해제되었기 때문이다.

그 이전에는 믿음으로 구원 얻음을 알 수가 없었다. 그러므로 믿음도 그리스도 계시와 일치한다. 그리스도께서 자신을 하나님의 아들의 성육신으로 계시하시지 않았으면 믿음의 길을 알 수가 없었다.

또 십자가가 율법의 완성으로 선포됨으로 믿음의 길이 들어왔다. 그러므로 믿음은 계시될 사항이었다.

4. 믿음이 계시될 것이라고 한 다른 이유는 믿음이 이미 아브라함에게 알려졌지만 믿음으로 계속되지 못했기 때문이다.

아브라함에게 이미 믿음이 계시되고 선언되었다. 그가 하나님을 믿음으로 그것이 그에게 의로 선포되었다. 그러면 믿음의 길을 계속

했어야 하는데 율법이 상당 기간 후에 도입되었다. 그러므로 믿음으로 진행할 수가 없었다.

이스라엘 민족의 역사가 마감되자 믿음의 길이 계시되었다. 그것도 십자가 사건으로 그렇게 선포되고 알려졌다. 이것이 믿음이 계시된다고 하는 이유이다.

5. 믿음은 그리스도의 십자가 사건으로만 시작한다.

십자가 이전까지는 율법이 전적으로 지배하였다. 믿음으로 율법의 속박에서 벗어나는 길은 그리스도의 십자가 사건으로만 이루어졌다. 십자가가 아니면 믿음으로 살고 싶어도 믿을 수가 없었다. 십자가 사건으로 믿음이 율법을 대치하게 되었다. 그러므로 믿음과 십자가는 함께 결합되어 있다. 십자가 없이는 믿음의 길은 불가능하기 때문이다. 십자가만이 율법을 믿음으로 대치하게 만들었다. 십자가가 율법의 요구의 성취이기 때문이다. 그러므로 믿음은 십자가 사건과 함께 계시되어야 했다.

십자가 선포에는 언제나 믿음이 함께 선포되고 강조된다. 십자가로 모든 것이 성취되었으므로 믿기만 하면 되기 때문이다. 믿음은 십자가와 함께 시작한다. 믿음은 십자가와 함께 처음으로 선포되고 알려졌다. 베드로가 처음으로 오순절에 십자가를 받는 길은 믿음이라고 선포하였기 때문이다. 즉 믿음은 십자가와 함께 계시된다.

십자가 선포에는 믿음만이 요구된다. 십자가를 받는 길은 믿음뿐이다. 그러므로 십자가 선포에는 율법의 요구가 필요하지 않다. 율법을 지켜야 한다는 의무조항이 개입할 틈이 없다. 율법이 십자가로 다 성취되었기 때문이다.

6. 믿음은 믿음만으로 완결된다.

믿음은 예수 그리스도의 십자가를 믿는 것이다. 믿음은 주 예수와 그의 십자가를 믿는 것이다. 십자가를 믿기 때문에 율법이 필요하다고 생각할 수도 없다. 십자가를 믿기만 하면 되기 때문이다. 십자가를 믿음이 모든 율법의 요구의 성취이기 때문이다.

믿음이 믿음이 되는 것은 십자가를 믿기 때문이다. 십자가를 믿음으로 받아들이면 율법의 요구가 다 이루어진다. 그러므로 믿음은 결코 율법의 보충을 필요로 하지 않는다. 따라서 믿음은 자기 완결적이다.

갈 3:24 이같이 율법이 우리를 그리스도에게로 인도하는 몽학선생이 되어 우리로 하여금 믿음으로 말미암아 의롭다 함을 얻게 하려 함이니라

3:24 ὥστε ὁ νόμος παιδαγωγὸς ἡμῶν γέγονεν εἰς Χριστόν, ἵνα ἐκ πίστεως δικαιωθῶμεν·

갈 3:24 이같이 율법이 우리를 그리스도께로 인도하는 노예 가정교사가 되었으니 우리가 믿음에 의해 의롭다 함을 받게 하려 함이었습니다.

1. 율법은 주인이 정한 기한까지만 아들을 교육하는 노예 가정교사 노릇만 하도록 주어졌다.

율법은 구원을 위해 주어진 것이 아니고, 구원자가 오시기까지 이스라엘을 교육하도록 하는 노예 가정교사로 주어졌다.

바울은 율법을 몽학선생 곧 노예 가정교사로 비유할 때 로마제국에 시행된 노예제도에서 빌려왔다. 로마인들은 재산과 권력에 따라 수십 명에서 수백 명까지 노예들을 두었다. 이 노예들 중에 학식과 덕을 겸전한 자들을 골라 상속자가 될 아들을 교육하도록 위촉하였다.

노예들에게 아들의 교육을 맡길 때 일정한 기한까지 필요한 모든 교육을 하도록 명하였다. 이 교육기간 동안 노예 가정교사들은 로마의 법률, 정치, 군사, 외교, 재정, 희랍철학, 로마문학 등을 가르쳤다.

그 배정된 기간 동안 교육이 다 마쳐지면 종들은 그 아들을 아버지에게로 인도한다. 주인이 명하신 모든 교육을 다 마쳤으므로 아들이 주인을 이어 상속자 되기에 합당하다고 한다.

이 보고를 받으면 주인은 아들을 위해 잔치를 베풀고 자기의 반지를 아들의 손가락에 끼움으로 상속하는 일을 마친다. 그러면 그날부터 노예 가정교사들은 더 이상 교육할 것이 없어져서 가정교사의 임무를 마감하게 된다. 그리고 새로 주인이 된 아들에게 무릎 꿇어 절하고 주인으로 섬긴다.

이 노예 가정교사들은 주인이 위촉한 기간까지만 아들을 교육한다. 교육이 마쳐지면 그 아들을 아버지에게 인도하여 그 결과를 보고함으로 임무를 마감한다.

이처럼 율법도 그리스도 오시기까지만 이스라엘을 교육하도록 위촉되었다. 그리스도 오시는 때까지가 율법이 활동할 기한이다. 그리스도께서 오신 후에는 활동기한이 마감되었다.

2. 율법은 백성들로 하여금 율법을 지킬 수 없다는 것을 깨닫게 하여 율법의 완성자가 오셔야 한다고 절규하게 하는 것으로 그 사명을 다하였다.

율법은 백성들의 눈을 열어 그리스도를 알아보도록 하는 것이 아니다. 자기들은 율법을 지킬 수 없다는 것을 깨닫고 절망하게 하여 율법의 완성자 곧 그리스도가 어서 오셔야 한다고 부르짖게 함으로 그 소임을 다한다.

율법은 백성들로 하여금 자기들이 율법을 지킬 수 없다는 것을 깨닫게 하면 그 직임을 다한 것이다.

3. 율법을 지킬 수 없다는 것을 깨닫고 절망에 이르게 하는 것이 율법이 그리스도께로 인도하는 몽학선생의 일을 다한 것이다.

율법은 본래 사람들이 지킬 수 있는 것이 아니다. 그러나 지키라고 명령을 받았으므로 백성들은 율법을 지킬 수 있다고 늘 믿었다.

그러나 율법이 왕노릇하는 기간이 끝나갈 때 백성들은 율법을 자기들의 힘으로 지킬 수 없다는 것을 깨닫기 시작하였다. 율법을 지킬 수 없다면 멸망밖에 다른 길이 없다는 것을 아는 것이다.

율법을 지킬 수 없다는 것을 자각하면 구원은 율법 외에 다른 곳에서 와야 한다는 것을 의식한다는 것이다. 율법으로 구원이 불가능하면 구원은 바로 율법의 완성자인 그리스도에게서 와야 한다는 것을 뜻한다.

백성들로 이것을 깨닫게 하면 율법은 그 소임을 다한 것이다.

4. 구원이 율법으로는 불가능하다는 것을 알게 하여 구원은 다른 길 곧 예수 믿음으로 된다는 것을 알게 하는 것이 몽학선생의 일을 다한 것이다.

율법은 율법 준수로는 구원 얻음이 불가능하다는 것을 알게 한다. 그러면 구원 얻기 위해 율법 준수 외에 다른 길을 찾아야 한다는 것을 알게 한다. 그 길은 바로 율법이 증거한 그리스도 믿음이다. 율법으로는 불가능하기 때문에 믿음, 예수 믿음을 구원의 길로 찾고 받아들이게 한다. 왜냐하면 율법으로는 구원이 불가능함을 알았기 때문이다.

이렇게 율법의 무능을 깨닫게 하여 예수 믿음을 택해야 구원이 가능함을 알게 한다. 이것이 율법이 그리스도께로 사람들을 인도하는 몽학선생으로서 한 일이다. 이렇게 율법 준수가 불가능하기 때문에 하나님이 예수 믿음을 구원의 길로 내셨다.

율법 준수가 불가능하기 때문에 의롭게 됨 곧 구원 얻음은 믿음으로만 된다.

갈 3:25 믿음이 온 후로는 우리가 몽학선생 아래 있지 아니하도다

3:25 δὲ ἐλθούσης τῆς πίστεως οὐκέτι ὑπὸ παιδαγωγόν ἐσμεν.

갈 3:25 믿음이 왔으므로 우리가 더 이상 노예 가정교사 아래 있지 아니합니다.

1. 믿음이 왔다고 해서 율법이 없어진 것이 아니다. 율법 아래에서 믿음으로 옮겨 간 것이다.

율법뿐일 때는 불가불 율법 아래 매여 있었다. 그러나 이제 믿음이 와서 믿음으로 구원에 이르게 되었으니 율법 아래 있을 필요가 없다. 믿음이 율법 아래 매인 자들을 해방하였다. 그러므로 율법의 지배에서 해방되고 해제되었다.

2. 해방된 자들은 결코 그전 억압자 밑으로 들어가기를 원하지 않는다.

노예 되었던 사람들이 한번 해방되면 그 전 주인에게로 돌아가는 법이 없다. 얼마나 어려운 압제 아래 살았는데 해방되고서 다시 그 전 주인 아래로 돌아가 그 밑에서 종노릇할 것인가? 아무도 그런 것을 원하지 않는다.

율법은 그런 혹독한 압제를 하였다. 율법에서 해방되었으니 그 율법으로 사람들이 다시 돌아갈 이유가 없다. 율법으로 돌아가는 것은 율법 아래 종노릇하는 것을 뜻한다. 그런 일은 아무도 하기를 원하지 않는다.

믿음으로 완전한 해방과 자유를 누리고 산다. 그러므로 더 이상 율법 아래 있을 필요가 없다. 율법은 지나간 일이 되었다. 율법 아래 살기를 고집하는 사람들이야 어떻게 할 수가 없지만, 일단 해방되면 다시는 그 압제 밑으로 돌아갈 수가 없다.

믿음이 와서 율법의 압제에서 우리를 해방하였으니 우리는 더 이상 율법 아래 있지 않다.

갈 3:26 너희가 다 믿음으로 말미암아 그리스도 예수 안에서 하나님의 아들이 되었으니

3:26 γὰρ πάντες υἱοὶ θεοῦ ἐστε διὰ τῆς πίστεως ἐν Χριστῷ Ἰησοῦ.

갈 3:26 여러분은 모두 예수 그리스도를 믿는 믿음으로 말미암아 하나님의 아들들이기 때문입니다.

1. 율법에서 해방된 것은 예수 믿음 때문이다. 그러므로 율법의 속박 아래 있지 않다.

율법 아래 있지 않는 이유는 율법에서 해방되어 하나님의 아들들이 되었기 때문이다. 예수 믿는 것은 율법의 속박에서 해방되어 하나님의 아들들이 되는 것을 말한다.

하나님의 아들들이면 하나님의 상속자가 된 것이다. 상속자는 주인이 된 것을 말한다. 주인이면 더 이상 자기를 가르치는 노예 가정교사 밑에 있을 필요가 없다. 주인이 되었으므로 종이 다 그 밑에 매이게 된다.

이에서 더 나아가 아들 상속자는 종들의 생사여탈권을 가진 권세자가 된 것이다. 그러면 더 이상 노예 가정교사의 지배 아래 있을 필요가 없어진다.

2. 예수 믿는 것은 하나님의 아들들이 되는 것이므로 상속자 주인이 종 밑에 있을 수 없다.

율법에서 해방되어 종들을 주장하는 주인이 되었으므로 노예 가정교사 밑에 더 이상 있을 수가 없다. 아들은 아버지에게서 모든 것을 상속받는다. 그 상속물들 중에 종들이 들어 있다. 종들이 새 주인의 소유물이 되었다.

그런데 어떻게 주인이 그전에 가르치던 노예 가정교사 밑에 있을 수 있는가? 예수 믿어 하나님의 아들들이 되었으니 그럴 수 없다.

갈 3:27 누구든지 그리스도와 합하여 세례를 받은 자는 그리스도로 옷 입었느니라

3:27 γὰρ ὅσοι εἰς Χριστὸν ἐβαπτίσθητε, Χριστὸν ἐνεδύσασθε·

갈 3:27 그리스도께로 세례 받은 여러분들은 모두 그리스도로 옷 입었습니다.

1. 세례 받을 때는 누구든지 다 물에 들어간다. 물에 들어가면 다 물에 흠뻑 젖고 물로 감싸이게 된다. 마찬가지로 그리스도께로 세례 받은 자들은 다 그리스도로 감싸이게 된다. 즉 그리스도로 옷 입은 것이다.

우리 그리스도인들은 물로 세례 받은 것이 아니라 그리스도께로 세례 받았다. 그러므로 그리스도로 다 젖고 그리스도로 감싸이게 되었다. 즉 그리스도로 옷 입었다.

2. 갈라디아 그리스도인들은 예수 믿음으로 그리스도께로 세례 받았다. 즉 그리스도로 다 덮이게 되었다.

갈라디아 그리스도인들이 비록 지금 율법을 다시 지키려고 하지만 이미 그리스도께로 세례 받았다. 그러므로 그들은 그리스도로 옷 입었다. 그리스도로 가득 덮였다.

3. 그리스도로 옷 입은 갈라디아 그리스도인들은 율법과는 상관이 없다.

갈라디아 그리스도인들이 예수 믿을 때 예수 그리스도께로 세례 받았다. 세례 받아 그리스도로 옷 입었으니 율법과는 아무 상관이 없다. 즉 그리스도가 모든 것이 되었기 때문이다.

갈 3:28 너희는 유대인이나 헬라인이나 종이나 자주자나 남자나 여자 없이 다 그리스도 예수 안에서 하나이니라

3:28 οὐκ ἔνι Ἰουδαῖος οὐδὲ Ἕλλην, οὐκ ἔνι δοῦλος οὐδὲ ἐλεύθερος, οὐκ ἔνι ἄρσεν καὶ θῆλυ· γὰρ πάντες ὑμεῖς εἷς ἐστε ἐν Χριστῷ Ἰησοῦ.

갈 3:28 유대인도 없고 헬라인도 없으며, 종이나 자유자도 없고, 남자나 여자도 없습니다. 여러분은 다 그리스도 예수 안에서 하나이기 때문입니다.

1. 그리스도께로 세례 받아 다 그리스도를 옷 입으면 사람들 간에 아무런 차이가 없어진다.

그리스도로 옷을 입으면 유대인이나 헬라인의 구분이 없어져서 다 그리스도인이 된다. 종이나 자유자의 구분이 없어져서 다 자유인이 된다. 여자나 남자도 그리스도인이므로 그런 외적 구분이 아무런 의미가 없게 된다.

모두가 다 그리스도인으로서 하나님의 아들들이다. 사회제도가 지워 준 외적 조건들이 아무런 의미가 없다. 출생으로 인한 구분이 아무런 의미가 없다.

2. 예수 믿는 자들은 다 그리스도인으로서 동일하고, 하나님의 아들들이 된 면에서 동일하다.

지금부터 사는 법은 외적인 사회제도에 따라 사는 것이 아니고, 그리스도를 믿는 믿음으로 산다. 하나님 나라의 시민으로 산다. 더 이상 헬라 로마 사회의 외적 규제 아래 매이지 않는다.

갈 3:29 너희가 그리스도께 속한 자면 곧 아브라함의 자손이요 약속대

로 유업을 이을 자니라

3:29 δὲ εἰ ὑμεῖς Χριστοῦ, ἄρα τοῦ Ἀβραὰμ σπέρμα ἐστέ, κατ' ἐπαγγελίαν κληρονόμοι.

갈 3:29 여러분이 그리스도의 것이면, 아브라함의 씨이고 약속을 따라 상속자들입니다.

1. 할례로 아브라함의 후손이 되는 것이 아니고, 그리스도를 믿음으로 아브라함의 씨가 된다.

할례를 받으면 율법을 지킬 의무를 지닌다. 그러면 율법을 열심히 지켜 율법의 요구를 다 이루어야 한다. 그러면 아브라함의 후손이 된다. 이것이 할례를 강요하면서 제시한 공식이다.

그러나 이제 이방인들이 예수 그리스도를 믿음으로 그의 소유가 되었다. 믿음으로 그리스도의 것이 되었으니 아브라함의 자손이 된 것이다.

아브라함이 믿음으로 모든 믿는 자들의 조상이 되었다. 아브라함이 믿은 믿음은 그의 후손으로 오는 구세주 그리스도를 믿는 믿음이었다. 이제 이방인들이 아브라함이 믿은 그 그리스도를 믿었다. 그러므로 이방인들이 아브라함의 씨가 되었다. 그리스도를 믿는 것이 아브라함의 자손이 되는 길이다.

2. 아브라함이 믿음으로 약속을 받아 상속자가 되었으니, 그리

스도를 믿는 자들도 다 약속을 따라 상속자가 되었다.

아브라함이 믿음으로 상속자가 되었으면, 그의 발자취를 따라 믿는 자들도 다 상속자들이 된다. 믿음이 상속자가 되는 길이다.

율법을 지켜 상속을 받는 것이 아니다. 상속은 믿음에 약속되었다. 그러므로 믿음으로 상속자가 된다.

갈라디아서

Προς Γαλατας

제 4 장

갈라디아서

Προς Γαλατας

갈 4:1 내가 또 말하노니 유업을 이을 자가 모든 것의 주인이나 어렸을 동안에는 종과 다름이 없어서

4:1 δέ, Λέγω ἐφ' ὅσον χρόνον ὁ κληρονόμος νήπιός ἐστιν, οὐδὲν διαφέρει δούλου κύριος πάντων ὤν,

갈 4:1 내가 다시 말합니다. 상속자가 어린아이일 동안은 비록 모든 것의 주인이나 종과 다름이 없습니다.

1. 율법 아래 있을 때 사람들은 전혀 자유가 없었다.

율법이 모든 것을 간섭하고 주장하였다. 율법의 계율대로 행하지 않으면 안 되었다. 모든 판단도 율법의 계율을 따라 해야 한다. 그것을 벗어나면 저주가 온다.

그러므로 율법 조문을 명기하기 전에는 어떻게 해야 할지 판단이 서지 않는다. 자기의 판단으로 행동하는 것이 아니다. 모든 것을 율법의 조문들이 시키는 대로 해야 한다. 그러므로 어린아이이다. 어른으로서 행동할 수가 없다.

유대인은 유대인인 한 이 율법의 규례를 벗어날 수가 없다. 유대인이고 할례를 받았기 때문에 율법의 조문과 규례에 의해서 사는 것을 벗어날 수가 없다. 그것은 생활체계와 믿음의 체계를 바꿈으로만 가능하다. 즉 그리스도 안으로 들어옴으로만 율법의 압제에서 해방될 수 있다.

2. 세상 풍습으로 살 때도 사람들은 전혀 자유가 없었다.

세상 풍습과 세상의 규례대로 살 때도 아무 자유가 없었다. 사람들은 그 속한 사회의 풍습대로 살아야 한다. 그렇지 않으면 교양이 없고 상식이 없는 사람으로 지탄을 받는다. 더구나 세상의 풍습과 규례대로 살지 않으면 조상들의 법규를 벗어난다고 정죄를 받는다. 세상의 법으로 살 때도 자기의 판단과 의견대로 행동할 수가 없다.

더구나 초등학문 아래 있을 때는 세상 영들의 지배 아래 있었다. 영들의 화를 만나지 않을 날들에 행동하고, 그런 날에만 자기가 하고자 하는 것을 할 수 있었다. 어린아이들과 같아서 자기의 판단과 필요를 따라 행동하는 것이 없어진다. 영들의 지배를 벗어날 길이 없기 때문이다. 자유가 없을 뿐 아니라 자기의 판단대로 행동할 수가 없다.

어린아이들과 동일하다. 영의 지배를 벗어나는 것은 그리스도 안으로 옮기기 전에는 불가능하다. 왜냐하면 그의 지배의 체계로 살게 되어 있기 때문이다.

3. 자유와 해방이 없는 것은 그리스도인이 되기까지 계속되었다.

율법의 억압에서 벗어날 수 있는 것은 그리스도인이 됨으로이다. 율법체계의 지배를 벗어나기까지는 아무런 자유가 없다. 율법체계의 지배를 벗어나는 길은 그리스도께 속함으로 된다.

세상 풍습의 지배를 벗어나는 것도 인간 자력으로는 되지 않고 그리스도께 속함으로만 된다. 그리스도 안에서만 해방과 자유를 누릴 수 있기 때문이다. 그러면 세상 풍습이 지배할 수 없게 된다.

4. 그리스도인은 그리스도와 함께 상속자가 됨에도 불구하고 믿기 전에는 다 이런 지배를 받는 어린아이들의 형편이었다.

그리스도인은 하나님의 상속자가 되어 만물을 상속받으므로 그것들 위에 있지만 그리스도인이 되기 전에는 어린아이처럼 율법과 세상 풍습의 지배 아래 있어서 자유를 알지 못하였다.

5. 그리스도를 믿은 후에는 세상 초등학문과 영들을 지배할 수 있게 되었다.

이제 예수 그리스도를 믿음으로 만물을 상속받는 상속자들이 되었다. 만물의 상속자가 되면 이전의 지배 세력들이 다 세력을 잃고 상속자 주인에게 굴복한다. 그리스도인들은 이처럼 자유와 해방만 누리는 것이 아니라 자기들을 얽어맨 세력들을 지배하게 된다.

그리스도인들은 세상 영들을 지배한다. 영들을 지배하는 것은 어떤 특정한 사람들의 몫이 아니다. 모든 그리스도인들이 세상 영들을 지배한다. 하나님의 아들이고 상속자가 되었기 때문에 세상 영들도 상속자의 권세 아래 들어온다.

갈 4:2 그 아버지의 정한 때까지 후견인과 청지기 아래 있나니

4:2 ἀλλὰ ὑπὸ ἐπιτρόπους καὶ οἰκονόμους ἐστὶ ἄχρι τῆς προθεσμίας τοῦ πατρός.

갈 4:2 오히려 그 아버지의 정한 때까지 후견인들과 청지기 아래 있습니다.

1. 그리스도인들이 될 사람들이 믿기 전까지 율법 아래 있었던 것은 후견인과 청지기 아래 있었던 것과 같다.

청지기와 후견인들은 법적 책임을 가진 자들이다. 그러므로 주인의 아들이 자라서 상속을 받기까지 모든 것을 책임지고 주인 아들의 법적인 일들과 사무를 관장하게 되어 있다. 아들의 교육과 모든 권리 행사를 다 담당함으로 아들은 자유가 없다. 노예 가정교사들이 하는 대로 따라가는 길밖에 없다. 장차 주인이 될 아들이어도 아버지가 정한 날까지 아무런 자유가 없다.

우리 그리스도인들은 하나님의 상속자이다. 그러므로 하나님의 아들들이다. 하나님의 아들이므로 모든 것 위에 권세와 자유를 행

사한다. 그러나 율법 아래 있어서 복음을 알지 못할 때에는 아무런 자유가 없었고, 어떤 권세도 행사할 수가 없었다.

그리스도의 구속사건이 완성되어 율법의 지배에서 해방되자 상속자로서의 권세와 자유를 행사하게 되었다. 그리스도의 복음이 자유와 해방을 가져오고 아들들로서 입양을 이루었기 때문이다.

2. 아버지의 정한 때까지는 그리스도의 강생과 십자가의 죽음과 부활의 때까지이다.

하나님이 우리를 자기의 아들들로 삼기로 작정하셨어도 그 일은 그리스도의 십자가와 부활로만 이루어진다. 그러므로 우리가 아들들이 될 수 있는 날은 바로 그의 십자가상의 죽음과 부활이 이루어진 후이다.

그러나 실제로 우리가 하나님의 아들들이 되는 날은 주 예수를 믿는 날이다. 우리가 믿음을 가지기 전까지는 율법과 세상 풍습의 지배 아래 있었다.

3. 후견인은 아들의 교육과 생활을 전부 돌보는 사람을 말하고, 청지기는 집에서 아들의 재산을 관리하는 사람을 뜻한다.

갈 4:3 이와 같이 우리도 어렸을 때에 이 세상 초등 학문 아래 있어서 종노릇하였더니

4:3 οὕτως καὶ ἡμεῖς, ὅτε ἦμεν νήπιοι, ὑπὸ τὰ στοιχεῖα τοῦ κόσμου ἤμεθα δεδουλωμένοι·

갈 4:3 이와 같이 우리도 어렸을 때에는 세상의 초등학문 아래서 종노릇하였습니다.

1. 이방인들은 유대인들의 율법 대신 세상 초등학문 아래 매여 있었다. 이때는 세상의 영들 아래 매여 있었으므로 아무런 자유가 없었다.

우리가 아직 그리스도인이 되기 전에는 전적으로 세상 풍습에 매여 사는 어린아이들과 같았다. 세상 풍습을 벗어나서 바른 법대로 살 수가 없었다. 그런 세상 풍습이 하나님의 법에 어긋나서 죄악스런 것이었지만 그것을 벗어날 길이 없었다. 그러므로 자유를 알지 못하였다.

또 세상 초등학문 아래 있을 때는 전적으로 세상의 영들의 지배 아래 있었으므로 자유를 알지 못하였다. 세상 영들은 우리의 모든 행동과 판단을 지배하여 그들의 지배를 벗어나는 것을 불가능하게 하였다.

우상을 섬기고 죄짓는 풍습들이 다 영들의 지배 아래서 이루어지는 것인데 그런 것들을 벗어날 길이 없었다. 그러므로 종들이었고, 자유자가 전혀 아니었다. 그때는 자기의 바른 판단과 지식을 따라 행동할 수 없어서 세상의 풍습을 따라야 했다.

그것은 영들이 모든 풍습과 행동의 방식을 정하고, 어떤 일을 할 때도 그 일을 할 날들을 정하였다. 우리 한국에서는 손 없는 날만 이사해야 하고, 다른 날들에 이사할 자유가 없었다.

2. 초등학문은 글자대로는 세상의 기초 되는 물질을 말한다. 즉 세상의 구성요소들을 지시한다고 말해야 한다.

우리는 세상에 속하여 산다. 그러므로 세상 삶의 구성요소들을 떠날 수가 없음을 말한다. 그것은 사회생활을 구성하는 기본요소들이다. 세상 지식과 풍습, 세상을 지배하는 영들의 가르침을 말한다. 그런 것은 세상적이고, 믿음에서 나온 것이 아니다. 그러므로 그런 것에 매일 필요가 없지만 세상에 사는 한은 그것을 벗어날 길이 전혀 없다.

3. 세상의 영들이 사람들의 행동과 풍습을 정하고 자기들을 경배하도록 주장하였기 때문이다.

세상 영들은 자기들을 경배하도록 우상종교들을 많이 생산하였다. 대부분의 사람들이 신 경배라는 명목으로 귀신들을 섬기는 것을 피할 수 없게 하였다. 세상 신들을 섬기는 것은 바로 귀신들을 섬기는 것이었다. 귀신들을 섬기면 그 섬기는 사람들을 얽어매어 자유가 없도록 하였다. 자유를 빼앗았을 뿐 아니라 그들을 병들게 하고 불행하게 만들었다. 악령들은 다 사람을 병들고 불행하게 만들기 때문이다.

세상 영들이 일정한 지역에 사는 사람들의 행동방식과 풍습을 정하였다. 풍습을 정할 때 사람들은 귀신들의 홀림을 따라 하였다. 그러므로 그 풍습을 벗어날 수 없었다. 풍습을 벗어나는 것은 예의 범절에 어긋나는 것으로 여기도록 하였다.

세상의 초등학문 혹은 세상 영들의 지배 아래 사는 동안은 참 하나님을 섬길 수 없었다. 그러므로 죽음뿐이었다.

갈 4:4 때가 차매 하나님이 그 아들을 보내사 여자에게서 나게 하시고 율법 아래 나게 하신 것은

4:4 δὲ ὅτε ἦλθεν τὸ πλήρωμα τοῦ χρόνου, ἐξαπέστειλεν ὁ θεὸς τὸν υἱὸν αὐτοῦ, γενόμενον ἐκ γυναικός, γενόμενον ὑπὸ νόμον,

갈 4:4 때가 차매 하나님이 자기 아들을 보내셨으니, 여자에게서 나고 율법 아래 나신 것은,

1. '때가 차매'는 우리를 하나님의 아들들로 삼기로 하신 때가 되었음을 말한다.

지금까지는 율법과 이방 풍습 아래 종노릇하였다. 주 예수를 믿어 하나님의 아들들이 될 자들임에도 불구하고 그러하였다. 하나님이 우리를 구원하여 자기의 아들들로 삼기로 하신 때가 찼다. 그것이 바로 주 예수께서 육체로 오신 그때이다.

2. 하나님이 그의 아들을 세상에 보내사 육신으로 나게 하셨다. 육체로 오시는 방식이 바로 여인에게서 나고, 유대인으로 나신 것이다.

하나님의 아들이 세상에 오실 때 육신으로 오셔야 했다. 그러므로 여인에게서 출생하였다. 또 유대인들 가운데 나셨으므로 율법 아래 나셨다.

3. 하나님의 아들이 율법 아래 나신 것은 율법이 준수되어야 하기 때문이요, 이스라엘이 구세주의 모태로 선택되고 준비되었기 때문이다.

사람은 율법을 준수할 수 없었다. 하나님만이 율법을 준수하실 수 있었다. 왜냐하면 그가 율법 수여자이기 때문이다. 율법 수여자만이 율법 준수자가 될 수 있다. 그러므로 하나님의 아들이 율법 수여자로서 율법을 완성하기 위해 율법 아래 나셔야 했다.

또 구세주는 이방인 가운데 출생할 수 없다. 왜냐하면 이방인은 하나님을 알지 못하므로 그 가운데 나실 수 없다. 이스라엘은 구세주를 받을 태반으로, 모태로 준비되고 선택되었다. 그러므로 구세주는 이스라엘에서만 출생해야 했다.

또 구세주가 유대인 가운데 출생한 것은 하나님이 그들의 조상인 아브라함에게 구세주를 약속하여 그와 그의 후손을 구원하기로 하셨기 때문이다.

갈 4:5 율법 아래 있는 자들을 속량하시고 우리로 아들의 명분을 얻게 하려 하심이라

4:5 ἵνα τοὺς ὑπὸ νόμον ἐξαγοράσῃ, ἵνα τὴν υἱοθεσίαν ἀπολάβωμεν.

갈 4:5 율법 아래 있는 자들을 속량하시고, 우리로 아들 됨을 받게 하려 하심이었습니다.

1. 하나님의 아들이 여인에게서 출생하여 사람이 되신 것은 우리로 하나님의 양아들이 되게 하려고 하심이었다.

성육신의 목적은 우리를 구원하여 하나님의 아들들로 삼으려고 하심이었다. 반역한 자들을 하나님의 사랑하는 아들들로 삼아 영생에 이르고 영광에 이르도록 하기로 작정하셨다.

이 목적을 위해서 하나님의 아들이 사람이 되셨는데 여인을 통하여 사람으로 출생하심으로 그렇게 하셨다. 사람이 되는 길은 여인을 통해서 나지 않고는 되지 않기 때문이다.

2. 아들들이 되기 전에 죄와 죽음으로부터 속량되어야 했다. 이 속량을 위하여 하나님의 아들이 사람이 되셨다.

아들들이 되려면 죄와 죽음에서 놓여나야 한다. 그러려면 속죄가 필수적이다. 속죄의 방식으로 세상을 구원하기로 하나님이 작정하셨기 때문이다. 죄와 사망에서 우리를 해방하기 위해 하나님의

아들이 사람이 되사 속죄제사의 죽음을 죽으셨다.

3. 양아들도 친아들과 동일한 권리와 사랑을 받는다.

우리는 주 예수를 믿음으로 하나님의 아들들이 되었다. 즉 하나님의 양아들들이 된 것이다. 그러나 양아들도 친아들과 동일한 권리와 사랑을 받는다. 양아들도 친아들과 동일한 상속에 동참한다. 아들이기 때문에 아버지의 재산을 동일한 권리로 상속받는다.

우리는 그리스도로 말미암아 하나님의 아들들이 되어 그와 동일한 상속에 동참하게 되었다.

갈 4:6 너희가 아들인고로 하나님이 그 아들의 영을 우리 마음 가운데 보내사 아바 아버지라 부르게 하셨느니라

4:6 δέ ὅτι ἐστε υἱοί, ἐξαπέστειλεν ὁ θεὸς τὸ πνεῦμα τοῦ υἱοῦ αὐτοῦ εἰς τὰς καρδίας ἡμῶν, κρᾶζον· Αββα ὁ πατήρ.

갈 4:6 여러분이 아들인고로 하나님이 그의 아들의 영을 우리 마음에 보내셔서 아빠 아버지라 부르게 하셨습니다.

1. 하나님은 자기의 친아들 예수 그리스도를 믿는 자들을 다 아들로 삼기로 하셨다. 이제 믿음으로 아들들이 되었다.

주 예수를 자기의 구주로 믿는 자들을 하나님은 자기의 아들들로 삼기로 작정하셨다. 이제 주 예수를 믿음으로 하나님의 아들들 곧 양아들이 되었다. 사람들이 하나님의 아들이 되는 길은 오직 주 예수를 믿는 것뿐이다.

2. 아들이므로 아들의 표로 성령을 우리 마음에 보내셨다.

아들이 되었으니 하나님은 자기 아들인 표로 성령 곧 아들의 영을 보내셨다. 아들은 아들의 영이 있어야 한다. 그래야 아버지를 아버지라고 부른다. 하나님은 우리로 아버지라고 부르도록 하기 위해서 아들의 영을 우리 마음에 보내셨다. 아들의 영을 모심으로 그 영으로 하나님을 아빠 아버지로 부르게 되었다.

3. 아들의 영을 받았으니 하나님을 아빠 아버지라고 부르게 되었다.

하나님을 아빠 아버지라고 부르신 이는 주 예수뿐이다. 막 14:36에 하나님이 자기의 친아버지이시므로 주 예수가 하나님을 아빠 아버지라고 부르셨다. 세계 종교사에서 하나님을 아버지라고 부른 이도 예수 그리스도가 처음이고, 더구나 유대교에서 아빠라고 부른 이도 예수 그리스도뿐이다.

우리가 성령을 받아 하나님의 아들들이 된 증거는 바로 우리가 하나님을 아빠 아버지라고 부르는 것이다. 우리도 하나님의 친아들 주 예수를 따라 하나님을 아빠 아버지라고 부른다.

아들의 영이 우리 안에 오셨으니 우리는 그 아들의 영에 의해 하나님을 내 아버지로서 아빠 아버지라고 부른다.

4. 우리가 하나님을 아빠 아버지라고 부르는 것이 우리가 성령을 받았다는 가장 확실한 증거이다.

우리가 구원 얻은 하나님의 아들들인 것을 무엇으로 판별할 것인가? 그것은 우리가 하나님을 아버지라고 부른다는 엄연한 사실이다. 하나님을 아버지라고 부르는 것은 다른 사람들을 모방해서 하는 것이 아니라 아들의 영이 그렇게 시키기 때문이다.

바울이 롬 8:16에 말하기를, 성령이 우리 영으로 더불어 우리가 하나님의 자녀인 것을 증거한다고 하였다. 성령이 우리 영에게 우리가 하나님의 아들이라고 증거하기 때문에 우리가 하나님을 아버지라고 부른다. 그 이상도 아니고, 그 이하도 아니다.

갈 4:7 그러므로 네가 이후로는 종이 아니요 아들이니 아들이면 하나님으로 말미암아 유업을 이을 자니라

4:7 ὥστε εἶ οὐκέτι δοῦλος ἀλλὰ υἱός· δὲ εἰ υἱός, καὶ κληρονόμος διὰ θεοῦ.

갈 4:7 그러므로 당신은 더 이상 종이 아니고 아들입니다. 아들이면 하나님으로 말미암아 상속자입니다.

1. 아들이 되었으면 당연히 상속자가 된다. 그것도 상속을 줄 하나님 아버지가 주 예수를 믿는 자를 상속자로 세우셨기 때문이다.

예수 믿어 성령을 받았으니 아들이 되었다. 그러므로 더 이상 세상 초등학문에 매여 사는 종이 아니다. 이방인이 그리스도인 되었어도 유대인 그리스도인들과 동등하게 하나님의 아들이다. 그러므로 합법적인 상속자이다. 그것도 상속을 주시는 하나님 자신이 상속자로 삼으셨다. 그러므로 하나님으로 말미암아 상속자이다. 하나님의 상속자가 되었으므로 모든 권세를 다 가졌다.

2. 상속자가 되어 모든 권세가 주어졌으므로 세상 초등학문에 더 이상 매여 살 필요가 없다.

아들로 사는 것은 세상의 초등학문에서 벗어난 것이므로 그런 것에 매여 살면 안 된다는 것을 강조하고 있다. 아들은 상속자이므로 모든 권세를 다 위임받았다. 그러면 그런 세상적인 세력에 매여 살 수 없는 법이다.

이것을 사도가 강조하여, 절기와 날들을 지킴으로 다시 세상 영들의 영향권 아래로 들어갈 수 없다는 것을 말한다.

갈 4:8 그러나 너희가 그때에는 하나님을 알지 못하여 본질상 하나님이 아닌 자들에게 종노릇하였더니

4:8 Ἀλλὰ μὲν τότε οὐκ εἰδότες θεὸν ἐδουλεύσατε τοῖς φύσει μὴ οὖσι θεοῖς·

갈 4:8 그러나 그때에는 여러분들이 하나님을 알지 못하여 본성상 신 아닌 자들에게 종노릇하였습니다.

1. 믿기 전에는 세상 초등학문 아래 있었으므로 세상 잡신들 아래 있었다. 그런 것들은 전혀 하나님이 아니고 피조물이다. 그런데도 그런 것들에 매여 살았다.

사람이 섬길 분은 창조주 하나님뿐이다. 그런데도 주 예수를 믿기 전에는 창조주 하나님을 알지 못하므로 잡신들 아래 매여 살며 그것들을 하나님으로 알고 살았다. 그리하여 열심히 섬기다 보니 완전히 그들에 매여 종이 되었다.

2. 잡신들에 매여 있었어도 주 예수를 믿음으로 속박에서 해방되었다.

해방자는 예수 그리스도뿐이다. 그가 영들을 무장해제하기 위해서 피 흘리셨기 때문이다. 그러므로 주 예수를 믿는 자들은 다 영들의 속박에서 해방되어 자유하고 하나님의 상속자가 되었다. 더 이상 세상의 세력에 매일 것이 없어졌다.

나아가서 그런 세상의 초등학문에 매이면 안 될 뿐 아니라 그런 것들을 지배하도록 되어 있다. 따라서 매이는 자리로 돌아가는 것은 불가함을 강조하고 있다.

갈 4:9 이제는 너희가 하나님을 알 뿐더러 하나님의 아신 바 되었거늘 어찌하여 다시 약하고 천한 초등학문으로 돌아가서 다시 저희에게 종노릇하려 하느냐

4:9 δὲ νῦν γνόντες θεόν, δὲ μᾶλλον γνωσθέντες ὑπὸ θεοῦ, πῶς ἐπιστρέφετε πάλιν ἐπὶ τὰ ἀσθενῆ καὶ πτωχὰ στοιχεῖα, οἷς πάλιν ἄνωθεν δουλεύειν θέλετε;

갈 4:9 그러나 이제는 하나님을 알 뿐 아니라 오히려 하나님의 아신 바 되었거늘, 어찌하여 다시 약하고 천한 초등학문으로 돌아가 다시 그것들에게 종노릇하기를 원합니까?

1. 주 예수를 믿음으로 나를 구원하신 하나님이 창조주이심을 확실히 알게 되었다.

우리를 구원하신 하나님은 창조주 하나님 자신이다. 이런 진리를 바로 알게 되었다. 이것은 오직 주 예수 그리스도를 믿음으로 알게 된 진리이다.

2. 우리를 아신 바 되었다는 것은 친히 우리를 사랑하시므로 구원하셨다는 것을 말한다.

아신다는 말이 실은 사랑하셨다는 말을 뜻한다. 우리가 하나님을 알 뿐 아니라 하나님도 우리를 사랑하사 구원하셨다. 하나님이 우리를 친히 아셨으니 우리의 구원에 아무런 변동이 있을 수 없다. 우리를 사랑하사 구원하신 하나님이 십자가에 피 흘리심으로 구원하셨다. 그 하나님만이 참 하나님이고 창조주이시다. 이 하나님이 우리를 사랑하사 구원하셨는데, 옛날의 방식으로 돌아가는 것은 있을 수 없는 일이다.

3. 할례를 받고 안식일과 월삭과 다른 절기들을 지키는 것은 상속자가 종의 자리로 돌아가는 것과 같다.

그것은 예수 믿기 전에 날짜와 절기에 매여 아무런 자유를 알지 못하던 방식이다. 안식일과 월삭과 유대인들의 절기들을 지키기 시작하면 다시 옛날에 지키던 날짜들을 지키는 데로 돌아갈 것은 정한 일이다. 이런 일은 자유를 잃게 하여 종의 자리로 돌아가는 것이므로 상속자가 할 일이 아니라는 것을 강조한다.

세상 영들의 지배권으로 들어가면 상속자라도 그들의 얼의 영향을 입게 된다.

갈 4:10 너희가 날과 달과 절기와 해를 삼가 지키니

4:10 παρατηρεῖσθε ἡμέρας καὶ μῆνας καὶ καιροὺς καὶ ἐνιαυτούς.

갈 4:10 여러분들이 날들과 달들과 절기들과 해들을 지키고 있으니

1. 이방인으로 살 때 지켰던 날들과 달들과 절기들을 지키는 것은 그날들에 역사하는 영들의 권세 아래 들어감을 말한다.

이렇게 날들과 달들과 절기들에 매이면 자유와 해방이 없다. 그 날들에는 세상 영들이 역사하기 때문이다. 그러므로 날들에 매이고 지키는 것은 그 영들에 매이는 것이다.

그러면 그리스도 안에서 누리는 자유를 상실하게 된다. 그런 일을 그리스도인이 하면 안 된다. 즉 하나님의 상속자가 할 수 없는 일임을 강조하고 있다.

2. 그리스도인들은 옛사람으로 살 때 지키던 그런 날짜와 달과 때에 대해 지킴을 다시 반복하면 안 된다.

그리스도인이 되기 전 옛사람으로 살던 때에는 날과 달과 절기와 해를 지킴으로 그것에 얽매여 지냈다. 그것은 자유 없는 종의 삶이었고, 악한 영의 지배에 얽매인 삶이었다.

이제 그리스도인이 된 자로서 다시 그런 삶으로 돌아가선 안 된다. 그것은 자유를 속박당하고 거기에 매이는 것이기 때문이다.

갈 4:11 내가 너희를 위하여 수고한 것이 헛될까 두려워하노라

4:11 φοβοῦμαι ὑμᾶς μή πως εἰκῇ κεκοπίακα εἰς ὑμᾶς.

갈 4:11 내가 혹시 여러분을 위해서 헛되이 수고하지 아니하였는가 두려워합니다.

1. 바울이 애써 복음을 전함으로 갈라디아인들이 주 예수를 믿어 옛날의 관습과 속박에서 벗어났는데, 다시 그런 풍습으로 돌아가면 복음 선포의 수고가 헛되게 되는 것이다.

갈라디아인들이 보인 복음에 대한 열정은 너무 뜨거웠는데, 오히려 그 열성에서 옛 풍습으로 돌아가는 일을 하였으니 복음 전파가 헛되었는가 하는 염려와 두려움을 갖지 않을 수 없었다.

2. 유대교로 돌아가는 것은 구원이 허사가 되는 일이므로 참으로 두려운 일이다.

그렇게 애써 복음의 도에 이른 사람들이 유대교로 돌아가면 그것은 그리스도의 십자가를 무효화하는 일이다.

지금 갈라디아 그리스도인들이 유혹받은 것은 바로 유대교의 풍습들을 지키는 것이다. 이것은 자력으로 구원에 이르려고 하는 노력이므로 구원이 허사가 될 것이다. 이것은 참으로 두려운 일이다. 자기들의 구원의 근거를 짓밟은 것과 같으니 두려운 일이 아닐 수 없다.

갈 4:12 형제들아 내가 너희와 같이 되었은즉 너희도 나와 같이 되기를 구하노라 너희가 내게 해롭게 하지 아니하였느니라

4:12 Γίνεσθε ὡς ἐγώ, ὅτι κἀγὼ ὡς ὑμεῖς, ἀδελφοί, δέομαι ὑμῶν. οὐδέν με ἠδικήσατε·

갈 4:12 형제들이여 내가 여러분과 같이 되었으니 여러분도 나와 같이 되시오. 내가 간절히 부탁합니다. 여러분 중에 아무도 나를 해롭게 하지 아니하였습니다.

1. 바울은 갈라디아인들이 복음을 받도록 하기 위해서 그들의 처지를 다 따라 행하였다. 그러면 그들도 바울처럼 행해야지, 유대교의 율법 준수로 돌아가면 안 된다는 것을 강조하고 있다.

바울은 갈라디아인들을 믿음에 이르도록 하기 위해서 그들의 처지와 같은 일을 많이 하였다고 진술하고 있다. 지금 같으면 현지화 정책 같은 것이었다. 그러면 그들은 바울과 같이 행해야지, 율법으로 돌아가는 일을 하면 안 된다. 의리가 있어야 하는데 그렇지 않고 다른 사람들이 와서 말하니 그것을 따라갔다. 그리하여 처음 믿을 때의 사랑과 헌신과 정리를 버리게 되었다.

2. 그러므로 바울처럼 되라고 간청한다.

바울은 유대교에서 그리스도 신앙으로 왔는데, 갈라디아인들은

그리스도 신앙에서 유대교로 돌아가려는 일을 하였다. 그것은 불가한 일이므로 그리스도 신앙에만 머물러야 한다.

3. 유대교로 돌아간다면 그것은 바울이 수고한 것이 허사가 되는 것과 같다.

바울이 그렇게 수고하여 그리스도 신앙에 이르게 하였는데 이제 복음에서 율법으로 돌아가면 그것은 유대교로 돌아가는 것과 같다. 유대교로 돌아가면 바울의 수고가 허사가 된다. 바울은 유대교로는 구원에 이를 수 없어서 예수 믿음으로 왔다. 이제 갈라디아인들은 그 반대 방향을 취하였다.

4. 바울에게 해를 끼쳤더라면 바울에 대한 반감으로 배도했다고 할 수 있다. 그러나 그런 일이 전혀 없었는데도 그렇게 하니 배신으로 보였다.

갈라디아인들이 처음 복음을 받을 때에 바울을 천사처럼, 그리스도처럼 받들었다. 그들은 복음 전해 줌을 인해서 바울을 위해 모든 것을 할 수 있기를 바랐다. 바울의 눈이 어두워 잘 볼 수 없을 때 그들이 안타까워하였다. 바울은 주의 나타나심의 광채로 눈에 비늘이 끼어 그 후에는 눈이 어두워졌다. 그래서 그들은 자기들의 성한 눈이라도 빼서 바울의 눈 어두운 것을 도울 수 있기 바랐다.

그런데도 그들은 바울이 전한 복음에서 돌아섰다. 예수만 믿는 것이 아니라, 율법도 지켜 완전해지기로 하였다. 그것은 바울이 전한 복음과는 배치되는 것이다. 이런 행동은 바울의 눈에 배신으로 보였다.

갈 4:13 내가 처음에 육체의 약함을 인하여 너희에게 복음을 전한 것을 너희가 아는 바라

4:13 δὲ οἴδατε ὅτι δι' ἀσθένειαν τῆς σαρκὸς εὐηγγελισάμην ὑμῖν τὸ πρότερον,

갈 4:13 내가 처음에 육신의 연약함으로 여러분에게 복음을 전한 것을 여러분이 아십니다.

1. 바울이 갈라디아인들에게 복음을 전할 때 눈이 어둡고 몸도 편치 못하였다.

그런 인간적인 부족과 불편함 속에서 복음을 전할 때 그런 것 때문에 바울을 꺼리지 않았다. 복음을 받아들이는 것과 육체의 연약함은 전혀 별개였다.

2. 바울의 육체의 연약함에도 불구하고 즐겁고 기쁘게 복음을 받았다.

복음의 도를 받으니 너무 기쁘고 즐거웠다. 바울의 육체적인 부

족이나 연약함은 복음을 받아들임에 아무런 거리낌이 될 수 없었다. 연약함을 잘 알았어도 그런 것에 전혀 개의치 않았다.

바울은 눈이 약했을 뿐 아니라 많은 핍박과 힘든 전도여행으로 몸도 불편하였다. 그러므로 늘 의사 누가를 대동하였고, 그의 도움을 받았다. 그런 상황에서 복음을 전하였어도 그들은 그의 육신의 연약함을 개의치 않았다.

갈 4:14 너희를 시험하는 것이 내 육체에 있으되 이것을 너희가 업신여기지도 아니하며 버리지도 아니하고 오직 나를 하나님의 천사와 같이 또는 그리스도 예수와 같이 영접하였도다

4:14 καὶ οὐκ τὸν πειρασμὸν ὑμῶν ἐν τῇ σαρκί μου ἐξουθενήσατε οὐδὲ ἐξεπτύσατε, ἀλλὰ ὡς ἄγγελον θεοῦ ἐδέξασθέ με, ὡς Χριστὸν Ἰησοῦν.

갈 4:14 여러분의 시험거리가 내 육신에 있었으나 그것을 업신여기지도 아니하고 역겨워하지도 않았습니다. 오히려 나를 하나님의 천사처럼, 그리스도처럼 맞아들였습니다.

1. 복음을 전할 때 전도자가 육체적으로 시험거리를 가졌으면 복음을 받지 않으려고 하는 것이 자연스런 태도이다.

그런데도 그들은 그런 것들 때문에 바울을 꺼리지도 않았고, 배

척하지도 않았다. 아무리 좋은 복음이어도 신체적인 걸림돌이 있으면 그가 전하는 복음을 받으려고 하지 않는다. 그런데도 바울에게서 복음을 기꺼이 받았다. 기쁨으로 복음의 도를 받아들였다.

2. 오히려 하나님의 천사처럼 받아들이고, 이에서 나아가 바울을 그리스도처럼 환영하였다.

하늘의 천사가 내려온 것처럼 바울을 기뻐 맞았다. 하늘의 복음을 가져왔으니 하늘의 천사처럼 환대하였다. 그리스도의 복음이므로 그리스도 자신처럼 환대하였다. 그 환대와 사랑이 극진하였다.

갈 4:15 너희의 복이 지금 어디 있느냐 내가 너희에게 증거하노니 너희가 할 수만 있었더면 너희의 눈이라도 빼어 나를 주었으리라

4:15 οὖν ποῦ ὁ μακαρισμὸς ὑμῶν; γὰρ μαρτυρῶ ὑμῖν ὅτι εἰ δυνατὸν τοὺς ὀφθαλμοὺς ὑμῶν ἐξορύξαντες ἐδώκατέ μοι.

갈 4:15 그러면 여러분의 복이 지금 어디 있습니까? 내가 여러분에게 증거합니다. 할 수 있었으면 여러분의 눈을 빼어서 내게 주었을 것입니다.

1. 갈라디아인들이 바울을 지극히 사랑하여 눈까지 빼어 주려고 하였다.

바울이 처음 복음을 전할 때 복음을 받은 모든 사람들은 다 자기들의 눈이라도 빼어 바울에게 주어 바울의 불편을 덜어 주려고 하였다. 너무도 바울을 사랑하였다.

바울이 복음을 가져와서 그들로 구원에 이르게 하였으니 그들이 바울을 위해 못할 것이 없었다. 바울이 눈이 밝지 못해 불편함과 어려움을 당할 때 눈이라도 빼어 주어 어려움을 덜어 주려고 하였다.

2. 복이 어디 있느냐고 한 것은 그때 받은 구원의 기쁨과 즐거움과 평안이 지금 어디 갔느냐고 한 것이다.

구원받으니 그렇게 기쁘고 좋았는데 지금은 그 구원이 바른 구원이 아니라고 생각하여 유대주의자들의 풍습을 따라갔다. 도대체 그때 받아 기뻐했던 그 구원의 복과 기쁨이 어디 갔느냐고 물은 것이다.

갈 4:16 그런즉 내가 너희에게 참된 말을 하므로 원수가 되었느냐

4:16 ὥστε ἐχθρὸς ὑμῶν γέγονα ἀληθεύων ὑμῖν;

갈 4:16 여러분에게 참말을 하므로 내가 여러분의 원수가 되었습니까?

1. 예수 그리스도만을 믿는 것이 구원에 이르는 길이므로 그것이

진리이다.

바울은 예수 그리스도만 전하였다. 그의 십자가에 못 박힘과 부활을 전파하였다. 왜냐하면 그것이 복음이고 구원이기 때문이다. 구원에 이르는 길이 예수 그리스도의 십자가를 믿는 것이므로 그것만을 전할 수밖에 없었다.

2. 이 진리 곧 복음의 도를 전하여 구원에 이르렀다. 그러나 구원의 도를 버리고 율법의 길을 받아들였으니, 바울이 전한 구원의 도에서 갈라디아인들이 돌아서게 되었다.

갈라디아인들이 구원 얻음을 그렇게도 기뻐하여 즐거워하였는데, 이제 다른 복음을 받아들여 바울에게서 돌아섰다. 이것은 바로 바울과 원수가 된 것이다. 아니, 바울이 그들의 원수가 된 것이다. 그러므로 바울이 바른 복음을 전하였기 때문에 돌아서기로 했느냐고 물은 것이다.

갈 4:17 저희가 너희를 대하여 열심 내는 것이 좋은 뜻이 아니요 오직 너희를 이간 붙여 너희로 저희를 대하여 열심 내게 하려 함이라

4:17 ζηλοῦσιν ὑμᾶς οὐ καλῶς, ἀλλὰ ἐκκλεῖσαι ὑμᾶς θέλουσιν, ἵνα αὐτοὺς ζηλοῦτε.

갈 4:17 그들이 여러분에 대해 열심 내는 것은 선한 뜻으로 한 것이 아니고 여러분을 내게서 떼어내어 자신들에게 열심 내게 하려고 한 것입니다.

1. 율법 준수주의자들이 열심을 내는 것은 바울에게로 향한 마음을 자기들에게로 돌리려 함이었다.

율법 준수주의자들은 예수만 믿는 데서 돌이킬 뿐 아니라 바울에게서도 마음을 돌이켜 자기들에게로 열심 내게 하려고 한 것이었다.

갈 4:18 좋은 일에 대하여 열심으로 사모함을 받음은 내가 너희를 대하였을 때뿐 아니라 언제든지 좋으니라

4:18 δὲ καλὸν ζηλοῦσθαι ἐν καλῷ πάντοτε, καὶ μὴ μόνον ἐν τῷ παρεῖναί με πρὸς ὑμᾶς,

갈 4:18 선한 일에 열심 내는 것은 언제나 좋고 내가 여러분과 함께 있을 때만 좋은 것이 아닙니다.

1. 선한 일에 열심 내는 것은 언제나 힘쓸 일이므로 좋은 것이지만 율법주의자들이 내는 열심은 선한 것이 아니라는 것을 강조한다.

우리가 언제나 선을 추구해야 할 것이지만 지금 율법주의자들이

열심 내는 것은 좋은 뜻이 아니고 다른 의도를 가지고 있음을 말한다. 즉 사람들을 복음에서 돌이켜 율법에 열심 내고, 자기들에게 열심 내게 하려는 것뿐이다.

갈 4:19 나의 자녀들아 너희 속에 그리스도의 형상이 이루기까지 다시 너희를 위하여 해산하는 수고를 하노니

4:19 τέκνα μου, οὓς πάλιν ὠδίνω μέχρις οὗ μορφωθῇ Χριστὸς ἐν ὑμῖν·

갈 4:19 나의 자녀들이여, 그리스도의 형상이 여러분 안에서 이루어지기까지 내가 다시 해산하는 고통을 당합니다.

1. 일단 순수한 믿음에서 떠났으므로 믿음으로 완전히 돌아오도록 하기 위해서는 그리스도가 그들 안에 완전하게 자리 잡아야 함을 강조한다.

예수만 믿던 데서 떠나 율법 준수에 집착하게 되었다. 그 결과로 율법 준수에 더 열심이고 예수 믿음은 등한시하였다. 그러므로 예수 그리스도만이 그들의 신앙의 대상이 되지 못한 것이다. 이런 상황에서 다시 복음으로 완전히 돌아오도록 애쓰는 것이 해산의 고통을 당하는 것이다. 그들이 복음을 바르게 이해했으면 율법으로 돌아가지 않았을 것이다. 그러므로 복음의 완전한 이해로 돌아오기를

간원하면서 마음 졸이고 괴로워하는 고통이 심하였다.

그러므로 그들의 마음에 예수 그리스도가 신앙의 대상으로 완전하게 자리 잡아야 한다.

2. 해산의 고통을 겪는 것은 사력을 다해 기도하는 것을 말한다.

지금 멀리 떨어져 있는 바울이 할 수 있는 것은 그들이 처음 믿음으로 돌아오도록 기도하는 것뿐이다. 이 기도가 해산할 때 당하는 고통처럼 처절하고 철저하게 기도한 것을 말한다. 혼을 쏟아 부어 기도한 것이다.

갈 4:20 내가 이제라도 너희와 함께 있어 내 음성을 변하려 함은 너희를 대하여 의심이 있음이라

4:20 δὲ ἤθελον παρεῖναι πρὸς ὑμᾶς ἄρτι, καὶ ἀλλάξαι τὴν φωνήν μου, ὅτι ἀποροῦμαι ἐν ὑμῖν.

갈 4:20 내가 지금이라도 여러분과 함께 있어 내 음성을 바꾸었으면 하는 것은 내가 여러분에 대해 어쩔 줄 모르게 되었기 때문입니다.

1. 갈라디아 그리스도인들이 진심으로 믿고 기뻐하였다. 그런데 갑자기 변해서 그리스도만 믿는 데서 율법 준수에 열심하게 되었다. 그러니 처음 믿음의 상태에 대해 의심이 들어 당황하게 되었다.

즉 갈라디아인들의 신앙 상태에 대해 바른 판단을 할 수 없을 만큼 혼란스럽게 되었다는 뜻이다.

복음을 받아들여 기뻐하고 즐거워하며 성령으로 살았다. 구원의 감격이 너무 컸다. 그러므로 복음을 전해 준 바울을 위해서 무엇이라도 할 수 있기를 바랐고, 심지어 눈이라도 빼어 바울의 눈을 대신하기를 바랐다.

그런데 갑자기 갈라디아 그리스도인들이 태도를 바꾸어 복음으로 살기보다는 율법 준수를 겸하기로 하고 율법 준수에 열심하니 도저히 이해할 수가 없었다. 그러면 처음 믿을 때의 믿음이 바른 것이 아니었는가? 아니면 지금은 완전히 변심을 했는가? 도대체 종잡을 수가 없었다.

본래 그들이 예수를 믿고 성령을 받아서 살았다면 지금 율법으로 완전히 기울어지지 않았을 것이다. 그때는 성령으로 그렇게 기뻐하였는데 지금은 율법에 열중하니 그리스도를 잃어버릴 것이 뻔하였다.

2. 도저히 믿을 수 없는 상황에서 다시 마주 본다면 목소리를 바꿀 수밖에 없을 것이다.

바울은 지금 갈라디아 교회와 떨어져 있지만 다시 그들에게로 돌아가서 그들을 대한다면 전처럼 사랑스럽고 감사한 말투로 대할 수가 없을 것이다. 장탄식과 회의가 너무 커서 정상적인 목소리로 말할 수가 없을 것이다.

복음의 사역이 완전히 허물어진 것을 발견하였을 때 어떻게 그들을 전처럼 대할 수 있을 것인가? 목소리가 달라질 수밖에 없다. 갈라디아 교회도 바울을 향한 태도가 완전히 달라졌을 것이다.

갈 4:21 내게 말하라 율법 아래 있고자 하는 자들아 율법을 듣지 못하였느냐

4:21 Λέγετέ μοι, οἱ ὑπὸ νόμον εἶναι, θέλοντες τὸν νόμον οὐκ ἀκούετε;

갈 4:21 내게 말하세요, 율법 아래 있기를 원하는 자들이여, 율법을 듣지 못하였습니까?

1. 율법에 속한 자들은 육에 속한 자들이어서 약속에서 배제된다. 그러면 갈라디아인들도 약속에서 배제되어 구원에서 탈락한다는 것을 알아야 한다고 경고하고 있다.

율법에 속한 자들은 약속에 속한 것이 아니다. 왜냐하면 자기들의 힘으로 구원에 이르기 위해 율법을 지키므로 육에 속한 자들이다. 이런 자들은 약속에 속할 수 없다. 약속의 대상이 아니면 상속에서 배제된다. 그리하여 육에 속한 자들은 약속이 주어진 집에서 내어쫓긴다.

2. 율법 아래 있기를 원하면 하나님의 약속의 대상에서 제외되

므로 상속이 주어질 집에서 내어쫓기게 된다.

하갈과 이스마엘은 육에 속한 사람들이었다. 아브라함의 아들이어도 육에 속한 사람이었으므로 약속과는 상관이 없어서 상속이 없게 되었다. 그러므로 약속대로 상속이 이루어질 집에서 내어쫓기게 되었다.

갈라디아인들도 율법 아래 있기를 원하면 육에 속한 사람들이 되어 약속의 상속을 받을 집에서 내어쫓기게 될 것이다. 즉 하나님의 나라에서 내어쫓기게 될 것이다. 이것이 바로 "율법을 듣지 못하였습니까?"라고 묻는 까닭이다.

갈 4:22 기록된 바 아브라함이 두 아들이 있으니 하나는 계집종에게서, 하나는 자유하는 여자에게서 났다 하였으나

4:22 γὰρ γέγραπται ὅτι Ἀβραὰμ ἔσχεν, δύο υἱοὺς ἕνα ἐκ τῆς παιδίσκης καὶ ἕνα ἐκ τῆς ἐλευθέρας·

갈 4:22 아브라함이 두 아들을 가졌으니 하나는 계집종에게서, 하나는 자유하는 여자에게서 낳았다고 기록되었습니다.

1. 아브라함이 두 아들을 가져도 한 아들만이 참 아들이어서 상속자가 되었다.

첫아들은 육신으로 낳은 아들이어서 약속의 대상이 되지 못하였다. 그래서 상속을 받을 수 없었다.

2. 아브라함은 오래도록 아들을 갖지 못하다가 두 아들을 얻었지만 두 아들에게 다 상속해 줄 수가 없었다. 두 아들이어도 그들이 출생한 신분이 전혀 달랐기 때문이다.

큰아들 이스마엘은 아브라함의 친아들이어도 상속자가 될 수 없었던 것은 그가 계집종에게서 났기 때문이다. 그는 큰아들이어도 종의 신분으로 난 자였다. 그러므로 상속자의 자리에 이르지 못하고, 상속을 받을 집에서 내어쫓겼다.

3. 율법 아래 드는 것은 바로 종의 신분에 이른 것이다. 따라서 율법 아래 드는 자는 종의 자녀이기 때문에 상속자의 자리에 이를 수 없다.

지금 갈라디아인들이 좋다고 지키고 있는 율법에 매이는 것은 바로 종의 신분에 이르는 것이다. 종의 자녀들은 상속자의 자리에 이를 수가 없다. 그러면 갈라디아인들도 상속 곧 구원과 영생에서 제외될 것이다.

갈 4:23 계집종에게서는 육체를 따라 났고 자유하는 여자에게서는 약속으로 말미암았느니라

4:23 ἀλλ᾽ μὲν ὁ ἐκ τῆς παιδίσκης κατὰ σάρκα γεγέννηται, δὲ ὁ ἐκ τῆς ἐλευθέρας δι᾽ ἐπαγγελίας.

갈 4:23 계집종에게서 나온 자는 육신을 따라 났고, 자유하는 여자에게서 나온 자는 약속으로 말미암아 났습니다.

1. 계집종에게서 나온 아들은 육체를 따라서 났으므로 큰아들이어도 상속받을 수 없었다. 왜냐하면 종의 신분으로 출생하였기 때문이다.

이스마엘은 아브라함의 큰아들이었다. 그가 의당 상속자로 세워져야 했다. 그러나 그는 하갈이라는 종에게서 나왔으므로 상속자로서 아버지 아브라함의 모든 것을 받을 수 없었다. 그러므로 다른 아들을 세워야 했다. 그것이 불임인 사라로 아들을 낳도록 섭리하신 것이다.

2. 사라는 정상적으로는 아들을 낳을 수 없지만, 정부인이므로 아들을 낳아야 했다. 그녀의 아들만이 상속자가 될 권리를 갖기 때문이다. 그러므로 하나님은 사라에게 아들을 약속하셨다.

사라가 정상적으로 아들을 낳을 수 있었으면 하갈에게서 이스마엘이 나올 수가 없었다. 그러나 사라가 불임이었다. 상속자가 되려면 정부인인 사라에게서 아들이 나와야 했다. 그러므로 하나님은 사라에게 아들을 약속하셨다. 이렇게 이삭이 출생하게 된 것은 전적으로 하나님의 은혜와 호의였다. 하나님의 은혜를 입은 사람이 구원에 이르는 것을 보이기 위해서 그렇게 하셨다.

갈 4:24 이것은 비유니 이 여자들은 두 언약이라 하나는 시내 산으로부터 종을 낳은 자니 곧 하갈이라

4:24 ἅτινά ἐστιν ἀλληγορούμενα· γάρ αὗται εἰσιν δύο διαθῆκαι, μὲν μία ἀπὸ ὄρους Σινᾶ, εἰς δουλείαν γεννῶσα, ἥτις ἐστὶν Ἁγάρ,

갈 4:24 이것은 비유로 말한 것입니다. 이 여자들은 두 언약이니 한 여자는 시내 산에서 종을 낳았으니 곧 하갈입니다.

1. 하갈과 사라의 관계를 비유로 말함으로 시내 산에서 맺은 언약은 종이 되는 언약임을 말하려고 한다.

하갈은 본래 종이었다. 그러다가 아브라함의 첩까지 되었다. 그러나 결코 종에서 놓여나 자유하지 못하였다. 그러므로 아들을 낳아도 종이었다. 그 낳은 아들도 종의 신분에서 벗어날 수 없었다. 하갈은 종이기 때문에 아브라함의 집에서 내어쫓겼다. 그의 아들도 종으로서 내어쫓겼다. 아브라함의 집은 언약이 이루어진 집이다. 그 집에서 쫓겨났으니 언약과는 무관하게 되었다.

이스라엘이 시내 산에서 맺은 언약은 율법으로 맺은 언약이므로 종이 되는 언약이었다. 거기에는 자유가 없고, 율법의 모든 계율에

매이는 길뿐이었다. 그러므로 그것은 자유하는 사람을 위한 언약이 되지 못하였다. 그것은 종이 되는 언약이었다.

2. 그리스도로 맺은 언약은 아들이 되는 언약임을 말하려고 한다.

그리스도가 오사 우리를 율법의 멍에에서 해방하고 아들들로 삼으셨다. 그러므로 그리스도가 제자들을 새 인류의 대표로 삼아 맺은 언약은 아들들이 되게 하는 언약이었다. 그것은 바로 하나님의 자녀들의 자유에 이르는 언약이었다.

죄와 율법과 악령들의 압제와 속박에서 해방에 이르렀다. 그러므로 우리는 하갈과 이스마엘처럼 언약의 집에서 내쫓길 위험이 전혀 없다. 아들들이 되었으니 내쫓기는 것이 아니라 아들로서 상속을 받게 되어 있다. 자유인이고 아들이기 때문이다.

그러므로 자유는 그리스도 안에만 있고, 율법에는 결코 없다. 율법은 압제하고 속박하기 때문이다.

갈 4:25 이 하갈은 아라비아에 있는 시내 산으로 지금 있는 예루살렘과 같은 데니 저가 그 자녀들로 더불어 종노릇하고

4:25 δὲ τὸ Ἁγὰρ Σινᾶ ὄρος ἐστὶν ἐν τῇ Ἀραβίᾳ, δὲ συστοιχεῖ τῇ νῦν Ἰερουσαλήμ, γὰρ δουλεύει μετὰ τῶν τέκνων αὐτῆς·

갈 4:25 이 하갈은 아라비아에 있는 시내 산으로서 지금의 예루살렘과 상응합니다. 그녀는 그 자녀들과 함께 종노릇하기 때문입니다.

1. 아라비아에 있는 시내 산은 모세가 십계명을 받은 산이지만, 언약을 체결한 장소이다.

출애굽 후에 이스라엘 백성은 모세의 인도로 시내 산에 와서 여호와 하나님과 언약을 체결하였다. 그 언약은 영으로 한 것이 아니고 율법으로 체결하였기 때문에 종의 신분에 이르게 되었다. 이스라엘은 율법에 매여 사는 종들이 되었다. 율법이 그들과 늘 함께 있기 때문에 그들은 해방과 자유를 알지 못하였다.

2. 율법 준수가 예루살렘을 중심으로 진행되었으므로 예루살렘은 시내 산의 연장으로서 율법주의 혹은 유대교로 역할하였다. 그러므로 바울은 예루살렘을 유대교로 지시한다.

이스라엘의 중심은 시내 산이 아니고 예루살렘이었다. 예루살렘 중심의 생활은 율법 준수와 그 범함으로 인한 제사를 중심하고 산 것을 말한다. 그러므로 예루살렘은 율법으로 사는 곳이고, 율법에 매이는 곳이다.

따라서 시내 산은 바울 당시의 예루살렘에 상응하고 일치한다. 그것은 바로 예루살렘이 유대주의의 본산지 혹은 유대교의 중심지임을 뜻한다. 그러므로 유대교 혹은 율법주의가 시내 산과 예루살렘으로 표현되었다.

3. **하갈과 그 자녀들이 다 종의 상태에 있었던 것처럼 율법 아래 매이면 자유가 없어서 종의 상태로 사는 것밖에 없다.**

아무리 율법이 좋아도 율법으로 살면 율법에서 놓여날 수 없으므로 종으로 사는 것이다. 그것은 바로 하갈과 그의 자녀들과 같은 신분이다. 하갈이 아브라함으로 말미암아 아들을 낳았어도 종의 신분에서 낳았으므로 그 신분을 벗어날 수 없었다.

지금 유대인들은 아브라함의 후손들이다. 그러나 그들은 자유를 알지 못하는 속박받는 상태에 있다. 율법에 매여 있으므로 종노릇하고 있다. 율법에는 자유와 해방이 없기 때문이다.

갈 4:26 오직 위에 있는 예루살렘은 자유자니 곧 우리 어머니라

4:26 δὲ ἡ ἄνω Ἰερουσαλὴμ ἐλευθέρα ἐστίν, ἥτις ἐστὶν μήτηρ ἡμῶν·

갈 4:26 위에 있는 예루살렘은 자유자이니 곧 우리 어머니입니다.

1. **위에 있는 예루살렘은 바로 성령으로 조성된 교회를 뜻한다. 교회가 그리스도인들을 출산하므로 어머니라고 말하고 있다. 교회는 율법에 매이지 않으므로 자유자이다.**

교회는 율법의 속박에서 완전히 벗어났다. 그러므로 교회는 유대주의가 아니고 자유자들의 모임이다. 교회가 어머니로 호칭된 것은

성령으로 신자들을 출산하기 때문이다.

교회에서 복음이 선포되고 세례가 집행되어 그리스도인이 된다. 곧 교회에서 그리스도인으로서의 출생이 이루어진다. 그러므로 교회는 신자들의 어머니이다.

2. 교회는 모든 그리스도인들의 어머니이다.

교회에서 사람들은 그리스도인으로 출생한다. 세례 받아 그리스도인이 되고, 그리스도를 주와 구주로 고백한다. 그러므로 교회 밖에는 구원이 없다.

갈 4:27 기록된 바 잉태치 못한 자여 즐거워하라 구로치 못한 자여 소리질러 외치라 이는 홀로 사는 자의 자녀가 남편 있는 자의 자녀보다 많음이라 하였으니

4:27 γάρ· γέγραπται Εὐφράνθητι, στεῖρα ἡ οὐ τίκτουσα, ῥῆξον καὶ βόησον, ἡ οὐκ ὠδίνουσα· ὅτι πολλὰ τὰ τέκνα τῆς ἐρήμου μᾶλλον ἢ τῆς ἐχούσης τὸν ἄνδρα.

갈 4:27 기록되기를 애를 낳지 못한 자여, 즐거워하라, 해산의 고통을 모르는 자여 외치고 소리치라, 홀로 된 자의 자녀들이 남편을 가진 자의 자녀들보다 더 많기 때문이라 하였습니다.

1. 사라는 기껏 한 아들밖에 낳지 못했는데, 하갈은 이스마엘을 통하여 많은 자녀들을 얻게 되었다.

사라는 남편 아브라함과 함께 살지만 본래가 불임이므로 이삭 한 아들만 낳았다. 하갈은 아브라함의 집에서 쫓겨났지만 이스마엘을 통해서 많은 자녀들을 생산하여 넘치는 백성을 갖게 되었음을 말한다.

2. 자녀 출산에 있어서 하갈이 사라에 대해 이겼으므로 쾌재를 부를 수밖에 없음을 말한다.

이삭은 오랜 세월이 지나서 야곱과 에서를 얻었다. 하갈의 아들 이스마엘은 넘치는 생산력으로 많은 자녀들을 가졌으므로 하갈이 사라를 이겨 승리의 노래를 불렀음을 말한다.

3. 바울 당시 믿음으로 교회에 속한 자들이 육체로 난 이스라엘과 이스마엘의 후손들에 비해 매우 적었음을 말하고 있다.

대부분의 유대인들은 예수 믿지 않기로 작정하였고, 이스마엘의 후손들은 예수 믿음과는 아무 상관도 없었다. 이스라엘에서 일어난 일은 자기들과는 아무 상관이 없는 일이기 때문이다. 그러므로 처음 그리스도인들의 수가 매우 적었음을 말하고 있다.

갈 4:28 형제들아 너희는 이삭과 같이 약속의 자녀라

4:28 δέ, ἀδελφοί, ὑμεῖς κατὰ Ἰσαὰκ ἐπαγγελίας τέκνα ἐστέ·

갈 4:28 형제들이시여, 여러분들은 이삭과 같이 약속의 자녀들입니다.

1. 갈라디아 교회는 믿음으로 말미암아 성령으로 거듭났으니 이삭과 같이 약속의 자녀들이고, 이스마엘과 같이 육체로만 낳은 자들이 아니라고 선언한다.

갈라디아 교회는 본래 이방인이지만 예수 그리스도를 믿음으로 성령으로 거듭났다. 믿음으로 하나님의 자녀로 났기 때문이다.

사라는 육체적으로는 이삭을 낳을 수 없었다. 하나님의 은혜로만 이삭이 나올 수 있었다. 그러므로 이삭은 성령으로 낳은 자이다.

이방인들도 이삭처럼 성령으로 났다. 그러므로 그들은 약속의 자녀들이다.

2. 약속된 자녀는 육체의 힘으로 낳을 수 없었기 때문에 성령으로 낳았다.

갈라디아 교회도 이방인들이기 때문에 육체적 출생으로는 결코 하나님의 자녀가 될 수 없었다. 그들은 믿음으로 말미암아 성령으로 거듭났다. 그들은 약속의 자녀로 낳은 것이다.

3. 약속의 자녀는 상속자들로 지목된 자들이다.

육체의 힘으로 낳은 이스마엘에게 상속이 약속되지 않았다. 약속의 아들인 이삭에게 모든 상속이 약속되었다.

가나안 땅과 많은 자녀들과 특히 구주의 약속이 이삭에게 주어졌다.

그리스도인들도 약속의 자녀들이므로 아브라함에게 약속된 구원과 하늘의 영생과 영광을 상속할 것이다.

갈 4:29 그러나 그때에 육체를 따라 난 자가 성령을 따라 난 자를 핍박한 것같이 이제도 그러하도다

4:29 ἀλλ᾽ ὥσπερ τότε ὁ κατὰ σάρκα γεννηθεὶς ἐδίωκε τὸν κατὰ πνεῦμα, οὕτως καὶ νῦν.

갈 4:29 그러나 그때에 육신을 따라 난 자가 성령을 따라 난 자를 핍박한 것처럼 지금도 그러합니다.

1. 이스마엘이 이삭을 핍박했듯이 성령으로 난 그리스도인들이 하나님의 백성이 되니 유대인들이 핍박을 쉬지 않았다.

유대인들은 자기 민족이 그리스도인 되는 것을 극력 반대하였다. 그래도 그리스도인 되는 것을 막을 수는 없었다. 이때 유대인들은

그리스도인 된 유대인들을 모든 힘과 조직을 동원하여 핍박하였다.

지금은 유대인들이 그리스도인들을 핍박할 수 없으므로 그리스도와 무관한 방식으로 남는다. 그래도 앞으로는 다시 자칭 유대인들이라는 자들이 그리스도인들을 핍박할 것이다.

갈 4:30 그러나 성경이 무엇을 말하느뇨 계집 종과 그 아들을 내어 쫓으라 계집 종의 아들이 자유하는 여자의 아들로 더불어 유업을 얻지 못하리라 하였느니라

4:30 ἀλλὰ τί λέγει ἡ γραφή; Ἔκβαλε τὴν παιδίσκην καὶ τὸν υἱὸν αὐτῆς, γὰρ οὐ μὴ κληρονομήσει ὁ υἱὸς τῆς παιδίσκης μετὰ τοῦ υἱοῦ τῆς ἐλευθέρας.

갈 4:30 그러나 성경이 무엇을 말합니까? 계집종과 그의 아들을 내어 쫓으라. 계집 종의 아들은 자유하는 여자의 아들과 함께 상속받지 못하리라 하였습니다.

1. 비록 지금은 핍박받아도 그리스도인들은 약속의 자녀들이므로 이삭처럼 상속을 받을 것이다.

이삭을 핍박하던 이스마엘은 언약의 집에서 내어쫓겼다. 이스마엘은 결코 아브라함을 상속할 수 없게 되었다.

당시 그리스도인들을 핍박하는 유대인들은 언약의 집에서 내쫓

긴 사람들이다. 그들은 구원에서 배제되었다. 하늘의 영광과 영생에 이를 수가 없게 되었다.

2. 이스마엘이 언약의 집에서 내쫓긴 것처럼 유대인들도 구원에서 배제된 사람들이다.

유대인들은 본래 아브라함의 후손으로 났으니 약속을 받아야 할 사람들이다. 그러나 구주 자신이신 그리스도를 배척하였으므로 그들은 구원에서 배제되었다. 아브라함의 집에서 내쫓긴 사람들이다. 아브라함의 피로 났어도 그의 집에서 내쫓긴 자들이 되었다.

유대인들은 이스마엘처럼 참 이삭을 핍박하여 죽이므로 구원에서 배제된 자들이었다. 즉 그들은 아브라함의 집에서 내쫓긴 자들이다. 그런데 왜 거기로 돌아가려고 하느냐고 묻고 있는 것이다.

갈 4:31 그런즉 형제들아 우리는 계집종의 자녀가 아니요 자유하는 여자의 자녀니라

4:31 διό, ἀδελφοί, ἐσμὲν οὐκ παιδίσκης τέκνα ἀλλὰ τῆς ἐλευθέρας.

갈 4:31 그러므로 형제들이시여, 우리들은 계집종의 자녀들이 아니고 자유하는 여자의 자녀들입니다.

1. 계집종에게서 나온 자가 상속을 받지 못하고, 자유하는 부인

에게서 나온 아들이 상속을 받는다. 그리스도인들이 바로 그런 자들이다.

그리스도인들은 육체로 나지 않고 성령으로 났으므로 상속받을 자녀들이다. 그러므로 그리스도인들은 결코 아버지의 집에서 내쫓기지 않을 것이다. 그들은 영생과 영광을 상속받을 자들이다.

2. 그리스도인들이 자유한 여자에게서 났다고 하는 것은 바로 그리스도를 믿음으로 거듭남을 말한다.

그리스도인들은 주 예수를 믿음으로 신령한 백성으로 났다. 하나님의 상속을 받을 상속자들로 난 것이다. 유대인들은 그렇게 오래 기다리고 애써도 이르지 못했는데, 그리스도인들은 예수만 믿음으로 단번에 상속을 받게 되었다.

갈라디아서

Προς Γαλατας

제 5 장

갈라디아서

Προς Γαλατας

갈 5:1 그리스도께서 우리로 자유케 하려고 자유를 주셨으니 그러므로 굳세게 서서 다시는 종의 멍에를 메지 말라

5:1 τῇ ἐλευθερίᾳ ἡμᾶς Χριστὸς ἠλευθέρωσεν· οὖν στήκετε καὶ μὴ πάλιν ζυγῷ δουλείας ἐνέχεσθε.

갈 5:1 자유하도록 하기 위하여 그리스도께서 우리를 해방하셨으니 그러므로 굳게 서서 다시는 종의 멍에를 메지 마시오.

1. 그리스도의 십자가 사역은 우리를 죄와 죽음에서 해방시킨 것이다. 또 다른 모든 얽매임 곧 율법과 세상 풍습의 얽매임에서의 해방이다.

단지 죄와 죽음에서 구출만이 아니다. 죄와 사망에서 해방이고, 모든 얽매임에서 해방을 말한다. 세상 풍습들은 거의 영들의 속이는 꾀로 형성되었다.

그리스도는 이 세상 풍습들에서도 우리를 해방하셨다. 그러므로 하나님의 법에 어긋나는 모든 풍습들을 그리스도인들은 지킬 의무

가 없어진다.

2. 해방은 단지 석방만이 아니라 자유의 힘을 준 것이다.

자유의 힘은 그냥 석방된 상태가 아니다. 자기가 원하는 것을 자유롭게 선택하고 행할 수 있는 것을 말한다. 그러므로 자유를 행사하면 자유롭게 된다.

3. 굳게 서는 것은 믿음에 깊이 뿌리박고 복음으로 바로 서라는 말씀이다.

복음에 굳게 서지 못하였기 때문에 다른 설득이 올 때 쉽게 움직였다. 그러므로 복음에 굳게 서면 동요가 일어나지 않을 것이다. 한번 동요를 받은 자들은 다음에 비슷한 경우에 유혹을 받아 흔들리지 않으리란 보장이 없다. 그러므로 복음에 굳게 서서 흔들림이 없어야 한다.

4. 자유를 얽어매는 데로 돌아가면 다시 종이 된다.

그리스도는 죄와 율법의 억압과 세상 풍습에서 우리를 해방하셨다. 그러나 다시 죄를 짓거나 율법의 계명들을 준수하기로 하면 자유를 잃고 얽매이게 된다.

그러므로 그리스도인들은 결코 죄짓는 데로 돌아가면 안 된다. 한번 죄지으면 그 죄의 법이 역사하여 그 죄를 상습적으로 반복하게 만든다. 그리하여 죄지음에서 자유할 수가 없다. 다시 죄의 멍에를 지고 벗어날 수가 없게 된다.

5. 여기서 바울이 종의 멍에를 메지 말라고 말한 것은 바로 율법의 계명들을 지킴으로 그 속박으로 돌아가지 말라는 것이다.

한번 율법의 계명들을 지키기 시작하면 그것을 중단할 수가 없다. 중단하면 그것은 바로 율법을 범함으로 규정하기 때문이다. 그리하여 율법의 계명들을 중단할 수가 없어서 그 지킴을 생활화하게 된다. 이 상황에서는 자유를 다시 회복할 수 없다.

자유를 회복하는 길은 율법 준수에서 은혜로 돌아오는 길뿐이다.

갈 5:2 보라 나 바울은 너희에게 말하노니 너희가 만일 할례를 받으면 그리스도께서 너희에게 아무 유익이 없으리라

5:2 Ἴδε ἐγὼ Παῦλος λέγω ὑμῖν ὅτι ἐὰν περιτέμνησθε Χριστὸς ὑμᾶς οὐδὲν ὠφελήσει.

갈 5:2 보시오 나 바울이 여러분에게 말합니다. 여러분이 만일 할례를 받으면 그리스도께서 여러분에게 아무런 유익이 되지 못할 것입니다.

1. 할례를 받으면 율법을 지켜야 구원에 이른다고 한 것이므로 그리스도의 구원은혜와 아무 상관이 없게 된다.

구원의 길은 주 예수를 믿는 것뿐인데 할례를 받으면 율법 준수의 의무를 지게 된다. 그러면 그리스도의 구원은혜와는 아무 상관이 없게 된다.

자연인의 상태에서 율법을 자력으로 지키려고 노력하여 자기대로 의에 도달하려는 것이므로 예수 그리스도의 구원은혜와는 전적으로 무관하게 된다. 그리스도와 그의 사역을 배척하였기 때문이다.

2. 그리스도가 아무런 유익이 되지 못한다고 하는 것은 율법 준수로는 구원에서 배제됨을 말한다.

그리스도 밖에서는 구원이 없다. 할례 받아 율법을 지키려고 작정하는 것은 그리스도를 배척하고 상관하지 않기로 하는 것이다. 그리스도를 저버림으로 그의 구원을 배척하는 것이다.

갈 5:3 내가 할례를 받는 각 사람에게 다시 증거하노니 그는 율법 전체를 행할 의무를 가진 자라

5:3 δὲ μαρτύρομαι πάλιν παντὶ ἀνθρώπῳ περιτεμνομένῳ ὅτι ὀφειλέτης ἐστὶν ὅλον τὸν νόμον ποιῆσαι.

갈 5:3 내가 할례를 받은 각 사람에게 다시 증거합니다. 그는 율법 전체를 행할 의무를 지닌 자입니다.

1. 할례는 율법을 지키기 위해서 받는 것이므로 할례 받은 자는 모든 율법을 지키지 않을 수 없다.

할례자는 율법 전체를 지켜야 한다. 율법 준수자는 율법 전부를 지켜야지, 어느 부분만 선별해서 지킬 권리가 없다. 하나를 지키기로 하면 다 지켜야 한다.

갈라디아인들은 절기들을 주로 지켰지만 그런 것만 지키면 안 되고 모든 율법 조항들을 다 지켜야 한다.

2. 율법을 한번 지키기 시작하면 면제도 없고, 정도를 참작해 주는 것도 없다.

율법을 지키기 시작하면 죽을 때까지 면제나 정도 참작도 없이 지키다가 끝난다. 지킴은 완성이 없기 때문에 아무런 해방과 자유가 없다.

갈 5:4 율법 안에서 의롭다 함을 얻으려 하는 너희는 그리스도에게서 끊어지고 은혜에서 떨어진 자로다

5:4 κατηργήθητε ἀπὸ Χριστοῦ οἵτινες ἐν νόμῳ δικαιοῦσθε, τῆς χάριτος ἐξεπέσατε.

갈 5:4 율법에 의해 의롭다 함을 얻으려 하는 여러분들은 그리스도에

게서 끊어지고 은혜에서 떨어졌습니다.

1. 의에 이르는 길은 두 가지이다. 율법을 지켜서 의를 얻는 것과 그리스도를 믿음으로 얻는 의이다.

이 둘은 서로 배척하므로 율법을 지켜 의에 이르려고 하면 그리스도를 배척하고 그리스도와 무관하게 된다. 율법은 그리스도를 배척했으므로 율법으로 의롭다 함을 얻으려는 것은 그리스도를 멀리 배척하게 만든다.

2. 예수 그리스도를 믿음으로 얻는 의는 은혜로 되는 의이다. 이것은 인간의 노력에 의한 길을 전적으로 배제한다.

그러므로 율법을 지켜 의에 이르려고 하면 은혜로 되는 의를 완전히 배척한다. 즉 은혜에서 떨어진다. 은혜를 무가치한 것으로 여기기 때문에 은혜에서 완전히 분리하게 된다. 이것은 은혜에서 떨어지는 것을 말한다.

갈 5:5 우리가 성령으로 믿음을 좇아 의의 소망을 기다리노니

5:5 γὰρ ἡμεῖς πνεύματι ἐκ πίστεως ἐλπίδα δικαιοσύνης ἀπεκδεχόμεθα.

갈 5:5 우리는 성령으로 말미암아 믿음에 의해 의의 소망을 기다립니다.

1. 의의 소망은 구원에 이름인데 그것은 믿음으로만 됨을 말한다.

율법의 의로 구원에 이르는 것은 불가능하므로 믿음으로만 구원을 기다린다. 의의 소망은 궁극적으로 우리 몸까지 구원에 이르는 것이다. 이 일은 믿음으로 되고, 율법의 의로 되는 것이 결코 아니다.

2. 의의 소망을 기다림은 우리 몸까지 구속에 이름을 말한다.

믿음으로 의의 소망을 기다리는 것은 성령으로 말미암아 믿음을 통하여 구원에 이르게 됨을 말한다. 지금 믿는 자들이 구원을 얻었다는 것은 성령을 받은 것으로 증명된다.

그런데 의의 소망을 기다린다는 것은 바로 몸까지 구속에 이르는 종말을 기다림을 말한다. 그때 우리의 몸까지 변화되고 부활하여 완성된 구원에 이른다. 그러므로 의의 완성이 이루어지는 부활 때까지 기다려야 한다.

갈 5:6 그리스도 예수 안에서는 할례나 무할례가 효력이 없되 사랑으로써 역사하는 믿음뿐이니라

5:6 γὰρ ἐν Χριστῷ Ἰησοῦ οὔτε περιτομή οὔτε ἀκροβυστία, τι ἰσχύει ἀλλὰ πίστις δι᾽ ἀγάπης ἐνεργουμένη.

갈 5:6 그리스도 예수 안에서는 할례나 무할례가 아무 소용이 없고 사

랑으로 말미암아 역사하는 믿음뿐입니다.

1. 할례를 받았거나 무할례이거나 그런 것은 예수 그리스도를 믿는 자에게는 아무 소용이 없다.

구원은 할례나 무할례로 되는 것이 아니다. 그러므로 할례를 받았던지 안 받았던지는 그리스도 예수를 믿는 자들에게는 아무 소용이 없다. 할례를 받았다고 더 인정받는 것도 아니고, 받지 않았다고 인정받지 못하는 것도 아니다.

오직 예수 믿음으로 모든 것이 결정되기 때문에 그리스도를 믿기 이전의 것은 아무 소용이 없다.

2. 믿는 자는 반드시 사랑으로 선행을 한다.

믿는 자는 하나님의 사랑을 입은 자이므로 믿어 의에 이르면 반드시 선행을 하게 되어 있다. 그러나 율법 지킴의 방식이 아니고 사랑으로 행한다. 사랑으로 행하기 때문에 율법의 요구들을 다 이룬다. 그러므로 믿음만이 사랑으로써 역사한다.

믿음의 열정이 식으면 사랑이 식는다. 그러면 율법의 외식주의가 나타나 역사한다. 다른 사람들이 바르게 하지 않는 것만 본다.

갈 5:7 너희가 달음질을 잘하더니 누가 너희를 막아 진리를 순종치 않게 하더냐

5:7 Ἐτρέχετε καλῶς· τίς ἐνέκοψεν ὑμᾶς τῇ ἀληθείᾳ μὴ πείθεσθαι;

갈 5:7 여러분은 달음질을 잘하였습니다. 누가 여러분을 막아 진리를 순종하지 못하게 하였습니까?

1. 달음질을 잘했다는 것은 가르침 받은 대로 믿음생활을 잘했음을 말한다.

유대주의 그리스도인들이 와서 그들을 꼬이기 전에는 믿음생활을 잘하였다. 바울이 가르친 대로 믿음생활을 하였다. 그러다가 중간에 일이 생긴 것이다.

처음에 꼬임을 받아 율법 준수를 하기로 할 때는 심한 갈등을 일으키다가 그 일을 반복하면 양심이 무사하고 안일해진다. 신사참배를 처음 할 때는 죽을 것 같았는데 반복하면 아무렇지도 않은 것과 같다.

마찬가지로 믿음의 길을 떠나 다른 방식을 첨가하게 되면 처음에는 갈등하다가 그 일을 계속하면 아무런 갈등도 없어지고 무뎌진 마음이 되어 당연한 것으로 여긴다.

2. 예수 믿는 것이 구원에 이르는 진리의 길이다. 그런데 이 길을 막아 가지 못하게 한 자들이 누구냐고 묻는다.

즉 그들이 도대체 어떤 사람들이기에 그들을 따라가기로 했느냐고 묻는 것이다. 그들이 바울의 권위보다 커서 그들을 따라갈 만하다고 판단했느냐고 묻는 것이다.

갈 5:8 그 권면이 너희를 부르신 이에게서 난 것이 아니라

5:8 ἡ πεισμονὴ οὐκ ἐκ τοῦ καλοῦντος ὑμᾶς.

갈 5:8 그 권면은 여러분을 부르신 이에게서 나온 것이 아닙니다.

1. 예루살렘으로부터 온 사람들이 갈라디아인들을 설득하였는데, 그 사람들은 주께서 보내신 것이 아니라고 단정한다.

예루살렘에서 온 그리스도인들은 야고보의 권위에 의거해서 율법 지킴을 설득하였다. 갈라디아인들이 그 설득을 받아들였다. 그러나 분명한 것은 그들을 보내신 이는 주 예수가 아니다. 이것을 분명히 하려고 바울이 강조하고 있다.

2. 바울 자신은 주께서 보내셔서 왔다는 것을 강조한다.

갈라디아인들을 부르신 이가 바로 바울을 보내 복음을 전하게 하셨다. 그런데 지금 와서 율법 지킴을 강조한 자들은 주께서 보내신 것이 아니라는 것을 말한다.

갈 5:9 적은 누룩이 온 덩이에 퍼지느니라

5:9 μικρὰ ζύμη ὅλον τὸ φύραμα ζυμοῖ.

갈 5:9 적은 누룩이 온 덩어리를 부풀립니다.

1. 갈라디아인들이 받은 이 일이 전 교회들로 퍼져 그리스도교가 없어질 수 있음을 말한다.

갈라디아 그리스도인들은 전체 신자들의 수에 비하면 적은 부분이다. 그러나 갈라디아인들이 받아들인 다른 복음을 다른 교회들도 받아들이게 되면 다 그런 길로 가게 될 것임을 말한다.

믿음에 율법 지킴을 섞은 것은 적은 누룩 같지만 전체 교회에 퍼져 다 그릇될 수 있음을 강조한다.

갈 5:10 나는 너희가 아무 다른 마음도 품지 아니할 줄을 주 안에서 확신하노라 그러나 너희를 요동케 하는 자는 누구든지 심판을 받으리라

5:10 ἐγὼ πέποιθα εἰς ὑμᾶς ἐν κυρίῳ ὅτι οὐδὲν ἄλλο φρονήσετε· δὲ ὁ ταράσσων ὑμᾶς βαστάσει τὸ κρίμα, ἐὰν ὅστις ᾖ.

갈 5:10 나는 여러분이 결코 달리 생각하지 않을 줄을 주 안에서 확신합니다. 그러나 여러분을 혼란케 한 자는 누구이든지 심판을 받을 것입

니다.

1. 바울은 갈라디아 그리스도인들이 유대주의자들을 일시적으로 따라갔지만, 처음 믿음으로 돌아올 것을 확신하였다.

지금까지 복음과 율법의 관계를 설명했기 때문에 갈라디아 그리스도인들이 처음 믿음의 길로 돌아오고 율법주의자들을 따르지 않을 것을 확신하였다.

2. 그러나 믿음을 혼란시켜 교회를 어지럽혔던 자는 반드시 심판을 받을 것으로 단정하였다. 왜냐하면 믿음의 길에서 떠나게 했기 때문이다.

믿음의 길에서 떠나게 하는 것은 멸망에 이르게 함을 뜻한다. 그러므로 그런 자들은 심판을 받아야 마땅하다. 그의 신분이 어떠하든지 간에 마땅한 벌을 받아야 함을 말한다.

갈 5:11 형제들아 내가 지금까지 할례를 전하면 어찌하여 지금까지 핍박을 받으리요 그리하였으면 십자가의 거치는 것이 그쳤으리니

5:11 δέ, ἀδελφοί, εἰ ἐγὼ περιτομὴν ἔτι κηρύσσω, τί ἔτι διώκομαι; ἄρα κατήργηται τὸ σκάνδαλον τοῦ σταυροῦ.

갈 5:11 형제들이여 내가 지금까지 할례를 전파하면 어찌하여 지금까지 내가 핍박을 받겠습니까? 그리하였으면 십자가의 거침돌이 없어졌을 것입니다.

1. 바울도 십자가 선포에 할례를 함께 말하였으면 핍박이 없었을 것을 말한다.

바울은 율법으로 구원에 이름이 아니고 그리스도의 십자가를 믿음으로 구원에 이른다고 전파하였기 때문에 많은 핍박과 환난을 당하였다. 그러지 않고 예루살렘의 그리스도인들처럼 예수도 믿고 율법도 지켜야 한다고 했으면 유대인들이 핍박은 하지 않았을 것이다. 십자가 선포에 그들의 이마가 찌푸려지기는 했겠지만 핍박은 하지 않았을 것이다.

그러나 바울은 율법으로는 구원에 이르지 못하고 십자가에 못 박힌 예수 그리스도를 믿음으로 구원에 이른다고 전파하였다. 그러므로 유대인들이 골목마다 따라다니며 바울을 죽이려고 했다.

2. 십자가가 유대인이나 헬라인들에게 걸림돌이었다. 십자가에 구원이 있다는 것을 받을 수가 없었다.

예수에 대한 설명은 다 좋았어도 십자가에 죽은 이 예수가 구주이고 메시아라고 할 때는 도저히 받을 수가 없었다. 십자가가 걸림돌이었다. 십자가에 죽은 예수는 구주나 메시아일 수 없었다. 그는 정죄되어 저주받은 자로 죽었기 때문이다 (신 21:23; 갈 3:13).

3. 바울이 십자가만 빼고 전했으면 그의 전파가 그렇게 반항과 반대를 받지 않았을 것이다.

할례를 받아 율법을 지킴으로 구원에 이른다는 유대교의 가르침은 신사적인 법이다. 왜냐하면 사람을 인격으로 인정하고 사람의 자연적 능력도 인정해 주기 때문이다.

그런데 십자가에 못 박힌 예수 그리스도를 구주로 믿어야 구원에 이른다는 것은 도저히 받을 수가 없었다. 십자가가 걸림돌이었다. 인간의 능력을 전적으로 부정하고 인간의 품위를 무시하는 것이기 때문이다.

갈 5:12 너희를 어지럽게 하는 자들이 스스로 베어 버리기를 원하노라

5:12 ὄφελον καὶ ἀποκόψονται οἱ ἀναστατοῦντες ὑμᾶς.

갈 5:12 여러분을 어지럽힌 자들이 끊어지기를 원합니다.

1. 유대 그리스도인들이 지금 갈라디아 교회에 소속되어 있다. 그들이 스스로 교회에서 물러나기를 바라고 있다.

바울은 물리적으로는 그들을 어떻게 할 수 없으므로 그들 스스로가 교회에서 물러나게 되기를 바라고 있다. 그러면 다른 복음이 전파되는 것이 그칠 것이기 때문이다. 그들이 스스로 물러나는 길

만이 갈라디아 교회가 살 길이다.

갈 5:13 형제들아 너희가 자유를 위하여 부르심을 입었으나 그러나 그 자유로 육체의 기회를 삼지 말고 오직 사랑으로 서로 종노릇하라

5:13 γὰρ Ὑμεῖς ἐπ' ἐλευθερίᾳ ἐκλήθητε, ἀδελφοί· μόνον μὴ τὴν ἐλευθερίαν εἰς ἀφορμὴν τῇ σαρκί, ἀλλὰ διὰ τῆς ἀγάπης δουλεύετε ἀλλήλοις·

갈 5:13 형제들이시여, 여러분은 자유를 위하여 부르심을 받았습니다. 그러나 그 자유를 육신의 기회로 삼지 말고 사랑으로 서로 종노릇하십시오.

1. 믿음으로 해방되어 자유에 이르렀더니 잘못 알고 할례 받고 육체의 일을 하는 기회로 삼았다.

그러므로 자유를 얻었다고 해서 그렇게 육신적 모험을 하지 말라고 한 것이다.

2. 자유에 이르렀으니 무엇이나 할 수 있는 자유를 가진 것이다. 그러나 그 자유를 육체적인 욕망과 관련하여 사용하면 남에게 시험거리가 된다.

그러므로 육체의 욕망을 충족하도록 행동하지 말고, 자기를 희생하여 서로 섬기라고 한 것이다.

사람은 자유를 가지면 먼저 육체적 욕망을 이루는 데로 나아가는 것이 본성이다. 그러나 그리스도인들은 죄에서 놓여났을 뿐 아니라 육의 욕망에서도 해방되었다. 그러므로 자기 자유만 생각하면 안 되고, 다른 그리스도인들과 불신자들에게 걸림돌이 되도록 행하면 안 된다.

그리스도인은 어떤 행동을 하고자 할 때 이 행동이 다른 그리스도인과 불신자들에게 어떤 영향을 미칠 것인지를 생각하고 판단해서 행동해야 한다.

3. 서로 종노릇하는 것은 바로 남을 생각하여 걸림돌이 되지 않도록 삼가는 것을 말한다.

술 마시고 싶어도 참고, 담배 피우고 싶어도 참으면 그리스도인들에게 섬기는 일을 하는 것이다. 또 이성과 가까이하고 싶은 욕망이 일 때에도 그런 행동을 하면 다른 사람들에게 어떤 영향을 미칠지를 생각해 보고 행동해야 한다.

갈 5:14 온 율법은 네 이웃 사랑하기를 네 몸 같이 하라 하신 한 말씀에 이루었나니

5:14 γὰρ ὁ πᾶς νόμος πεπλήρωται, ἐν ἑνὶ λόγῳ ἐν τῷ· Ἀγαπήσεις τὸν πλησίον σου ὡς σεαυτόν.

갈 5:14 온 율법은 네 이웃을 네 몸 같이 사랑하라 하신 한 말씀에서 다 이루었습니다.

1. 이웃을 나 자신처럼 곧 내 몸처럼 사랑하면 이웃에게 악을 행함이 없어진다.

'네 이웃을 네 몸 같이 사랑하라'는 말씀은 주께서 하나님 사랑과 이웃 사랑으로 요약하신 말씀의 하나이다. 이웃을 사랑하되 자기 자신처럼 사랑하면 남에게 폐도 끼치지 않게 되고, 악을 행함이 없어진다.

그러면 율법이 하라, 하지 말라고 한 모든 계명이 다 이루어진다. 자신을 해하는 사람도 없고, 자신을 미워하는 사람도 없다. 그러므로 자신에게 악을 행하지 않게 된다.

따라서 율법이 더 이상 요구할 것이 없어진다. 하나님을 전심으로 사랑하듯, 이웃을 자신처럼 사랑하면 율법이 요구할 것이 없어지므로 율법이 완성되는 것이다.

갈 5:15 만일 서로 물고 먹으면 피차 멸망할까 조심하라

5:15 δὲ εἰ ἀλλήλους δάκνετε καὶ κατεσθίετε, βλέπετε μὴ ὑπ' ἀλλήλων ἀναλωθῆτε.

갈 5:15 여러분이 서로 물고 먹으면 피차 망할까 조심하세요.

1. 율법을 삶의 법으로 지키면 서로가 서로를 감시하고 비판하게 된다.

지금 갈라디아 그리스도인들도 동일한 상황에 처해 있다. 그러면 결국 피차 망하게 되어 없어질 것이다.

율법을 지키기 시작하면 다른 그리스도인들의 행동을 감시하고 잘하는지 못하는지 살피게 된다. 또 다른 사람들의 결점만 보게 된다. 그리하여 그를 비난하고 공격하게 된다.

그러면 다른 사람들도 가만히 있지 않고 그 공격자들의 생활과 행동을 살펴서 바르지 못하다고 여기는 것들을 지적하고 공격하게 된다. 그러면 서로 공격하므로 교회가 설 수가 없고 흩어지게 된다. 이것이 서로 망하게 되는 것이다.

율법의 길로는 교회가 망하게 된다. 율법의 길로는 서로를 판단하고 비난하여 서로의 감정을 상하게 하므로 서로 같이 교회생활하는 것을 어렵게 한다.

갈 5:16 내가 이르노니 너희는 성령을 좇아 행하라 그리하면 육체의 욕심을 이루지 아니하리라

5:16 δέ, Λέγω πνεύματι περιπατεῖτε καὶ ἐπιθυμίαν σαρκὸς οὐ μὴ τελέσητε.

갈 5:16 오히려 내가 말합니다. 성령으로 행하면 육신 곧 육의 욕망을 이루지 아니할 것입니다.

1. 육신의 욕망을 이기는 일은 인간의 본성으로는 못한다. 성령으로 행하는 길뿐이다.

육신의 욕망을 율법의 규제로 막으려고 하면 욕망의 세력이 더 커서 도저히 통제할 수가 없다. 하라, 하지 말라고 하는 계명들을 그 계명을 따라 하거나 하지 않으려고 하면 율법의 규제를 기어이 이겨낸다. 그리고 육신의 욕망을 기어이 성취하는 방식으로 인간의 전 조직이 가동한다.

사람이 그의 인격의 본성적 힘으로 육의 욕망을 이길 수 없다. 언제든지 그 욕망을 충족하는 방식으로 모든 조직이 역사한다. 언제든지 충족되어야 그치는 것이 육신의 욕망의 법이기 때문이다. 한 번 충족하면 그것을 반복하기를 원한다.

영이 오기 전에는 육의 욕망을 해결할 길이 없다.

2. 육신 곧 육의 욕망을 이기는 길은 성령으로 행하는 것 혹은 그리스도의 피의 권세를 적용하는 것뿐이다.

육체의 힘으로는 육의 욕망을 다스릴 수 없다. 반드시 성취되어야 물러서는 것이 육의 욕망의 법이기 때문이다.

이 사슬을 끊고 육의 욕망의 강한 욕구에서 벗어나는 것은 사람의 힘으로는 안 되고, 그리스도의 피의 권능으로만 된다. 따라서 육신 곧 육의 욕망을 따라 살지 않는 길은 "주 예수의 피가 나를 모든 죄에서 깨끗하게 한다"고 선언하는 것이다(요일 1:7). 그리스도의 피의 권세를 의지하고 적용하는 것만이 육신의 욕망을 이기는 길이다. 늘 피의 권세를 의지하고 그 피를 적용하는 것이다. 그러면 육체의 욕망의 요구를 벗어날 수 있다.

육의 욕구를 충동 받으면 그것을 기어이 이루어내려고 한다. 자기의 힘으로 그 육체의 욕망을 벗어나려고 하면 육체의 욕망이 더 강렬해진다.

육신의 욕망이 강하게 일 때 주 예수의 피의 권세에 내어 맡기는 것이 욕망을 이기는 길이다. "주 예수의 피가 나를 모든 죄에서 깨끗하게 한다"고 선언하면 육의 욕망이 소산되기 때문이다.

갈 5:17 육체의 소욕은 성령을 거스리고 성령의 소욕은 육체를 거스리나니 이 둘이 서로 대적함으로 너희의 원하는 것을 하지 못하게 하려 함이니라

5:17 γὰρ ἡ σὰρξ ἐπιθυμεῖ κατὰ τοῦ πνεύματος, δὲ τὸ πνεῦμα κατὰ τῆς σαρκός, γὰρ ταῦτα ἀλλήλοις ἀντίκειται, ἵνα μὴ ἐὰν ἃ θέλητε ταῦτα ποιῆτε.

갈 5:17 육은 영을 거슬러서 욕망하고 성령은 육을 거슬러서 욕망합니다. 이들이 서로 반대하여 여러분이 원하는 것을 하지 못하게 합니다.

1. 육의 본래 욕망은 음란과 호색, 간음, 미워함, 더러움을 좋아함 등이므로 성령의 원하는 것들인 거룩, 의, 선함, 깨끗함, 사랑 등과 전적으로 배치된다.

이 둘은 결코 서로 조화하거나 타협하고 양보할 수 없다. 다 자기의 법을 따라 활동하고, 그 본성의 법을 이루기 원한다. 육은 타락한 인간본성을 말한다.

2. 육의 욕망이 강하게 작용하여 그 욕구를 이루려고 하면 영이 가만히 있는 것이 아니라 양심으로 갈등하게 하여 육의 욕구를 따라가지 못하게 한다.

여기의 영은 성령으로 거듭난 새사람을 말한다. 영은 예수 그리스도를 믿는 믿음의 법으로 사는 삶의 방식이다. 피의 복음의 선포만이 육의 욕망을 이겨낼 수 있다.

3. 타락한 인간본성은 그 타락한 본성대로 욕구하고 욕망하며 그 욕망을 충족하려고 한다.

그러나 중생한 그리스도인들은 육의 욕망을 따라 살 수가 없다. 성령이 역사하여 욕망을 이루지 못하게 하기 때문이다.

4. 육의 욕망이 강하여 그 욕구를 기어이 이루려고 하면 반드시 범죄로 결과한다.

육의 욕망이 강하여 그 욕구를 충족하려고 전력하면 결국 그리스도인들도 범죄에 이른다. 그러나 일단 범죄가 이루어지면 대단한 갈등과 후회와 탄식과 번민이 일어나게 된다.

5. 그리스도인들이 육의 욕망을 따르면 범죄하여 성령을 근심하게 한다.

범죄하면 성령의 역사가 중단된다. 성령이 철수하시는 것은 아니지만 그 역사를 쉬므로 그의 임재를 느끼기 어렵게 된다.

성령의 역사가 중단하면 깊은 회개를 해야 다시 역사하심을 느낄 수 있다.

갈 5:18 너희가 만일 성령의 인도하시는 바가 되면 율법 아래 있지 아니하리라

5:18 δὲ εἰ πνεύματι ἄγεσθε, οὐκ ἐστὲ ὑπὸ νόμον.

갈 5:18 만일 여러분이 성령으로 인도받으면 율법 아래 있지 않습니다.

1. 성령이 인도하시면 율법의 규제가 적용되지 않는다.

성령이 인도하시면 율법이 명하고 금하는 것을 인간의 힘으로가 아니라 은혜로 준행하게 된다. 아니, 힘쓰지 않아도 죄짓지 않으므

로 율법의 요구와 상관이 없게 된다. 그러므로 성령의 인도 아래 살면 율법의 규제가 아무 효험이 없다. 규제도 없다.

2. 성령의 인도 아래 있으면 죄지으려는 욕망이 사라지므로 율법과 무관하게 된다.

성령의 인도는 사람들을 육의 욕망에서 해방한다. 그러므로 육의 욕망을 충족시키기 위해 애쓸 필요가 없어진다. 육의 욕망이 발동되지 않으므로 본성의 욕구 충족을 위해 노력할 필요가 없다. 애쓸 필요도 없다. 율법의 규제를 벗어나려고 애쓸 필요가 없어진다.

갈 5:19 육체의 일은 현저하니 곧 음행과 더러운 것과 호색과

5:19 δέ φανερὰ ἐστιν τὰ ἔργα τῆς σαρκός, ἅτινά ἐστιν πορνεία, ἀκαθαρσία, ἀσέλγεια,

갈 5:19 육의 일은 현저한데 곧 음행과 더러운 것과 방탕과

1. 음란이 인간의 본성이 되었다.

육의 욕망의 열매들 중에서 가장 현저한 것이 바로 음행이다. 사람은 성적으로 구성되어 있다. 타락으로 인해 이 일이 법 안에서 이루어지는 것이 아니라 언제나 그 법의 테두리를 벗어나서 행사하기

를 바란다. 그러므로 언제든지 정욕을 원하고 좋아하고 그것을 기뻐한다. 욕망이 발동하면 언제나 음란과 음행으로 나타난다. 성령의 인도를 받지 않고서는 이 욕망의 법을 벗어날 길이 없다.

인간의 부패가 가장 잘 드러나는 곳이 바로 음란의 경우이다. 성적 타락이 가장 교묘하고 치밀하게 진행되어 언제든지 이 생각에 지배되어 산다.

2. 여기의 더러운 것은 성적인 불결로 보아야 한다.

사람은 실제로 음란에 이르지 않아도 언제든지 성적인 발흥과 그런 분위기로 산다. 그러므로 언제나 그런 생각을 할 뿐만 아니라 그런 욕망이 이루어지기를 바라는 마음으로 산다.

특별한 경우가 아니면 대부분 정상적인 남녀관계 곧 혼인관계 밖에서 일이 이루어지기를 바라고, 그런 기대로 산다. 그러므로 대단히 불결하고 더러운 일이다.

3. 방탕은 인간이 정상적으로 살아야 할 범위와 테두리를 벗어나서 성적 욕망을 위주해서 사는 것을 말한다. 그러므로 밖으로 드러난 행위들이 된다.

육체의 욕망을 따라 행동하여 절제함이 없이 밖으로 그런 행동이 드러나는 삶의 방식이다. 음란과 불결과 방탕은 육체의 욕망과 연관해서 나타나는 죄악이다.

갈 5:20 우상 숭배와 술수와 원수를 맺는 것과 분쟁과 시기와 분냄과 당 짓는 것과 분리함과 이단과

5:20 εἰδωλολατρία, φαρμακεία, ἔχθραι, ἔρις, ζῆλος, θυμοί, ἐριθεῖαι, διχοστασίαι, αἱρέσεις,

갈 5:20 우상숭배와 요술과 적개심과 다툼과 질투와 분냄과 화냄과 당파심과 분쟁과 이단들과

1. 우상숭배는 하나님 아닌 모든 피조물들과 그 형상들을 섬기는 것이다.

우상숭배는 타락한 인류가 예외 없이 다 종속된 죄악이다. 모든 피조물을 다 신으로 섬기고 제사하였다.

그러나 지금은 욕망을 가장 중시하고, 욕망 충족을 위해서 전력을 다한다. 그중에 성적 욕망이 가장 큰 성취의 대상이다.

그리고 돈에 대한 집착과 명예 추구가 그다음이다. 하나님 아닌 것을 제일로 삼으면 그것이 바로 우상숭배이다.

2. 요술 혹은 마술은 우상을 섬기는 마녀들이 병을 낫게 한다는 행위이다.

혹 식물들을 사용하여 마술을 부리기도 했지만 귀신들의 힘으로 행하였다. 이것은 우상숭배에서 나온 귀결이다. 우상숭배는 대개는

마녀들이 집행하였다.

3. 적개심은 본래 우리말 번역처럼 원수 맺는 것이라고 할 수 있지만 한번 다른 사람과의 관계에서 상처를 입으면 도저히 용서하지 않고 적의를 드러내는 것을 말한다.

그것은 인격적인 상해를 입었다고 여기기 때문이다. 인격을 손상시키면 언제나 적개심을 드러내게 되어 있다. 이것을 극복하는 일은 쉬운 일이 아니다. 그러나 미움의 감정도 그리스도의 피의 권세를 적용함으로 이길 수 있다. 그러면 미워하는 감정이 흩어진다.

4. 여기 다툼은 주로 말로 싸우는 것을 말한다.

말로 싸우는 일은 주로 자기의 잘남을 보이기 위해서 일어난다. 자기의 주장만이 가장 바르고 정당한 것이라고 여기기 때문에 다른 사람의 의견과 주장을 인정하지 않으려고 하므로 싸움이 난다. 이런 싸움은 언제나 일어나고, 자주 일어난다.

5. 질투는 다른 사람이 자기보다 낫다거나 좋은 대접을 받을 때 나타내는 시기심이다.

질투는 시기심보다 더 강렬한 감정적 발로이다. 한 사람은 다른 사람이 갖지 못한 장점들을 가진다. 장점들로 말미암아 다른 사람들로부터 칭찬이나 인정을 받을 때 드러내는 감정이다. 이런 경우

경쟁 상태에 있을 때 강한 질투와 시기심을 드러낸다. 경쟁 상대가 자기보다 더 나은 대접이나 칭찬을 받을 때 나타내는 감정의 반응이다.

6. 분냄은 화냄보다 더 격렬한 감정의 발동을 말한다.

분냄은 이성적 통제를 벗어난 화냄을 말한다.

7. 당파심은 다른 사람들과 평안하게 살지 못하고 자기들만의 이익을 위해서 무리 짓는 것을 말한다.

이 당파심은 모든 사람들과 평안히 살 수 없어서 자기들만의 이익을 위해서 뜻 맞는 사람들끼리 뭉치는 것을 말한다. 이 당파심 때문에 도저히 한 공동체 안에서도 같이 살 수가 없다. 당파를 이루면 그 파당의 이익을 자기의 것과 일치시켜 그것이 자기 삶의 목표가 된다.

8. 분쟁은 자기 파당의 이익을 위해 서로 다투는 것을 말한다.

이 분쟁은 '디코스타시아'(διχοστασια)인데 이 단어가 당파심 다음에 오므로 이 분쟁이 그냥 개인들 간의 다툼이 아니라 파당 간의 싸움임을 알 수 있다.

9. 이단은 바른 진리를 자기들의 이해를 따라 변형하고 합리적으

로 해석한 것을 말한다.

그리스도교는 신비의 종교이므로 인간의 이성이 도달하지 못할 높은 차원의 진리이다. 그러므로 완전한 믿음과 확실한 중생의 체험을 갖지 못한 사람들은 그런 진리를 자기들의 이해의 수준으로 낮추어서 그 진리의 내용을 변경하고 합리적으로 해석하는 일을 많이 한다. 이렇게 하여 그리스도교의 초기부터 헤아릴 수 없는 많은 이단들이 나타났다.

현대는 그리스도교의 근본진리들을 다 합리적으로 해석하고 변형하여 이단을 보편화하였다. 이 이단의 보편화가 자유주의이다. 이단도 그리스도교가 아니듯이 자유주의도 그리스도교가 아니다.

자유주의는 성경이 하나님의 말씀이고 영감으로 기록되었다는 것을 부인함으로 출발한다. 그러므로 초자연적인 그리스도교의 진리를 다 합리적으로 해석하였다. 이 자유주의로 말미암아 그리스도교는 해체되기 시작하여 지금은 해체가 완료되었다. 로마교회는 완전히 배도하였고, 개신교회도 대다수가 자유주의신학을 가짐으로 배도하였다.

갈 5:21 투기와 술 취함과 방탕함과 또 그와 같은 것들이라 전에 너희에게 경계한 것같이 경계하노니 이런 일을 하는 자들은 하나님의 나라를 유업으로 받지 못할 것이요

5:21 φθόνοι, μέθαι, κῶμοι, καὶ τὰ ὅμοια τούτοις, ἃ προλέγω ὑμῖν καθὼς προεῖπον ὅτι οἱ τὰ τοιαῦτα πράσσοντες βασιλείαν θεοῦ οὐ κληρονομήσουσιν.

갈 5:21 시기와 술 취함과 진탕 마시기와 또 이와 같은 것입니다. 전에 여러분에게 앞서 말한 대로 다시 말합니다. 이런 일들을 하는 자들은 하나님의 나라를 상속받지 못할 것입니다.

1. 시기는 다른 사람의 성공과 잘됨을 인정하지 못하는 심리작용이다.

2. 술 취함이 죄가 됨은 자기의 이성을 잃고 바른 판단력을 행사하지 못하고, 자제력을 잃어 자기의 욕망을 따라 행동하게 되기 때문이다.

특히 성범죄는 화간이어도 술 취한 상태에서 행하는 것이다. 술 취하면 육체적 욕망대로 행하지, 이성의 판단과 깨우침은 들을 수 없기 때문이다.

3. 진탕 마시기는 정도를 넘어서서 술을 마시므로 종교적인 황홀경에 이르는 것을 말한다.

이런 경우는 완전히 이성을 상실하여 부끄럼을 하나도 모르는 지경에 이른다.

4. 20절과 21절에 열거된 죄악 행위들은 다 하나님의 법도를 벗어난 것이다. 또 종교적으로 우상숭배와 그런 것과 관련한 일들을 행하므로 하나님과 완전히 적대된다. 그러므로 이런 자들은 타락한 자들로 아무런 가책도 없이 사는 사람들이므로 하나님의 나라에 들어가지 못한다.

우상숭배하는 자들도 자기들이 창조주 하나님을 섬기는 삶에서 벗어나 이렇게 하고 있다고는 생각도 못하고, 따라서 그런 일을 행하는 것이 큰 죄악이라는 것에 대해 아무런 가책도 없다.

시기와 질투하는 자들도 자기의 삶이 죄가 된다는 생각도 못하고, 또 아무런 양심의 가책도 느끼지 못한다. 술 취함과 진탕 마시는 것도 죄가 된다고 판단하지 못하고 자연적인 것이라고 생각할 뿐 죄의식은 일체 없다.

파당을 만드는 사람들도 이런 것이 죄가 되고 다른 사람들의 삶에 방해가 된다는 생각이 전혀 없고 정당한 것으로 여긴다.

이런 죄악들은 완전히 인간의 본성으로 자리 잡아 정당한 것으로 여기므로 회개가 어렵다. 시기하고 질투했다고 그런 것을 죄지은 것으로 여겨 회개하는 사람은 전혀 없다. 그러므로 이런 일을 하는 자들은 하나님의 나라에 들어가는 것이 불가능함을 말한다.

갈 5:22 오직 성령의 열매는 사랑과 희락과 화평과 오래 참음과 자비와 양선과 충성과

갈 5:23 온유와 절제니 이 같은 것을 금지할 법이 없느니라

5:22 δὲ Ὁ καρπὸς τοῦ πνεύματός ἐστιν ἀγάπη, χαρά, εἰρήνη,
μακροθυμία χρηστότης, ἀγαθωσύνη, πίστις,
5:23 πραΰτης, ἐγκράτεια· κατὰ τῶν τοιούτων οὐκ ἔστιν νόμος.

갈 5:22 성령의 열매는 사랑과 기쁨과 화평과 오래 참음과 친절과 선
함과 신실함과
갈 5:23 온순함과 절제입니다. 이런 것들을 거스릴 법이 없습니다.

1. 성령의 열매는 예수 믿어 중생한 사람들이 나타내는 성품들을 말한다.

이런 성품들은 본성적으로는 불가능하므로 성령으로만 형성 가능하다. 성령의 역사 없이는 그리스도인의 성품이 형성되지 못한다. 그리스도인 자신의 노력으로 되는 것이 아니라 성령의 역사로만 가능하다.

우리는 선을 바랄 수도 없고, 행할 수도 없다. 악을 좋아하고 즐기는 것이 우리의 본성이기 때문이다.

2. 성령의 첫 번째 열매는 사랑이다.

우리의 본성은 미워하기를 좋아하고, 미워하는 것에 길들여져 있다. 본성적으로 사랑하기보다는 미워하고 적대감을 드러낸다. 사랑은 자기를 희생하는 것이므로 본능적으로 사랑하기를 좋아하지 않는다.

그리스도인이 되어서 나타내는 첫 열매는 바로 남을 사랑하는 것이다. 전혀 새로운 존재가 되었으므로 사랑한다. 사랑은 자기를 희생하고 이루어질 일이다.

그리스도의 희생 때문에 그리스도인들은 사랑하게 되어 있고, 사랑해야 한다. 그리스도의 사랑 때문에 그리스도인들은 사랑하게 되었다. 또 성령의 역사로만 옛 본성의 법대로 하지 않고 사랑할 수 있다.

3. 그리스도인들이 나타내는 두 번째 성품은 기뻐하는 것이다.

그리스도의 생명이 사람들의 마음에 있으므로 생명의 기쁨이 솟아난다. 그것은 바로 성령의 역사의 열매이다. 온갖 상황과 역경 가운데에서도 속에서 구원의 기쁨이 솟아나게 되어 있다. 자연적인 기쁨이 아니라 새 생명의 희열이다. 그리스도의 새 생명이 역사하므로 생명의 기쁨이 넘쳐나게 되어 있다.

그리스도인이 생명의 기쁨이 없으면 그것은 생명을 공급받지 못해서 생긴 것이다. 그리스도인의 기쁨을 위해 생명의 양식을 공급받아야 한다. 생명의 양식은 바로 복음의 내용을 선포하는 것이다. 복음을 선포하면 생명의 양식을 공급받았으므로 기쁨이 넘쳐난다. 복음 선포가 없으면 생명이 시들해져서 기쁨과 감사가 없어진다.

4. 평화 혹은 화평은 하나님과 화해되었으므로 오는 마음의 안정이다.

하나님을 알지 못할 때는 언제나 마음이 불안하고 쉼이 없었다.

그러나 주 예수를 믿어 하나님과 화해하면 창조주와 화해하였으므로 마음이 안정되고 쉼을 얻는다. 그와 같은 상태가 바로 평화 혹은 화평이다.

이 평화는 주 예수께서 주신 것이므로 역경과 환난 가운데서도 유지된다. 전쟁에서도 주 예수를 믿어 죄를 용서받고 얻은 평안이므로 늘 마음이 안정되고 흔들리지 않는다.

그리스도인에게 죄가 들어오면 평화가 없어지고 흔들린다. 그러므로 아무리 좋아도 죄된 욕망은 처음부터 거부해야 구원 얻은 자가 누리는 평화를 누릴 수 있다.

5. 오래 참음 혹은 인내는 하나님에 대한 신뢰가 확고하므로 참아 기다리는 것을 말한다.

주 예수의 구원은 현세에서도 이루어졌지만 몸의 부활로 완성된다. 그 부활의 때까지 구원의 완성을 신뢰하고 기다린다. 참고 인내한다. 얼마간만 참는 것이 아니라 마지막까지 소망을 가지고 기다리며 참는다.

6. 친절은 다른 사람들이 불편이 없도록 베푸는 사랑이다.

친절은 사랑과 함께 다른 사람들을 대하여 나타내는 그리스도인의 특징이다.

그리스도인들은 평화롭게 사람들을 대할 수 있으므로 친절하여 상대방의 불편을 제거한다. 처음 만나도 상대방의 형편을 이해하고 그의 편의가 이루어지도록 노력한다. 여기에도 자기희생이 따르게 되어 있다.

7. 선함은 다른 사람을 해하려고 하는 악한 마음이 아니라 잘 되도록 돕는 마음가짐이다.

본래 선은 남이 잘되게 하는 것이다. 악은 이와 반대로 다른 사람이 잘못되게 하는 마음가짐이다. 하나님이 구원하셨으니 하나님의 선에 상응하게 다른 사람들이 잘되도록 하는 마음을 갖는다.

8. 믿음 혹은 신실함은 희랍어로는 '피스티스'(πίστις)이다. 신실은 신뢰할 수 있음을 지시한다.

여기서는 주 예수를 믿어 구원에 이르는 믿음이 아니라 신실함을 말한다. 믿고 일을 맡길 수 있는 성품을 말한다. 그리스도인은 자기의 맡은 일을 성실하게 하는 신실함을 가져야 한다.

눈가림으로 일하는 것이 아니라 하나님 앞에서 일하므로 양심에 가책 없이 진실되고 믿음직하게 일한다. 한번 일을 맡기면 능히 다 해내는 것이 신실이다. 즉 믿을 수 있는 것을 말한다.

9. 온순함은 힘없음을 말하는 것이 아니라 부드럽고 공손함을 말한다. 따뜻하면서도 부드러운 것이 바로 온유함 혹은 온순함이다.

세상의 거친 것을 없애고 부드럽게 하여 상대방으로 평안함을 얻게 하는 것이 온순함 혹은 온유함이다.

그리스도인들은 온유함의 표본인 주 예수 그리스도를 모셨으므로 그런 온순함을 드러내게 되어 있다.

10. 절제는 자기의 욕망대로 다 행하지 않고 자기를 통제하여 법도를 벗어나지 않음을 말한다.

사람은 욕망에 지배되어 살므로 절제하는 것이 어렵다. 특히 육체적 욕구일 경우 그런 욕구의 충족을 억제한다는 것이 참으로 어렵다. 욕망을 통제하지 못할 때에는 언제나 행동의 원리는 육체의 욕망이다. 이 강한 욕망에도 불구하고 억제하여 도를 넘지 않고 행동하는 것이 절제이다.

11. 이런 그리스도인의 성품을 억제할 법이 세상에는 존재하지 않는다.

누가 법으로 그리스도인의 사랑과 기쁨, 평화와 오래 참음과 선함과 친절, 온순함과 절제를 막을 수 있는가? 마음에서 절로 우러나오는 것을 막을 길이 없다. 성령이 역사하사 이루어지는 일을 세상의 법이 막을 수 없다.

갈 5:24 그리스도 예수의 사람들은 육체와 함께 그 정과 욕심을 십자가에 못 박았느니라

5:24 δὲ οἱ τοῦ Χριστου᾽Ιησοῦ τὴν σάρκα ἐσταύρωσαν σὺν τοῖς παθήμασιν καὶ ταῖς ἐπιθυμίαις.

갈 5:24 그리스도 예수의 사람들은 육을 그 정욕과 욕심과 함께 십자가에 못 박았습니다.

1. 육은 옛사람 혹은 변화되지 못한 인간 본성을 말한다. 즉 중생하기 이전의 삶의 체계를 말한다.

모든 죄의 욕망이 일어나는 그 타락한 본성이 육이다. 죄의 욕망이 일어나는 인간 본성이 바로 육이다. 이 육이 타락 이후에 인간의 모든 죄악을 생산하는 바탕이 되었다. 육의 반대는 바로 변화된 본성을 지시하는 영이다.

2. 육은 욕망과 욕망을 이루기 바라는 마음에 의해 죄를 이루어 낸다.

육이 죄를 이루는 방법은 정욕과 소원들이다. 언제나 정욕과 소원은 육체의 요구로 나타나서 죄를 이루어내게 만든다. 죄의 욕망과 소원이 육체의 요구로 나타나므로 이것들을 거부하거나 죄라고 정죄할 마음을 갖지 못하게 한다.

정욕은 육체의 힘과 합쳐서 대단한 힘을 발휘한다. 정욕은 육체의 요구이므로 이것이 다 이루어지기 전에는 정욕의 발동을 쉬지 않는다.

죄 있는 본성은 죄지으려는 욕구를 육의 욕망과 정욕을 육체의 요구로 나타내어 기어이 일을 이루어낸다. 육체의 요구는 정당한 것이므로 거부하면 안 되는 것으로 제시한다.

3. 그리스도인들은 육 곧 죄 있는 본성을 그리스도의 십자가에 못 박았다. 정욕과 욕심도 함께 못 박았다.

예수 믿어 그의 이름으로 세례 받는 것은 그의 십자가에 못 박힘을 포함한다. 그것은 옛사람을 죽게 하는 것이다.

십자가에 못 박힘은 옛 본성의 죽음을 뜻한다. 십자가가 옛 본성 혹은 옛사람을 완전히 죽게 하였다. 옛 본성을 죽게 하면서 그 정욕과 욕심도 다 죽게 하였다. 죄된 정욕과 욕심을 버리게 하였다. 그전에 좋아하던 일들을 좋아하지 못하게 하였다. 십자가로 내 옛사람이 죽은 것을 인정하면 내 옛사람이 죽는다.

그리스도인들이 스스로 자기의 욕심과 정욕을 십자가에 못 박은 것이 아니고 그리스도께서 그렇게 하셨다. 우리의 죄를 지고 십자가에 죽으심으로 우리의 본성도 함께 담당하셨기 때문이다. 우리의 죄들만 담당하신 것이 아니고 죄의 장본인인 우리의 옛사람도 함께 담당하셨다.

4. 육의 욕망을 이기는 길은 내 옛사람이 함께 못 박힌 십자가에 호소하는 길이다.

내가 내 힘으로는 죄의 욕망을 이길 수 없다. 그때에 내 옛사람이 십자가에 못 박혀 죽었다는 것을 인정하고 거기에 호소하는 것이다. 나 자신이 십자가에 못 박혀 죽었음을 인정하고, 또 십자가로 죽었음을 선언해야 한다. 그러면 육의 욕망이 흩어진다. 내 옛사람이 십자가로 죽었음을 선언하면 옛사람의 욕망이 흩어진다.

또 내 죄를 해결하기 위해 흘리신 그리스도의 피에 호소하여 죄의 욕망을 소산시킨다. 곧 "주 예수의 피가 나를 모든 죄에서 깨끗하게 한다"고 선언함으로 죄의 욕망을 소산시킨다 (요일 1:7).

갈 5:25 만일 우리가 성령으로 살면 또한 성령으로 행할지니

5:25 εἰ ζῶμεν πνεύματι, πνεύματι καὶ στοιχῶμεν.

갈 5:25 만일 우리가 성령으로 살면 또한 성령으로 행해야 할 것입니다.

1. 그리스도인들은 영으로 살게 된 자들이다.

그리스도인들은 그리스도의 피로 씻어져서 성령으로 변화되고 새사람이 된 자들이다. 그리스도인은 새로운 피조물이다. 더 이상 옛사람으로 살 수 없게 된 자들이다. 옛사람 곧 육은 죽고 새사람 곧 영이 살게 되었다. 그러므로 그리스도인은 죄짓는 방식을 생활의 법으로 삼고 사는 자들이 아니다.

2. 영으로 산다는 것은 성령의 인도를 따라 사는 것을 말한다.

새사람이 되었으면 육의 욕망을 따라 살면 안 되고 성령의 인도를 따라서 사는 것을 말한다.

3. 영으로 살아야 한다는 것은 성령의 인도를 따라 살고 육의 욕망으로 살지 않는 것을 말한다.

예수 믿어 새사람이 되었어도 옛사람이 없어진 것이 아니다. 옛사람 곧 육의 역사가 계속되고 반복된다. 그렇기 때문에 육의 욕망을 따라 사는 것을 당연시하게 된다. 옛사람의 방식으로 돌아가면 안 된다. 육의 욕망을 따라서 살면 옛사람으로 돌아가는 것이다.

영으로 행하는 것은 변화된 새사람의 법으로 사는 것을 말한다. 새사람의 법으로 사는 것이 바로 성령으로 인도받아 사는 것이다. 새사람이 되었어도 성령의 인도가 없으면 새사람으로 살 수가 없다. 따라서 성령의 인도를 따라 사는 것이 영으로 행하는 것이다. 행하는 것은 계속적인 삶의 방식을 말한다.

그리스도인들은 영에 의해서 살게 된 자들이다. 살려졌으면 육으로 돌아가면 안 된다. 옛사람은 죽고 새사람이 살아났기 때문이다. 육으로 돌아가지 않으려면 부단히 성령에 의지해야 한다. 성령에 의지하는 것은 죄의 욕망이 일 때 그리스도의 피에 호소하여 죄의 욕망을 소산시키는 것을 말한다.

갈 5:26 헛된 영광을 구하여 서로 격동하고 서로 투기하지 말지니라

5:26 μὴ γινώμεθα κενόδοξοι, ἀλλήλους προκαλούμενοι, ἀλλήλοις φθονοῦντες.

갈 5:26 우리는 헛된 영광을 구하는 자들이 되지 말고, 서로를 화나게 하지 말고, 서로를 시기하지 말아야 할 것입니다.

1. 자기의 체면을 첫째로 여기는 것이 헛된 영광이다.

자기의 체면을 첫째로 하는 것이 헛된 영광이다. 자기의 실재보다 과도한 것으로 나타내는 것도 헛된 영광을 구하는 것이다. 또 자기의 실재보다 더한 평가와 대접을 바라는 것이 헛된 영광을 구하는 것이다. 사람은 다 자기를 과도히 평가하는 뿌리 깊은 성향을 갖고 있다.

그리스도인들은 변화된 사람들이므로 세상적인, 육적인 영광을 구하지 말아야 한다.

2. 서로를 화나게 하는 것은 자기의 이익을 부당하게 구하고 다른 사람의 처지는 고려하지 않는 것이다.

또 다른 사람을 희생하여 자기의 유익만을 구함으로 다른 사람의 형편은 전혀 고려해 주지 않는 것이다. 또 서로를 화나게 하는 것은 자기의 체면만 생각하고 다른 사람의 인격은 전혀 배려하지 않으므로 나타나는 반응이다.

3. 서로 시기하는 것은 자기 가까이에 있는 사람들의 잘됨이나 나은 형편을 인정하지 못하고 험담하는 것이다.

시기는 사람들에게 있는 보편적인 성향이다. 자기와 같은 처지에 있어야 한다고 여기는 사람이 자기보다 더 나은 형편에 이르렀거나, 더 나은 대접과 인정을 받을 때 이것을 폄하해서 깎아내리는 것이다. 대등하거나 경쟁관계에 있다고 여기는 경우들에서 시기가 늘 일어난다.

갈라디아서

Προς Γαλατας

제 6 장

갈라디아서

Προς Γαλατας

갈 6:1 형제들아 사람이 만일 무슨 범죄한 일이 드러나거든 신령한 너희는 온유한 심령으로 그러한 자를 바로잡고 네 자신을 돌아보아 너도 시험을 받을까 두려워하라

6:1 Ἀδελφοί, ἐὰν καὶ προλημφθῇ ἄνθρωπος ἔν τινι παραπτώματι, ὑμεῖς οἱ πνευματικοὶ καταρτίζετε τὸν τοιοῦτον ἐν πνεύματι πραΰτητος, σκοπῶν σεαυτόν, μὴ καὶ σὺ πειρασθῇς.

갈 6:1 형제들이여, 만일 어떤 사람이 범행에 빠지면, 신령한 여러분은 부드러운 마음으로 그런 자를 바로 고치고, 자기 자신을 돌아보아 당신도 시험에 빠지지 않도록 하세요.

1. 그리스도인도 범행에 빠진다.

그리스도인은 중생하여 완전을 향하여 나아가고 있는 자들이다. 그러므로 시험과 유혹을 만나면 육적 욕망에 사로잡히게도 된다. 그러다가 심해지면 실제 범죄에 이르게 된다.

2. 이렇게 범행한 형제를 겸손한 심정으로 교정해야 한다.

한번 실수했다고 해서 그가 교회 밖으로 나가는 것이 아니다. 그런 경우 겸손한 마음으로 그를 교정하도록 해야 한다. 그렇지 않고 책망하듯이 하면 반감을 사게 된다. 또 범행한 사람을 고치려고 하는 사람도 나중에는 같은 범행에 빠져들 수 있다. 자기는 전혀 그런 범행을 하지 않을 것으로 생각해서는 실수할 확률이 높다. 그러므로 부드러운 마음으로 그런 사람을 고치도록 해야 한다.

3. 자기도 그런 시험과 올무에 들지 않도록 자기 자신을 살펴야 한다.

사람은 다 옛사람을 갖고 있으므로 어떤 일정한 범행에 빠지기 쉽다. 그러므로 늘 조심해야 한다.

4. 시험과 유혹은 사람의 속마음과 밖으로부터 끊임없이 온다.

시험과 유혹이 면제된 사람은 없다. 끊임없이 유혹과 시험이 몰려온다. 이 유혹과 시험을 처음부터 배척해야 한다. 유혹과 시험이 마음에 자리 잡기 전에 문전박대를 해야 한다. 그런 유혹과 시험과 욕망이 마음에 들어오는 즉시 물리쳐야 한다. 그렇지 않으면 마음에 그 유혹이 자리 잡는다. 자리 잡은 유혹은 마음에서 계속해서 작용하여 실제로 그 행동으로 나아가도록 한다.

갈 6:2 너희가 짐을 서로 지라 그리하여 그리스도의 법을 성취하라

6:2 ἀλλήλων τὰ βάρη βαστάζετε, καὶ οὕτως ἀναπληρώσετε τὸν νόμον τοῦ Χριστοῦ.

갈 6:2 여러분은 서로의 짐을 지세요. 그리하여 그리스도의 법을 성취하십시오.

1. 그리스도의 법은 사랑의 법이다. 남의 짐을 나누어서 지면 사랑을 이루는 것이다.

우리 그리스도인들은 자기 일을 다 할 뿐만 아니라 남의 일도 도와야 한다. 이것이 짐을 나누어서 지는 것이다. 그렇게 함으로 어려움 당한 사람들을 돕고 힘을 돋운다. 다른 사람들의 고통을 가볍게 하고 덜하게 만든다. 이렇게 함으로 그리스도의 법을 성취한다.

2. 사랑의 법은 실천해야 이루어진다.

사랑의 법은 실천해야 이루어진다. 말로는 안 되고 반드시 사랑을 행해야 한다. 그러면 사랑이 더 증가한다. 사랑의 행실을 하는 것이 사랑의 법을 실천하는 것이다.

3. 그리스도께서 우리를 사랑하사 자신을 버리셨으므로 우리도 남의 짐을 지는 것은 그리스도의 사랑을 실천하는 것이다.

갈 6:3 만일 누가 아무것도 되지 못하고 된 줄로 생각하면 스스로 속임이니라

6:3 γὰρ εἰ δοκεῖ τις εἶναί τι μηδὲν ὤν, φρεναπατᾷ ἑαυτόν·

갈 6:3 만일 누가 아무것도 되지 못하고서 된 줄로 생각하면 그는 스스로를 속이는 것입니다.

1. 갈라디아 그리스도인들 중에 자기들은 완전하다고 여기고 다른 사람들의 연약한 처지는 전혀 고려해 주지 않았다. 그러고서는 자기들의 완전을 자랑하였다.

이 문장의 전후에 나타난 것을 보면, 그들은 다른 사람들의 연약함을 돌보지 않았다. 자기들의 완전함을 과신하였다. 그리하여 연약한 형제들의 문제를 남의 일처럼 여겼다.

자기들이 완전하다고 하는 것은 자기들이 지혜롭다고 여기는 것과 같은 문맥이다. 자기들은 지혜롭다고 생각하기 때문에 다른 사람들의 행동을 정도불급이나 낮은 것으로 여겼다.

마찬가지로 갈라디아인들도 그렇게 행동하였다. 어떤 갈라디아 그리스도인들은 자기를 완전하다고 하여 더 이상 할일이 없는 것으로 여겼다. 그런 사람들은 아직 그리스도의 장성한 분량에 도달하지 못하였다. 그들은 완전한 것이 아니고 더욱 완전해지도록 힘써야 했다. 그러나 그들은 그럴 필요가 없다고 보았다.

2. 자기들을 이미 완전하다고 보는 것은 자신을 속임이다.

지상에서 완전에 도달한 사람은 아무도 없다. 그런데도 자신들을 완전하다고 보는 것은 바로 자신을 속임이다.

갈 6:4 각각 자기의 일을 살피라 그리하면 자랑할 것이 자기에게만 있고 남에게는 있지 아니하리니

6:4 δὲ τὸ ἔργον ἑαυτοῦ δοκιμαζέτω ἕκαστος, καὶ τότε εἰς ἑαυτὸν μόνον τὸ καύχημα ἕξει καὶ οὐκ εἰς τὸν ἕτερον,

갈 6:4 각각 자기의 일을 살피세요. 그러면 자랑거리가 자기에게만 있고 다른 사람에게는 있지 않을 것입니다.

1. 우리는 연약하므로 자신이 완전하다는 생각에 쉽게 도취되어 자기의 잘한 것을 자랑하기를 좋아한다. 그러나 그런 것은 다른 사람들의 불쾌를 유발한다.

사람들은 그리스도인이 되어도 자기가 잘했다고 여기는 것을 매우 높게 보고 그것에 도취되어 자기 자랑을 많이 한다. 자기 자랑은 결국 듣는 사람들에게 불쾌를 유발한다.

다른 사람들도 동일하게 자랑할 것이 있다. 그러므로 자랑거리를 자기에게만 간직하고 남에게 널리 알릴 것이 아니다. 연약한 사람들

이 상처를 입기 때문이다.

2. 자기의 자랑거리도 다른 사람들에게는 자랑거리가 되지 못할 수 있다.

그러므로 자기의 자랑거리를 자기만 간직하고 다른 사람들에게 널리 알릴 것이 아니다. 그런 자랑거리로 자기의 잘난 것만 내세우는 것은 결국 다른 사람들의 불쾌와 혐오를 일으킨다.

3. 자기의 일을 잘 살피면 결국 자기의 부족이 있음을 알게 될 것이다. 그러면 그 자랑거리를 자기만 갖게 되고 널리 선전하지 않게 된다.

자기의 일을 살피면 결국 자기의 잘함에 자기의 잘못과 부족이 있음을 알게 될 것이다. 그러므로 너무 자기 자랑을 하지 말아야 한다.

갈 6:5 각각 자기의 짐을 질 것임이니라

6:5 γὰρ ἕκαστος τὸ ἴδιον φορτίον βαστάσει.

갈 6:5 각 사람은 자기의 짐을 져야 할 것입니다.

1. 결국 각 사람은 자기의 짐과 책임을 감당해야 한다.

남을 돕고 돌보아 주더라도 결국 자기의 일은 자기가 해야 한다. 각자에게 주어진 임무와 책임은 자기가 담당해야 한다. 그 과정에서 다른 사람들이 도울 수는 있다. 그러나 자기의 책임은 자기의 책임 사항임을 어찌할 수 없다.

2. 자기의 일을 자기가 감당하고 남에게 짐을 지우면 안 된다.

자기의 일은 자기가 해야 한다. 그렇지 않으면 다른 사람에게 책임을 지우게 된다. 그럴 경우 공동체에 불평과 원망이 있게 된다.

갈 6:6 가르침을 받는 자는 말씀을 가르치는 자와 모든 좋은 것을 함께 하라

6:6 δὲ Κοινωνείτω ὁ κατηχούμενος τὸν λόγον τῷ κατηχοῦντι ἐν πᾶσιν ἀγαθοῖς.

갈 6:6 말씀을 가르침 받는 자는 말씀을 가르치는 자와 모든 선한 것을 함께 나누세요.

1. 말씀을 가르치는 자를 하나님의 사역자로 합당하게 대접할 것을 말한다. 즉 말씀의 봉사자에게 생활의 필요를 채워 주어야 한다.

말씀의 봉사자는 세상적인 일을 하지 못한다. 그러므로 필요한

것들이 많이 부족하다. 따라서 말씀의 선포를 받는 사람들은 말씀의 봉사자에게 생활의 필요를 공급할 것을 말한다.

제사장들이 성전에서 일하면서 제단 밖의 일을 하지 못하므로 제물과 함께 생활의 필수품을 백성들로부터 받은 것과 같은 이치이다.

갈 6:7 스스로 속이지 말라 하나님은 만홀히 여김을 받지 아니하시나니 사람이 무엇으로 심든지 그대로 거두리라

6:7 μὴ πλανᾶσθε, θεὸς οὐ μυκτηρίζεται· γὰρ ἐὰν ὃ σπείρῃ ἄνθρωπος, τοῦτο καὶ θερίσει·

갈 6:7 속지 마시오. 하나님은 조롱받지 아니하십니다. 사람이 무엇으로 심든지 그대로 거두어들일 것입니다.

1. 복음을 소홀히 하고 무시함을 하나님이 조롱받는 것과 연관하여 제시하였다.

하나님이 구원의 길로 복음을 내셨는데 아직도 율법을 구원의 길로 주장하면 하나님의 구원섭리를 무시하는 것이다. 그러나 하나님은 결코 조롱받지 아니하시므로 구원은 복음으로 이루실 것이다.

사람의 능력을 인정하면 율법의 길이 된다. 인간이 율법을 지킬 능력을 가진다고 하면 구원은 자기의 힘으로 획득하는 것이 된다. 은혜로 구원에 이른다는 주장은 사람의 인격을 무시하는 것으로

여긴다는 것이다.

사람이 자신의 능력으로 율법을 준수할 수 없고 따라서 자신이 자신을 구원할 수 없다는 것을 인정하면, 복음으로 곧 은혜로만 구원에 이른다는 것을 인정하지 않을 수 없게 된다.

2. 하나님이 조롱받으실 수 없는 것은 하나님은 그의 지혜와 인격으로 구원을 이루셨기 때문이다.

하나님은 친히 그의 인격으로 세상 구원을 이루셨다. 그리고 사람이 도저히 도달할 수 없는 그의 지혜로 그의 성육신과 고난과 구원을 이루셨으니 하나님은 구원주로서도 합당히 존귀와 영광을 받으셔야 한다. 도저히 설명하고 이해할 수 없는 구원의 길을 내셨다고 여겨서 율법으로 돌아가면 그의 지혜와 구원섭리를 무시하는 것이다. 그러나 하나님은 그의 지혜와 권능 때문에 결코 무시당하실 수 없다.

3. 그런데 복음이 아니라 율법 준수를 구원의 바른길로 주장하고 그대로 실천하면 결국 구원에 이르지 못하고 멸망에 이를 것을 말한다. 이것이 사람이 무엇으로 심든지 그대로 거두리라는 말씀이다.

4. 율법을 힘쓰는 것은 결국 육체 추구밖에 다른 것이 아니다. 이것이 6:8에 나와 있는 육체를 위해 심는 것과 같다.

율법은 인간의 자력으로 지키는 것을 목표한다. 율법의 성취도 인간의 자연적 능력으로 이루는 것이다. 그러므로 인간적인 신분을 자랑한다. 자기가 이룰 수 있는 능력을 자랑한다.

이런 인간적인 힘씀은 결국 육체의 요구에 귀착한다. 육체적 요구는 죄된 욕망이다. 이 죄된 욕망을 억누를 길이 없다. 육체적 욕망은 그 충족을 다 이루어낸다. 그것을 어기거나 억제하면 인간으로 존재할 수 없다는 것으로 인정된다.

그러므로 율법 준수는 육체적 욕망을 이루는 방식으로 진행된다. 바울의 말대로 육을 위하여 심는 자로 귀결한다.

갈 6:8 자기의 육체를 위하여 심는 자는 육체로부터 썩어진 것을 거두고 성령을 위하여 심는 자는 성령으로부터 영생을 거두리라

6:8 ὅτι ὁ σπείρων εἰς τὴν σάρκα ἑαυτοῦ ἐκ τῆς σαρκὸς θερίσει φθοράν, δὲ ὁ σπείρων εἰς τὸ πνεῦμα ἐκ τοῦ πνεύματος θερίσει ζωὴν αἰώνιον.

갈 6:8 자기의 육을 위하여 심는 자는 그 육으로부터 멸망을 거두어들이고, 성령을 위하여 심는 자는 성령으로부터 영원한 생명을 거두어들일 것입니다.

1. 우리의 삶이 육의 욕망 충족을 위해 진행되면 결국 멸망에 이를 것밖에 없다.

우리가 예수 믿어 새사람이 된 후에도 육의 욕망은 늘 일어난다. 그러나 이 욕망을 따라 살면 결국 죽음밖에 다른 길이 없다. 육의 욕망은 다 죄된 욕망이기 때문이다. 죄된 욕망을 이루면 모든 것이 다 죄만을 구성한다.

죄의 삯은 사망이므로 육의 욕망 충족을 따라 살면 사망에 이를 것밖에 없다. 죄악된 욕망이 마음에 일어나면 물리치고, 그 욕망 충족을 이루어내면 안 된다.

2. 성령을 따라서 살면 죄를 버리고 의를 이루므로 영생에 이른다.

성령은 의와 거룩과 진실함을 요구하신다. 성령을 따라 사는 것은 의와 거룩과 진실을 행하는 것이다. 이 일은 나 혼자 할 수 없다. 내 힘으로 할 수 없다. 성령이 힘주심으로 할 수 있다. 성령의 능력으로 그리스도인이 되고 그리스도인으로 살 수 있다.

의와 거룩과 진실의 길은 하나님의 법이므로 이 법을 행함으로 영생에 이른다. 그러나 의와 진실과 거룩을 행함으로 우리가 영생을 획득하는 것이 아니다. 영생은 하나님의 선물이다. 우리는 의와 거룩과 진실을 위해서 노력하나 완전에 이를 수 없다. 따라서 우리의 수고의 결과로 영생에 이르는 것이 결코 아니다.

성령이 그렇게 일하도록 시키신다. 죄를 피하고 하나님의 법으로 사는 것이 의이다. 그리스도인들은 구속받았으므로 죄를 피하도록 성령이 역사하신다.

거룩은 죄를 떠나는 것인데 성령이 역사하심으로 거룩에 이를 수 있다. 성령이 역사하심으로 의와 거룩과 진실에 이른다.

갈 6:9 우리가 선을 행하되 낙심하지 말지니 피곤하지 아니하면 때가 이르매 거두리라

6:9 δὲ τὸ καλὸν ποιοῦντες μὴ ἐγκακῶμεν, γὰρ καιρῷ ἰδίῳ θερίσομεν μὴ ἐκλυόμενοι.

갈 6:9 우리가 선을 행하는 것에 낙심하지 맙시다. 피곤하지 아니하면 때가 이르러 열매를 거둘 것입니다.

1. 선은 남을 도와 인간답게 살게 하는 것이다.

선은 나를 희생해서 남의 유익과 잘됨을 위해서 일하는 것이다. 선은 이웃의 안전과 생존을 위해서 일하는 것이다. 그러나 이 일이 쉽게 열매를 맺는 것은 아니다.

2. 선을 행하는 일은 많은 인내를 필요로 한다. 우리가 선을 행해도 합당한 반응이 없기 때문이다.

우리가 선을 행한다고 해서 즉각적인 반응과 감사가 있는 것이 아니다. 자주 반복적으로 선을 행해도 그 선에 대한 반응은 긍정적이지 않다. 그래도 계속해서 선을 행해야 한다.

선을 행해도 받는 사람이 감사로 받는 경우도 있지만 오히려 냉소하고 거부하는 경우가 많다. 또 그 선행에 합당한 평가와 인정을 하려고 하지 않는다.

3. 그러나 선을 행하는 것을 계속하면 마침내 그 열매를 맺을 것이다.

모든 것은 자라가야 하듯, 선행도 자라서 때가 되어야 열매를 맺는다. 그러므로 인정과 감사를 받지 못해도 낙심하거나 뒤로 물러서지 말아야 한다.

갈 6:10 그러므로 우리는 기회 있는 대로 모든 이에게 착한 일을 하되 더욱 믿음의 가정들에게 할지니라

6:10 ἄρα οὖν ὡς καιρὸν ἔχομεν, ἐργαζώμεθα τὸ ἀγαθὸν πρὸς πάντας, δὲ μάλιστα πρὸς τοὺς οἰκείους τῆς πίστεως.

갈 6:10 그러므로 우리가 기회 있는 대로 모든 이들에게 선한 일을 하되, 더욱이 믿음의 식구들에게 합시다.

1. 그리스도인은 모든 사람들을 도와야 한다.

종교와 성별, 사회적 지위에 상관없이 선행을 해야 한다. 어려움을 당하고 있는 사람, 구원을 필요로 하는 모든 사람들에게 선행을 해야 한다.

2. 특히 어려움 당하는 그리스도인들에게 선을 행해서 그들의

삶의 어려움을 덜도록 해야 한다.

그리스도인들을 도와도 아무런 반응이 없는 경우에도 그들의 삶이 유지되도록 도와야 한다.

3. 선을 행할 때 가질 태도는 공손한 자세이다.

우리가 남을 도울 수 있게 된 것은 주의 은혜이다. 그러므로 우리는 언제나 공손한 태도를 가져야 한다. 그렇지 않고 내 잘남으로 돕는 자세를 보이면 언제나 거부감과 적개심과 열등의식을 드러나게 만든다. 그러므로 언제나 공손한 마음을 가져야 한다.

내가 잘나서 돕는 것이 아니고 주께서 주신 것을 나누어 가진다는 자세를 가져야 한다. 내 것을 가지고 돕는 것이 아니고 주께서 주신 것을 나누어 갖는다는 기본 입장을 가져야 한다.

4. 선을 행할 때 갚음 받을 것을 전혀 기대하지 말아야 한다. 바로 물에 빵을 던지는 방식이어야 한다.

선을 행하면 언젠가는 다시 갚음 받을 것으로 기대하면 안 된다. 그것은 공적을 쌓는 일이므로 그리스도인에게 합당하지 않다. 아무 기대 없이 그냥 주는 것이어야 한다.

갈 6:11 내 손으로 너희에게 이렇게 큰 글자로 쓴 것을 보라

6:11 Ἴδετε πηλίκοις γράμμασιν ὑμῖν ἔγραψα τῇ ἐμῇ χειρί.

갈 6:11 내 손으로 이렇게 큰 글자로 여러분에게 쓴 것을 보세요.

1. 외모를 내려고 하면 글자도 적당한 크기로 아름답게 쓸 것이다. 그것이 더구나 편지인 경우는 그러하다.

바울은 갈라디아인들에게 큰 글자들로 편지를 썼다. 눈이 나빠서도 그렇지만 외모에 신경을 쓰지 않으므로 그냥 큰 글자들로 글을 썼다. 편지를 받은 갈라디아 교회가 흉스럽다고 할 만하다. 그러나 바울은 그런 것에 개의치 않았다.

2. 유대주의자들을 책망하고 논란하여 갈라디아 교회를 다시 복음으로 돌리려고 한다면 더욱 예의적인 언사와 아름다운 글을 써야 했을 것이다.

바울은 지금 복음과 율법을 섞은 유대주의자들을 시비해서 갈라디아 교회를 다시 복음으로 돌리려고 하고 있으니, 더욱 아름답고 우아한 문체로 글을 써야 할 것이다. 그런데 전혀 그렇지 않았다. 인간적인 모양을 내는 것을 전적으로 거절하였다. 인간적인 것이 복음의 권세를 덮으면 안 되기 때문이다.

3. 바울은 갈라디아 교회에 큰 글자로 직접 편지를 썼다.

이런 상황에서 다른 사람으로 하여금 자기의 편지를 대신 받아 쓰도록 해도 좋았을 것이다. 그런데도 대서를 시키지 않고 자기 손으로 직접 편지를 썼다. 큰 글자로 썼으니 많은 양피지가 필요했을 것이다. 그런데도 그런 것은 개의치 않고 자기가 전하려고 하는 내용을 여과 없이 전달하였다. 인간적인 것이 복음의 권세를 덮으면 안 되기 때문이다.

갈 6:12 무릇 육체의 모양을 내려 하는 자들이 억지로 너희로 할례 받게 함은 저희가 그리스도의 십자가를 인하여 핍박을 면하려 함뿐이라

6:12 ὅσοι θέλουσιν εὐπροσωπῆσαι ἐν σαρκί, οὗτοι ἀναγκάζουσιν ὑμᾶς περιτέμνεσθαι, ἵνα μόνον τῷ σταυρῷ τοῦ Χριστοῦ μὴ διώκωνται·

갈 6:12 육체의 모양을 좋게 내려고 하는 자들이 오직 그리스도의 십자가로 핍박을 받지 않으려고, 여러분들로 억지로 할례 받게 하였습니다.

1. 갈라디아에 온 유대 그리스도인들도 그리스도의 십자가로 할례가 아무 소용이 없음을 잘 알고 있었다. 그런데도 유대인들의 핍박을 면하려고 할례 받도록 강요하였다.

갈라디아에 와서 할례를 받도록 강요했던 사람들은 그리스도의 십자가로 할례가 무효가 되었으므로 할례가 필요 없다는 것을 잘 알고 있었다. 그러나 십자가로 할례가 무효가 되었다고 하면, 유대인

들로부터 핍박 받을 것을 무서워하여 할례를 강요하였다. 그러므로 그들은 외식자들이었고, 복음의 도를 저버린 사람들이었다.

십자가 이후에 할례가 무효가 되었다고 말하는 것은 율법의 준수가 더 이상 구원에 필수적이 아니게 되었음을 말한다. 그런데도 그들은 그것을 말하기를 두려워하였다. 따라서 자연히 복음과 율법을 혼합하였다. 그렇게 함으로 유대교를 계속하고 있다는 것을 유대인들이 인정해 주기를 바랐다. 유대교를 계속하면 유대인들로부터 핍박을 받을 필요가 없어지기 때문이다.

2. 할례를 받으면 육체에 유대인으로서의 긍지와 자랑을 갖기 때문이다. 그들은 이런 육체적 자랑거리를 더 크게 여겼다.

갈 6:13 할례 받은 저희라도 스스로 율법은 지키지 아니하고 너희로 할례 받게 하려 하는 것은 너희의 육체로 자랑하려 함이니라

6:13 γὰρ οὐδὲ οἱ περιτεμνόμενοι αὐτοὶ νόμον φυλάσσουσιν, ἀλλὰ θέλουσιν ὑμᾶς περιτέμνεσθαι ἵνα ἐν τῇ ὑμετέρᾳ σαρκὶ καυχήσωνται.

갈 6:13 할례 받은 자들도 스스로 율법은 지키지 않고 오직 여러분들로 할례 받기를 원한 것은 여러분의 육체로 자랑하려고 한 것입니다.

1. 할례당도 율법은 지킬 수 없기 때문에 율법을 지키지 않으면서도 할례를 행함으로 자기들의 유대인 신분을 과시하려고 한 것

뿐이다.

할례당은 유대인 신분 과시에 모든 것을 걸었다. 십자가는 부끄러운 일이므로 할 수 있는 대로 말하기를 꺼렸다.

2. 할례당은 십자가를 말하기는 꺼려 하고 할례 받아 유대교에 속한 것을 자랑하게 하였다.

십자가는 예나 지금이나 부끄러움이다. 누구나 십자가를 자랑으로 여기기보다 부끄러워한다. 그러므로 부끄러움과 핍박을 면하고 유대인 신분을 크게 자랑하기를 바랐다.

갈 6:14 그러나 내게는 우리 주 예수 그리스도의 십자가 외에 결코 자랑할 것이 없으니 그리스도로 말미암아 세상이 나를 대하여 십자가에 못 박히고 내가 또한 세상을 대하여 그러하니라

6:14 δὲ ἐμοὶ μὴ γένοιτο καυχᾶσθαι εἰ μὴ ἐν τῷ σταυρῷ τοῦ κυρίου ἡμῶν Ἰησοῦ Χριστοῦ, δι᾽ οὗ ἐμοὶ κόσμος ἐσταύρωται κἀγὼ κόσμῳ.

갈 6:14 그러나 내게는 우리 주 예수 그리스도의 십자가 외에는 자랑할 것이 없습니다. 그의 십자가로 말미암아 세상이 내게 대하여 십자가에 못 박히고 나도 세상에 대하여 십자가에 못 박혔습니다.

1. 바울은 할례당이 부끄러워하는 예수 그리스도의 십자가만을 자랑하기로 하였다.

십자가 자체가 부끄러워도 십자가만이 구원이고, 하나님의 사랑의 결정체이다. 그러므로 바울은 예수 그리스도의 십자가의 죽음을 전파하고 자랑하기로 결심한 것이다.

육체를 자랑하기로 하면 바울이 육체적으로 더 자랑할 것이 많았다. 그는 베냐민 지파이고, 가말리엘 문하에서 율법을 잘 배웠다. 또 유대인이지만 로마의 시민권을 갖고 있었다. 그러나 그런 것은 바울에게 자랑거리가 될 수 없었다. 그런 것은 세상 것이고, 아무 소용이 없는 것들이다.

2. 바울이 육체와 세상적인 것을 자랑할 수 없었던 것은 예수 그리스도의 십자가에 그가 못 박히고, 세상이 그에 대하여 십자가에 못 박혔기 때문이다. 그러므로 세상이 자기에게 아무런 호소나 매력이 될 수 없었다.

그리스도의 십자가에 못 박혀 죽었으면 살아 있는 것이 아니다. 살아 있으면 세상 것들이 호소력이 많고 매력이 많다. 그러나 그런 것은 다 무용지물이 되었다. 왜냐하면 내가 십자가에 못 박혀 죽으니 세상 것들에 대하여 죽은 것이 되었기 때문이다.

세상 것들이 내게 아무런 호소력을 나타내지 못하는 것은 바로 세상도 내게 대하여 십자가에 죽었기 때문이다. 그러므로 바울은 세상적인 것에 아무런 자랑거리를 보지 못하였다. 세상적인 자랑거리는 아무런 자랑이 되지 못하였다. 다 무가치하고 쓸모없는 것들이 되었다.

갈 6:15 할례나 무할례가 아무것도 아니로되 오직 새로 지으심을 받은 자뿐이니라

6:15 γὰρ τί ἐστιν οὔτε περιτομή οὔτε ἀκροβυστία, ἀλλὰ καινὴ κτίσις.

갈 6:15 할례나 무할례도 아무것도 아니되 오직 새로운 창조일 뿐입니다.

1. 할례 받은 것이 아무것도 아니라고 한 것은 할례가 구원을 얻는 데 아무 소용이 없다는 것을 선언하는 것이다.

할례 받음이 자랑거리가 된 것은 그리스도 예수의 십자가 이전뿐이다. 이후로는 그리스도 예수 안에서 새로 지음 받은 자들만이 구원에 이르고 하나님의 백성이다. 할례를 받아 율법을 지킴은 구원 얻음에 아무 소용이 없고, 오직 믿음으로만 구원에 이른다는 것을 강조하고 있다.

2. 구원은 할례와 율법 준수로 얻는 것이 아니다. 따라서 할례 받지 못했다고 부끄러워할 것이 전혀 못된다.

십자가가 세상의 모든 것에 대해 가치 전도를 이루었다. 세상적인

것은 아무런 공로나 공효를 나타내지 못한다. 오직 믿음으로 구원에 이르므로 세상적인 것은 무익하다.

3. 그리스도 예수 안에서 새로운 피조물이 되면 할례를 관심할 것도 없고, 무할례를 의식해서 할례 받으려고 할 필요가 전혀 없다.

그리스도 안에서 새로운 피조물이 되면 율법의 일과 세상적인 것이 전혀 관심거리가 될 수 없다. 세상 것들은 다 자랑거리가 아니라 부끄러운 일이 되어 무가치한 것이 된다.

완전히 변화되면 세상적인 것을 좋아하거나 자랑할 수도 없다.

왜냐하면 세상적인 것은 가치가 없고 세상을 살아가는 데 도구로만 필요할 뿐이기 때문이다. 세상적인 것은 세상을 살아가는 데 필요한 도구로만 작용하고, 우리의 영원한 장래에 대해서는 아무런 효험이 없다.

구원은 돈으로도 사지 못한다. 베드로가 강조한 대로 하나님의 선물은 돈으로 결코 살 수가 없기 때문이다 (행 8:20).

그러나 요즈음은 믿음으로 복 받는 것이 강조되어 세상적인 것을 제일의 가치로 삼게 되었다. 교회 내에서 가치 전도가 일어난 불행이다.

갈 6:16 무릇 이 규례를 행하는 자에게와 하나님의 이스라엘에게 평강과 긍휼이 있을지어다

6:16 καὶ ὅσοι τῷ κανόνι τούτῳ στοιχήσουσιν, εἰρήνη καὶ ἔλεος, ἐπ’ αὐτοὺς καὶ ἐπὶ τὸν Ἰσραὴλ τοῦ θεοῦ.

갈 6:16 이 규칙을 따라 행하는 자들에게와 하나님의 이스라엘 위에 평강과 불쌍히 여기심이 있을지어다.

1. 그리스도 안에서 새로운 피조물이 되어 십자가를 자랑으로 삼고 사는 것이 이 규칙을 따라서 행하는 것이다.

더 이상 세상적인 것, 육체적인 것이 아니라 그리스도 안에서 새로운 피조물로 산다. 그러므로 세상적인 것을 표준으로 삼지 않고, 세상적인 성공을 자랑으로 삼지 않는다. 그리스도 안에서 새로운 피조물이 된 자들에게는 세상적인 것들이 아무런 호소력이 없고 최상의 가치가 되지 못하기 때문이다. 그리스도가 전부이다. 세상적인 것은 바울에게 배설물이듯이, 그리스도인들에게도 아무런 자랑거리가 못 되고, 그런 것을 위해서 일생을 살 가치가 못 된다.

2. '하나님의 이스라엘'은 그리스도 안에서 새로운 피조물이 된 자들을 뜻한다.

육적 이스라엘은 할례 받은 것을 자랑거리로 삼고 산다. 그러므로 아직도 그들은 육에 속한 사람이고, 육체로 아브라함의 후손일 뿐이다.

성령으로 나서 새로운 피조물이 된 자들만이 하나님의 이스라엘이다. 믿음으로 사는 자들이 아브라함처럼 하나님의 백성이 되기 때문이다.

3. 하나님의 평강은 그리스도 안에서 구원 얻은 자들에게 있다.

하나님과 화해한 자들이 평강을 누린다. 죄를 벗고 그리스도로 영생에 이른 자들이 하나님의 평화를 누린다. 그러므로 평화는 그리스도 안에서 새로운 피조물이 된 자들에게만 가능하다. 이 평화가 참 평화이다.

4. 불쌍히 여기심은 하나님의 사랑을 뜻한다.

불쌍한 자들과 자기로서는 아무런 해결도 받을 수 없고 할 수 없는 자들이 하나님의 불쌍히 여기심을 받아 구원에 이르렀다. 그러므로 구원 얻은 자들에게 평화와 사랑이 넘쳐난다.

갈 6:17 이후로는 누구든지 나를 괴롭게 말라 내가 내 몸에 예수의 흔적을 가졌노라

6:17 Τοῦ λοιποῦ κόπους μοι μηδεὶς παρεχέτω, γὰρ ἐγὼ τὰ στίγματα τοῦ Ἰησοῦ ἐν τῷ σώματί μου βαστάζω.

갈 6:17 이제 이후로는 누구든지 나를 괴롭게 하지 마시오. 내가 내 몸에 예수의 흉터들을 지니고 있습니다.

1. **바울이 그 몸에 예수의 흉터들을 가졌다고 하는 것을 보면 그의 손바닥에 십자가의 흉터를 가지고 있었던 것으로 보인다.**

중세 프란치스코가 십자가의 흉터를 갖고 있었다고 알려졌다. 프란치스코는 주의 십자가의 흔적을 갖기를 바라서 간절히 기도함으로 손바닥에서 피가 흘러났다고 알려졌다.

바울은 이미 그리스도의 십자가의 흉터를 지니고 있었다. 아마도 바울이 그리스도의 십자가의 고난에 동참하기를 그렇게 열망하였으므로 그의 손바닥에 십자가의 상처가 생겼다고 볼 수 있다. 그리하여 십자가와 관련된 고통을 당하면 손바닥에 있는 십자가의 못자국의 흉터에서 피가 나왔음을 알 수 있다.

2. **자기를 괴롭게 하지 말라고 한 것과 예수의 흉터들을 가지고 있다고 하는 것을 연결하면, 십자가와 관련된 것들로 괴로움을 당할 때 그의 손바닥에서 피도 나고 심한 통증을 느꼈다고 볼 수 있다.**

바울은 그리스도의 고난을 자기의 몸에 친히 경험하고 살았음을 알 수 있다. 그냥 상상으로나 마음으로만이 아니고, 실제로 그의 손바닥에 있는 십자가의 흉터로 인해서 심한 통증과 피 흘림이 있었음을 알 수 있다. 그러므로 자기를 이런 것들로 괴롭히지 말라고 한 것이다.

갈 6:18 형제들아 우리 주 예수 그리스도의 은혜가 너희 심령에 있을지

어다 아멘

6:18 Ἡ χάρις τοῦ κυρίου ἡμῶν Ἰησοῦ Χριστοῦ μετὰ τοῦ πνεύματος ὑμῶν, ἀδελφοί· ἀμήν.

갈 6:18 형제들이여 우리 주 예수 그리스도의 은혜가 여러분의 영과 함께 있을지어다. 아멘.

1. "주 예수 그리스도의 은혜가 갈라디아 성도들에게 함께 있을지어다"라고 인사함으로 주의 구원은혜가 늘 함께하기를 기원하였다.

이 인사는 주 예수의 은혜로 구원에 이르렀으니 구원은혜에 계속 부착하기를 바라는 마음을 표현한 것이다.

2. 이 인사와 지금까지의 신앙 변호로 갈라디아 교회가 다시 복음으로 돌아가기를 원하고 있다.

바울의 인사 곧 "주 예수 그리스도의 은혜가 여러분과 함께 있을지어다"라고 한 것으로 갈라디아 교회가 다시 복음 곧 십자가의 구원으로 돌아갈 것임을 확인하는 것이다. 바울의 설득을 받아, 할례를 받고 그것을 자랑하는 것이 십자가를 버리는 것임을 깨달았으므로 십자가의 죽음으로 인한 구원으로 완전히 돌아갈 것이다. 다시 복음 신앙으로 돌아갈 것이다.

3. 갈라디아서로 복음과 율법의 관계가 가장 명확하고 확실하게 정립되었다.

바울이 처음부터 성령 받음이 믿음으로냐 할례로냐라고 물음으로 율법을 주신 목적을 잘 밝혔다.

구원은 주 예수 그리스도의 십자가상의 죽음과 부활로만 가능하고, 율법으로는 전혀 불가능함을 잘 밝혔다. 그러므로 할례와 율법 준수의 유혹에 다시는 넘어가면 안 된다.

율법 준수의 유혹을 받는 자들은 다 갈라디아서를 읽고 복음과 율법의 관계를 다시 깨달아야 한다.

서철원 박사 성경 주석 시리즈
갈라디아서

1판 1쇄 인쇄 _ 2020년 12월 21일
1판 1쇄 발행 _ 2020년 12월 30일

지은이 _ 서철원
펴낸이 _ 이형규
펴낸곳 _ 쿰란출판사

주소 _ 서울특별시 종로구 이화장길 6
편집부 _ 745-1007, 745-1301~2, 747-1212, 743-1300
영업부 _ 747-1004, FAX 745-8490
본사평생전화번호 _ 0502-756-1004
홈페이지 _ http://www.qumran.co.kr
E-mail _ qrbooks@daum.net / qrbooks@gmail.com
한글인터넷주소 _ 쿰란, 쿰란출판사
페이스북 _ www.facebook.com/qumranpeople
인스타그램 _ www.instagram.com/qrbooks
등록 _ 제1-670호(1988.2.27)
책임교열 _ 김영미 · 박은아

 ISBN 979-11-6143-478-0 94230
979-11-6143-479-7(세트)

책값은 뒤표지에 있습니다.